Kinder aufziehen könnte so schön sein, wenn die Kinder nur mitspielen würden.

Es ließen sich jede Menge Burgen bauen, Papierflieger basteln, Baumhäuser zusammennageln, Flöße konstruieren. Es gibt nur ein Problem: Die Kinder interessieren sich nicht dafür.

Tillmann Prüfer möchte seinen Kindern eine Kindheit bieten, wie er sie selbst erlebt hat: mit der Augsburger Puppenkiste und Ponyreiten, mit Lagerfeuer und Nachtwanderung am Geburtstag und mit Segelschiffchen-Bauen im Urlaub. Das Buch begleitet Prüfers Familie durch ein Jahr voller wichtiger Meilensteine in ihrer Entwicklung. Angespornt durch Liebe, Kreativität und die unauslöschliche Erinnerung an seine eigene glückliche Kindheit, stürzt sich der Autor in den Kampf mit Erziehern, Lehrern und seiner Frau. Und vor allem natürlich mit seinen verbohrten Kindern, den kleinen Spielverderbern.

Tillmann Prüfer, geboren 1974, ist Redakteur des ZEITmagazins und Kolumnist der Financial Times Deutschland und der Zeitschrift NEON. Er war Gründungsredakteur der Financial Times Deutschland. Prüfer erhielt u. a. den Nachwuchspreis des Georg von Holtzbrinck Preises für Wirtschaftspublizistik, den Columbus-Förderpreis der Vereinigung Deutscher Reisejournalisten und den Nachwuchspreis des COR-Preises für Designjournalismus. Er lebt mit seiner Familie in Berlin.

# Tillmann Prüfer

Früher war das aus Holz

Warum Eltern immer die schönere Kindheit hatten

Rowohlt Taschenbuch Verlag

Originalausgabe
Veröffentlicht im Rowohlt Taschenbuch Verlag,
Reinbek bei Hamburg, August 2012
Copyright © 2012 by Rowohlt Verlag GmbH,
Reinbek bei Hamburg
Umschlaggestaltung ZERO Werbeagentur, München
(Foto: Sean Ives / Getty Images)
Satz Proforma PostScript, PageOne, bei Dörlemann Satz, Lemförde
Druck und Bindung CPI – Clausen & Bosse, Leck
Printed in Germany
ISBN 978 3 499 62960 0

Inhalt

Prolog: **Bleigießen** 7

1. Kapitel: **Januar – Geburtstag à la Papa** 11

2. Kapitel: **Februar – Cowboy und Indianer** 39

3. Kapitel: **März – Die Eierschlacht** 55

4. Kapitel: **April – Fliewatüüt und Mupfel** 85

5. Kapitel: **Mai – Holzkinder gegen Plastikkinder** 119

6. Kapitel: **Juni – Fußball zum Abziehen** 149

7. Kapitel: **Juli – Urlaubsmythen** 171

8. Kapitel: **August – ABC-Alarm** 195

9. Kapitel: **September – Der Drachen in dir** 221

10. Kapitel: **Oktober – Der große Kürbis** 241

11. Kapitel: **November – Brenn, Laterne, brenn!** 265

12. Kapitel: **Dezember – Wir warten aufs Christkind** 281

Epilog: **Petri Heil fürs nächste Jahr** 302

Prolog: Bleigießen

Ist es ein «Zisch»? Oder ein «Plopp»? Oder beides, ein «Zschplopp»? Ich habe mir schon oft überlegt, welches Geräusch es macht, wenn das geschmolzene Zinn beim Bleigießen ins Wasser plumpst. Und dann diese seltsamen Figuren in der Schüssel hinterlässt. Ich feiere nun das siebenunddreißigste Silvester meines Lebens, und fast genauso oft habe ich einen Löffel über die Kerze gehalten und zugeschaut, wie darauf ein glänzendes Glücksschweinchen zuerst matt wird und dann in einer Pfütze geschmolzenen Metalls versinkt. Wieder ein Jahr zu Ende. Und aus den bizarren Chimären, die wir aus der Schüssel fischen, sollen wir ermessen, wie das nächste wird.

Johanna hält den Löffel, und ihr Blick versinkt zusammen mit der Zinnfigur. «Los, Träumelchen», sage ich zu meiner fünfjährigen Tochter, «das ist alles längst geschmolzen, jetzt mach mal hinne!» Ruckhaft, wie aus einem Sekundenschlaf erwacht, führt sie den Löffel zur Wasserschüssel und lässt das heiße Zeug hineinplumpsen. «Zisch» macht es oder «plopp» oder «zschplopp» oder «flump».

Meine Frau Anna ist gerade dabei, unsere Gäste Daniel und Magda zu begrüßen. Sie haben Blumen gebracht (Freesien gemischt mit Gerbera – das ist wohl gerade in) und Champagner. Und ihre Töchter Lea und Lena. Silvester ist der Tag, an dem die jungen Familien zusammenfinden, um nicht alleine feiern zu müssen.

«Papa, guck mal, ein Totenkopf!», sagt Johanna. Sie dreht die Figur zwischen ihren nassen Fingern. «Das ist doch ein Totenkopf, oder?» – «Quatsch, das ist kein Totenkopf, das ist ... (ich sehe eindeutig einen Schädel, man erkennt den schön gewölbten Hinterkopf und mit etwas Phantasie auch die Augenhöhlen ...), das ist ein Herz, guck, wie schön rund das ist, und hier so spitz – das ist auf jeden Fall ein Herz.» Ich schaue auf den Zettel mit den vorgegebenen Deutungen: «Neue Liebe steht ins Haus.» – «Hä, Liebe?» – «Klar, Mama und Papa haben dich doch lieb!»

Schon macht es «zzzzlosch», und das flüssige Zinn, das Frida aufgeheizt hat, landet im Wasser. «Ich habe einen Säbel!» – «Du bist erst drei, da braucht man noch keinen Säbel», sage ich: «Das ist eine ... Blume, eine Freesie sogar, glaube ich.» Frida ist impulsiv genug, da braucht sie keine Säbel. «Guck mal, Frida, hier steht, dass du im nächsten Jahr neue Freunde findest!» – «Ich will aber keine Freunde, ich will einen Säbel!» – «Du kriegst aber keinen Säbel, du kriegst eine Blume! Das ist mein letztes Wort!» Frida knallt die Zinnfigur auf den Tisch (sie hat recht: eindeutig ein Säbel) und rennt weg: «Mama, der Papa will mir keinen Säbel geben!» – «Wie, das Kind darf keinen Säbel haben, das ist aber schade!», ulkt Daniel, der sich gerade seines Mantels entledigt hat. «Nein, keinen Säbel», sage ich gedankenverloren, denn schon beobachte ich selbst, wie sich ein silbriger See in der Löffelmulde bildet. Mit einem «Glong» (ich glaube, es war tatsächlich «glong») fällt die Schmelzmasse ins Wasser. Am Grunde der Schüssel liegt etwas Langgezogenes. «Eine Peitsche», sagt Daniel. Eine Peitsche? Ich ahne nichts Gutes. In der Liste von Deutungen steht: «Sie werden getrieben.»

«Schmelz es doch wieder ein, gieß dir was Schöneres», sagt Anna.

«Quatsch, das geht nicht, das bringt Unglück!» Anna findet Bleigießen eher albern, sie kennt das nicht aus ihrer Kindheit. Ich aber habe mir als kleiner Junge die silbernen Gestalten das ganze Jahr aufgehoben. Das werde ich auch mit der Figur tun, die ich selbst gerade gegossen habe. Ist es nicht doch eher ein Speer («Sie verfolgen ein Ziel»)?

Wir brennen mit den Kindern noch Tischfeuerwerk ab (es macht «peng», und ein Teelöffel voll Konfetti stiebt heraus, nachher ist ein Brandfleck auf dem Tisch) und zünden noch ein paar von diesen Feuerwerkskörpern, die keinen Krach machen (aber auch irgendwie keinen Spaß), dann bringen wir sie zu Bett und setzen uns zum Essen.

Für Daniel und Magda war es offenbar ein tolles Jahr. Sie reden die ganze Zeit davon. Sie haben sich gleichzeitig Elternzeit genommen und waren drei Monate in Kalifornien. Sie sind in eine neue Wohnung gezogen – mit Garten. Garten sei ganz wichtig für die Kinder, sagt Daniel. Er habe sich ganz viel Zeit genommen und tolle Unternehmungen mit den Töchtern gemacht. Einen Töpferkurs, einen Urlaub auf dem Reiterhof – und Daniel hat sogar Kochen gelernt, wie Magda nicht zu erwähnen vergisst. «Man merkt schon: Es ist einfach die beste Zeit unseres Lebens!», fasst Daniel zusammen.

Ich sage nicht viel während des Essens, aber ich denke viel. Ich überlege, von welchen Ereignissen ich eigentlich schwärmen könnte. War es das beste Jahr meines Lebens? Oder doch eher so ein normales Jahr? Sollte ich nicht wenigstens von einem tollen Urlaub erzählen können? Mir fällt auf, dass ich noch gar keine guten Vorsätze gemacht habe. Dann wird es aber Zeit: Das nächste Jahr soll ein besonderes werden. Das beste aller Jahre. Wir werden es feiern, wie noch nichts gefeiert wurde. Und Anlässe gibt es wohl genug: Geburtstage, Fasching, Ostern, Sommerferien – und hey, wir sollten auch mal Halloween feiern! Wenn man es nur richtig anstellt, kommt man aus dem Feiern gar nicht mehr heraus, finde ich. Wenn man es richtig anstellt, wird man wie auf einer Woge durch das ganze Jahr getragen, man muss nur richtig darauf surfen. Und diesmal werde ich es ganz bestimmt richtig anstellen. Wann, wenn nicht jetzt?

Es schlägt 12 Uhr. Ich küsse meine Frau und sage: «Das wird mein Jahr.» Entschuldigend füge ich hinzu: «Also, deins natürlich auch.»

1. Kapitel:
Januar – Geburtstag à la Papa

➡ Von Benjamin-Blümchen-Torten, Kasperltheater und dem Essen von Schokotafeln mit Messer und Gabel. Und der Frage, ob ins Nachhauseweg-Tütchen eine Leckmuschel gehört.

Elternzeitkraftwerke

Spielplätze machen mich fertig. Heute hat Johanna wieder mal gesagt, dass sie auf den Spielplatz will. Und Frida hat wieder mal gesagt: «Au ja!» Also sind wir dorthin gegangen. Meine Kinder vorangaloppierend, ich hinterhertrottend. Und während die beiden auf die Wippe zustürmen, lasse ich mich auf eine Bank sinken. Ich vergrabe meine Hände in den Jackentaschen, gucke den Kältewölkchen hinterher, die vor meinem Gesicht aufsteigen. Und meinen Kindern, die sich anschicken, ein Kletternetz zu erklimmen. Ein Glück, denke ich mir, dass sie noch nicht auf die Idee gekommen sind, dass ich mit ihnen gemeinsam dort klettern sollte. Ein Glück, dass ich hier einfach sitzen darf. «Hey, Tillmann!», ruft jemand. Die Stimme kenne ich. Sie bedeutet: Jetzt hat die Gemütlichkeit ein Ende.

Ich habe nichts gegen Spielplätze, aber Spielplätze haben offenbar etwas gegen mich. Wann immer ich sie besuche, bekomme ich Probleme. Ich hatte schon Probleme mit Spielplätzen, da wusste ich noch gar nicht, dass es welche sind. Meine Mutter verbrachte mit mir viele Nachmittage dort. Wir waren gerade in eine neue Gegend gezogen. Es war eine moderne Gegend, was man an den Häusern erkennen konnte, die wie Bauklötzchen geformt waren und überhaupt nicht nach Häusern aussahen, wie ich sie damals gemalt hätte, nämlich mit einem spitzen Dach, roten Ziegeln und einem qualmenden Schornstein. Diese hier waren flach. Zuvor hatte ich noch gar nicht gewusst, dass so etwas als Haus gilt, jetzt wohnten wir darin. Das sei ein Bungalow, meinte meine Mutter, auch der Bundeskanzler wohne in so einem. Es war ein modernes Haus. Meine Mutter war eine moderne Frau, was man daran sah, dass sie eine Brille mit handtellergroßen Gläsern trug. Ich war ein moderner Junge, weil die paar Haare, die ich hatte, mir bis zum Kinn gingen.

Und es war wohl auch ein moderner Spielplatz, schließlich sahen die Schaukelpferde eher aus wie zwei Drogenvisionen von Schaukelpferden. Ich hockte mich in den Sandkasten. Man konnte in einem Sandkasten nicht viel anderes tun, als mit einem Schäufelchen herumzurühren und kleine Häufchen zu formen, die man entweder als «Kuchen» interpretieren kann oder als «Burg». Beides sah gleich aus. Aber stets, wenn ich als Kind so ein Kuchenburghäufchen aufgeschichtet hatte, kam ein anderes Kind und trat es kaputt. Oder sie nahmen mir die Schaufel weg oder beides.

Es waren die anderen Jungs, derentwegen ich nicht gerne auf Spielplätze ging. Das ist heute noch so. Allerdings sind die anderen Jungs heute Mitte 30. Und sie zertrampeln keine Burgen, sondern bauen die ganze Zeit welche. Für ihre Kinder. Es sind eigentlich keine Sandburgen, sondern eher Paläste, die aussehen, als habe König Ludwig II. sein Reich in einer Buddelkiste wiederaufleben lassen. Die anderen Jungs haben immer Spaß. Es sind die sogenannten neuen Väter. Wenn ich so einem neuen Vater gegenüberstehe, fühle ich mich sehr wie ein alter Mann auf einer Parkbank. Es fehlt nur, dass ich die Tauben füttere.

«He-ey, Tillmann!», schallt es noch einmal. Es ist Ansgar. Ansgar ist mein Nachbar, wir wohnen im selben Haus in Berlin. Er ist der Papa von Sophie, einem Kind, das mit meiner Tochter zusammen in die Kita geht. Ich glaube, Ansgar wurde von Ursula von der Leyen in einem Frankenstein'schen Labor geschaffen, so perfekt ist er. Seine Frau arbeitet als Vermögensberaterin, er selbst ist in Elternzeit. Seit ich Ansgar kenne, ist er in Elternzeit. Vermutlich ist er direkt nach seinem Studium in Elternzeit gegangen, wahrscheinlich hat er sogar Elternzeit studiert. Anders ist seine unbedingte Passion nicht zu erklären. «Tillmann, komm hilf mir, die Kids auf die Rutsche zu heben», ruft Ansgar.

Immer wenn ich auf dem Spielplatz bin, sehe ich dort Ansgar. Eigentlich erkenne ich ihn eher, als dass ich ihn sehe. Ansgar ist nämlich unter all den Kindern gar nicht so leicht auszumachen. Er tobt wie ein Kind, er lacht wie ein Kind, er turnt wie ein Kind. Die Kinder mögen Ansgar, wahrscheinlich sind sie noch gar nicht auf die Idee gekommen, dass er ein Erwachsener sein könnte.

Mein Problem mit Ansgar ist: Sobald man einmal nichts Schweißtreibendes tut, gibt er einem das Gefühl, dass man sich nicht genug für seine Kinder anstrengt. Wäre Ansgar nicht, könnte ich hier einfach sitzen und hoffen, dass der Typ mit dem Latte-Macchiato-Mobil vorbeikommt. Das ist ein kleines Auto mit eingebauter Kaffeemaschine. Er macht neben den Spielplätzen halt und versorgt die dort ausharrenden Eltern mit koffeiniertem Milchschaum. Ansgar aber braucht kein Heißgetränk. Er ist selber heiß. Ansgar ist ständig in Bewegung. Er bringt das Mini-Karussell in Fahrt, er bewegt die Wippe, er schwingt die Schaukel. Wenn ich Ansgar angucke, muss ich an all die Energie denken, die bei so einem neuen Vater frei wird. Man könnte Generatoren anschließen und aus all den Schwing- und Schaukelbewegungen Strom gewinnen. Elternzeitkraftwerke. Vielleicht, denke ich mir, ist dieser kalte Januarnachmittag ein historisches Datum, an dem die Idee geboren wurde, wie man all die Atomkraftwerke ersetzen kann. Vielleicht bin ich gerade zum Helden geworden. Vielleicht muss ich mich jetzt aber auch einfach zu Ansgar begeben.

«Tillmann, kommst du schaukeln?» Meine Tochter Johanna ist schon dabei, sich von Ansgar bewegen zu lassen, er schubst abwechselnd meine und seine Tochter an. Jetzt kann ich nicht mehr sitzen bleiben, jetzt muss ich auch aktiv werden. Ich stemme mich von meiner Bank, an der ich ohnehin bald festgefroren wäre. Frida, meine vierjährige Tochter, hat sich schon auf die Schaukel gesetzt und rutscht erwartungsvoll mit dem Hinterteil hin und her. Ich gebe ihr einen leichten Schubs. «Höher», befiehlt sie.

«Hat Johanna nicht bald Geburtstag?», fragt Ansgar, seine Hornbrille ist leicht beschlagen. «Ich werde sechs!», ruft Johanna fröhlich von der Höhe herunter, in die sie Ansgar aufgeschwungen hat. «Ja, das wird ganz toll!», sage ich. «Und Sophie muss natürlich auch kommen.» – «Ja, natürlich, da lassen wir sogar Sophies Englischkurs ausfallen.» – «Hö-her», kräht Frida. «Lernst du auch schon Englisch?», fragt Ansgar Johanna. «Was ist denn Englisch?», antwortet sie. «Das erklärt dir dein Papa bestimmt noch.» – «HÖÖÖ», will Frida ansetzen, da habe ich ihr schon einen Schubs gegeben, der sie weit in die Höhe katapultiert. «Menno, Papa! Nicht so doll!»

Bandsalat

Ich frage mich manchmal, ob es in meiner Kindheit auch Väter wie Ansgar gab. Ich könnte bestimmt damit leben, einfach ein durchschnittlicher Vater zu sein, wenn all diese überdurchschnittlichen Väter nicht wären. Ansgars Frau kann die Familie mit ihrem Verdienst gut versorgen. Ansgar sagt, er könne es nicht verantworten, zu arbeiten, wenn das Kind in einem Alter sei, in dem es auf die Nähe seiner Eltern angewiesen ist. Er ist Sophie also immer nah. Er beugt sich so oft zu ihr herunter, dass man den Eindruck bekommt, er werde von Tag zu Tag etwas kleiner und gebückter – und es würde höchstens noch ein Jahr dauern, da könnte Ansgar als Sophies großer Bruder durchgehen, und nach einem weiteren Jahr als ihr kleiner Bruder. Was Ansgar für sein Kind tut, ist bestimmt großartig. Es ist vorbildlich für alle Eltern. Er sagt Dinge wie: «Meine Frau und ich trinken zu Hause keinen Alkohol. Wenn man dem Kind als Eltern gewohnheitsmäßiges Trinken zum Vorbild macht, legt man in ihm einen problematischen Umgang mit Alkohol an.» Er fürchtet also offenbar, dass meine Töchter später einmal an der Flasche hängen. Eben weil ihr Vater abends zu Hause Bier trinkt. Nach Ansgars Meinung könnte ich wohl alle pädagogischen Bemühungen einstellen, weil meine Kinder später ohnehin nicht auf einen Platz in Harvard, sondern in der Entzugsklinik warten werden. Ich frage mich, ob Ansgar seine Tochter überhaupt zu Johannas Geburtstag lassen wird – oder ob er befürchtet, ich würde dort Likör an die Kinder ausschenken.

Natürlich weiß ich, dass ich kein schlechter Vater bin. Schlechte Väter sind die, die zum Frühstück Wodka trinken und danach den Couchtisch aus dem Fenster werfen. Das habe ich noch nie gemacht. Wir haben nicht einmal einen Couchtisch. Aber bin ich gut genug, so gut, wie ich sein könnte oder müsste?

Ich lebe mit zwei Töchtern und meiner geliebten Frau in Berlin. Ich arbeite als Journalist, genau wie meine Frau Anna. Wir sind beide Ende 30. Da wir beide einen Beruf haben, gehen Johanna und Frida in die Kita – bis zum späten Nachmittag. Da geht es schon los. Als ich selber ein Kita-Kind war, hießen solche Kinder bei uns «Hortkinder». Die Hortkinder mussten in der Kita essen, weil niemand sie abholte. Weil niemand zu Hause etwas für sie gekocht hatte. Die Hortkinder taten uns leid. Unsere Eltern erklärten uns, dass die Papas von den Hortkindern nicht so viel verdienten, also müsste die Mama auch arbeiten gehen. Sie könnten sich nicht um ihre Kinder kümmern. Hortkinder waren für mich damals der Inbegriff des sozialen Abstiegs. Nun habe ich selbst also zwei Hortkinder, die in der Kita ihre Suppe löffeln, während ihre Eltern arbeiten müssen. Sicher, die gesellschaftlichen Werte haben sich seitdem geändert. Aber ich bin mir eben nicht so sicher, ob sich seither auch meine Werte geändert haben. Eine schöne Kindheit stelle ich mir ungefähr so vor, wie ich sie erlebt habe.

Wenn ich an meine Kindheit denke, denke ich an Monchichi und Playmobil und Puppen, die «Mama» oder «Ich möchte spielen» sagen konnten, weil sie einen klitzekleinen Plattenspieler im Bauch hatten. Ich denke an Dschungelbuch-Hörspielkassetten und Bandsalat. An Fingerfarben, mit denen wir an die Fenster malten. An Käse-Igel und Schnittchen mit Schmelzkäse-Ecken und

Billy, der Schinkenwurst mit dem lachenden Gesicht drauf, zum Abendbrot, während man die Sesamstraße guckte. Oder an die ganz, ganz seltenen Fälle, in denen man «Einer Wird Gewinnen» mit Hans-Joachim Kulenkampff gucken durfte, das immer durch die Eurovision-Musik angekündigt wurde. Das war es, was ich von Europa kannte – mir hätte niemand weismachen können, dass ich jetzt auch schon eine Sprache können soll, um mich mit diesem Europa verständigen zu können. Es reicht doch, wenn man gemeinsam fernsehen kann.

Es ist kein Zufall, dass wir es so schön hatten. Die Generation unserer Eltern war die erste in der Bundesrepublik, die sich allumfassend der Kindererziehung widmen konnte. Sie mussten nicht in den Krieg ziehen oder sich in Luftschutzkeller ducken, wie es ihre Eltern noch taten. Sie wurden in den Aufschwungsjahren groß. Es war normal für sie, dass man sich um das körperliche Wohlergehen keine großen Sorgen machen musste – die Kinder rückten in den Mittelpunkt des Lebens. Sie wollten ihren Kindern eine bessere Kindheit bieten als jene, welche die Kriegsgeneration ihnen bieten konnte. Sie wollten alles anders machen als ihre Vorgänger.

Ich erwische mich dabei, wie ich alles genauso machen möchte wie meine Eltern. Ich wäre gerne fortschrittlich, aber je älter ich werde, desto deutlicher wird mir, dass ich ein konservativer Knochen bin. Ich mag die Dinge, wie sie damals waren – und alles, was neu ist, ist mir suspekt. Die Menschheit hat in den vergangenen drei Jahrzehnten Magnetschwebebahnen gebaut und Waschmaschinen, deren IQ höher ist als der ihrer Besitzer. Aber sie hat zum Beispiel nicht geschafft, ein sinnvolles Spielzeug zu entwerfen. Als ich neulich in der Spielwarenabteilung eines Kaufhauses war, um für den Geburtstag von Johanna einzukaufen, fand ich ein lila Tagebuch mit Codewortschutz und Stimmerkennung, ein Wissensspiel mit einen sprechenden Stift, ein ganzes Geschwader von Indoor-Helikoptern, einen elektronischen Hamster – aber nichts, das ich als sinnvolles Spielzeug für mein Kind sehen würde. Am Schluss stand ich wieder vor dem Regal mit den Schleich-Figuren. Jene handbemalten, naturgetreuen Hartgummi-Tiere aus Schwäbisch Gmünd. Die sind schön, Kinder lieben sie – aber können wir unserer Tochter jedes Jahr Schleich-Tiere schenken? Das geht doch nicht!

Wir verlassen den Spielplatz, nachdem Frida und Johanna genug geschaukelt worden sind. «Warum spielt eigentlich niemand mit dir, wenn wir auf den Spielplatz gehen?», fragt Johanna auf dem Weg nach Hause. «Äh, was meinst du denn?» – «Na, ich hab jemanden zum Spielen, Frida hat jemanden zum Spielen, Sophie hat jemanden zum Spielen, ihr Papa hat jemanden zum Spielen ... aber du sitzt da immer nur allein.» – «Aber natürlich würde man mit mir spielen, wenn ich wollte, aber ich will gar nicht.» Johanna geht eine Weile stumm neben mir. «Und warum willst du nicht?» – «Na, weil ich ja ein Erwachsener bin, die spielen nicht!» Johanna schweigt wieder ein paar Schritte: «Und wie lange musst du noch ein Erwachsener sein?»

Mirácoli-Tag

Johanna kommt dieses Jahr in die Schule. Sie freut sich schon sehr darauf, vielleicht, weil sie noch nicht richtig weiß, was Schule ist. Es scheint ihr als Fortsetzung der Kita mit anderen Mitteln. Für sie ist die Schule ein riesengroßes Spielzimmer mit Bildungsanschluss. Und diese Vorstellung ist so schön, dass ich sie unmöglich zerstören will. Wenn Johanna nicht von der Schule träumt, bastelt oder malt sie. Zurzeit bastelt sie Weihnachtssterne, Weihnachten ist zwar längst vorbei, aber das akzeptiert Johanna nicht, sie feiert einfach weiter. Vergangenes Jahr hat sie aus der Kita eine Engelsfigur aus Plastik mit Rauschgoldhaaren mitgebracht, die sollte dort eigentlich ausgemistet werden. Der Engel hat Batterien im Bauch und dudelt den ganzen Tag «Jingle Bells», und zwar so, als würde man es auf einem dieser Mini-Keyboards von Fisher Price spielen, das man selbst als Kind geschenkt bekommen hat. Wahrscheinlich gehe ich deswegen bei Winterskälte mit meinen Kindern auf den Spielplatz, um eine Stunde lang nicht «Jingle Bells» hören zu müssen.

Abgesehen von Spielplatzbesuchen hasst Johanna körperliche Anstrengung. Johanna meidet Sport, müsste sie um ihr Leben laufen, würde sie sich, wie es scheint, spontan dagegen entscheiden. Sehr zum Leidwesen ihrer Mutter, die gerne Kinder hätte, die so sportlich sind wie sie. Annas Vater war schon mal Deutscher Meister im 400-Meter-Staffellauf, Anna läuft Marathon, sie ist sogar Marathon gelaufen, als sie mit Johanna schwanger war. Vermutlich war das Geschaukel der Tochter im Bauch zu viel, sage ich.

Johannas zwei Jahre jüngere Schwester Frida hingegen rennt sogar über Strecken von zwei Metern. Frida mag kein Rosa und kennt keine größere Beleidigung, als wenn man ihr sagt, sie wäre klein. Ihrer Meinung nach ist sie nämlich genauso alt wie Johanna, und wer versucht, sie vom Gegenteil zu überzeugen, bekommt Ärger. Man kann auch Unannehmlichkeiten bekommen, wenn man versucht, ihr etwas anderes zum Mittagessen vorzusetzen als Nudeln.

Das stört Anna mehr als mich, denn ich bin selbst mit Mirácoli und Ravioli aufgezogen worden. Hätte ich nicht Anna getroffen, würde ich heute noch denken, dass Tomatensoße mittels eines Tütchens mit «einzigartiger Würzmischung» hergestellt wird, Parmesankäse nur in staubfeinem Zustand existiert und der natürliche Lebensraum einer Ravioli die Hackfleischsoße ist. Ein kleines Steak wurde für mich in einem Fruchtzwerge-Joghurtbecher gereicht. Bei Anna hingegen wurde immer alles frisch zubereitet. Es gab nie Tiefkühlkost. Bei ihr ging Käpt'n Iglo nie vor Anker, und der Bofrost-Mann hatte Hausverbot. Manchmal denke ich, dass sie etwas verpasst hat. Es gab so viele Spezialitäten, die Kinder heute praktisch nicht mehr vorgesetzt bekommen:

- **Toast Hawaii:** eine Spezialität, die es nur sonntags gab. Weißer Toast mit einer Scheibe Dosenananas, einer Scheibe Formschinken und einer Scheibe Cheddarkäse obendrauf. Steht heute leider in Verdacht, krebserregend zu sein.
- **Zucker-Ei:** zwei rohe Eier mit zwei Esslöffeln Zucker verquirlen.
- **Milchnudeln:** Nudeln statt mit Wasser und Salz mit Milch und Zucker kochen, kann mit Zimt garniert werden.
- **Zuckerbrot:** einfach ein Butterbrot schräg unter die Zuckerdose halten und den Zucker über die Butter rieseln lassen. Was hängen bleibt, schmeckt prima.
- **Mit Hackfleisch gefüllte Paprika:** die einzige Methode, ein Kind dazu zu bringen, die Gemüsebeilage zu essen.
- **Knack & Back:** Das waren Brötchen und Croissants, die man aus einer Art Spachtelmasse selbst formte und ausbuk. Waren beliebt, weil sonntags die Bäckereien noch nicht öffnen durften.
- **Paradiescreme:** eine kalte Dessert-Creme, die von Dr. Oetker vertrieben wird. Einfach mit Milch aufrühren, schon wird der Mund verklebt!
- **Götterspeise:** Wurde am liebsten in verschiedenen bunt glibbernden Schichten kredenzt.
- **Dosensalat:** Sellerie, Karotten, Erbsen und Bohnen lernten wir Kinder normalerweise in eingelegtem Zustand kennen. Übereinandergeschichtet und mit Majonäse und Eisbergsalat kombiniert, kannten wir es als «Schichtsalat». Das Zeug irgendwann frisch vorgesetzt zu bekommen war ein Schock.
- **Bami Goreng:** ein indonesisches Nudelgericht, das in Deutschland aber ausschließlich als Tiefkühlgericht mit neongelber Soße bekannt wurde. Wer kein Bami Goreng mochte, mochte Nasi Goreng mit Reis.

- **Arme Ritter:** eine in gerührtem Ei getränkte Scheibe Toastbrot auf beiden Seiten in der Pfanne angebraten. Dazu Ketchup von Kraft.
- **Mikrowellen-Menüs:** Die Mikrowelle war gerade dabei, sich in der Küche durchzusetzen, und alles sprach vom «Mikrowellen-Kochen», wie man zuvor schon den Dampfdrucktopf vergeblich als Küchenrevolution gefeiert hatte. Eine Auswirkung davon waren Plastiknäpfe mit Foliendeckel, die ein volles Tellergericht beinhalteten. Es schmeckte allerdings so schlimm, dass sich das Mikrowellen-Menü nicht durchsetzte. Wir Kinder wussten das Gerät ohnehin besser zu nutzen: Wenn man Schokoküsse hineinsteckte, blähten diese sich zu Schaumbergen auf.

Das alles gibt es bei uns nie zu essen, bis auf eine Tiefkühlpizza für den äußersten Notfall halten wie nur frische Sachen vor. Als Anna an diesem Abend nach Hause kommt, gibt es Kartoffelgratin und Salat. Freitags bleibe ich immer zu Hause, und sie geht arbeiten, also ist es an mir zu kochen. Und da Kartoffelgratin das Einzige ist, was ich beherrsche, gibt es jeden Freitag Kartoffelgratin.

Wenn die Kartoffeln im Ofen sind, versuche ich die Kinder schnell in ihre Schlafanzüge zu stopfen, damit es schon ein bisschen nach Feierabend aussieht.

Was dann passiert, ist fast ein Ritual. Ich höre, wie sich der Schlüssel im Haustürschloss dreht, dann klackern ihre Absätze über das Parkett. Anna gibt mir einen Kuss und lobt: «Wie gut es hier riecht!», dann kommt Frida um die Ecke, guckt entsetzt und fragt: «Gibt es SCHON WIEDER Kartoffelgrateng? Ich mag kein Kartoffelgrateng!» Dann beruhige ich Frida, für sie gebe es selbstverständlich Nudeln, Nudeln ohne alles. Nur mit Butter.

Später am Abend, wenn die Kinder unter Protest in ihrem Doppelstockbett eingeschlafen sind, reden wir über Johannas anstehenden Geburtstag. Es ist gar nicht so einfach. An Geburtstagen brauchen Kinder Kuchen, und sie brauchen Geschenke. Kinder haben aber meist schon alles. Sie haben Stofftiere, Puppen, Lego, Kinderbücher, Hörspiele, Puppenhäuser, Klettergerüste, Hochbetten, Eisenbahnen, Arztkoffer, Zauberkästen. Es fällt einem kaum noch etwas ein, was man dem Kind denn zusätzlich noch schenken mag. Mein Vater hat mir von seiner Kindheit berichtet, er habe zum Geburtstag jeweils neue Strumpfhosen bekommen. Strumpfhosen klingen gut. Die sind nach einem Jahr durchgescheuert, dann kann man neue kaufen. Später hat er jedes Jahr jeweils einen Wagen für die Modelleisenbahn geschenkt bekommen. Als er einen kompletten Zug beisammenhatte, war die Kindheit auch schon fast vorbei.

In meiner Kindheit hingegen mussten Geschenke dann schon Sensationen sein: Zum einen Geburtstag gab es die Eisenbahn, zum nächsten die Playmobilburg mit dem Turnierritter-Set. Und es gab das Western-Fort von Playmobil zusammen mit dem Indianerdorf und der Postkutsche. Es gab auch ein Postamt-Spieleset mit Briefmarken, Umschlägen und Poststempel (ja, damals machten Behörden noch Eindruck auf Kinder). Später kamen eine Darda-Bahn hinzu mit den kleinen Flitzern, die man aufzog, indem man sie vor und zurück schob. Dabei machten sie ein knackendes Geräusch, wie alle anderen Spielzeuge sie nur machten, wenn sie kaputtgingen. Und dann kam Fischer-Technik, bei der man Seilbahnen, Raupenbagger und Atomkraftwerke aus kleinen, ineinanderschiebbaren Steinen bauen konnte.

In den späten siebziger Jahren ging es nicht um Bedarfsdeckung, es ging um fröhlichen Konsum. Ganz so fröhlich möchte man heute nicht mehr verbrauchen. Heute wollen wir nachhaltig schenken. Es soll alles einen Sinn haben, nicht gleich kaputtgehen. Es soll gewissermaßen wertvoll sein. Kein schäbiger Plastikkram, der sich schon bald in seine Einzelteile zerlegt und sich eines Morgens in den nackten väterlichen Fuß bohrt, wenn dieser gerade durch die Küche tapst.

Das macht den Spielraum für Geschenke klein. Ich schiele ständig darauf, was andere Eltern ihren Kindern schenken. Sie scheinen ähnlich verzweifelt. Ein Nachbar hat seinen Mädchen eine Karaoke-Maschine gekauft. Einen Höllenapparat mit eingebauter Lautsprecheranlage, Videoschirm und Mikrofon. Eine Freundin schenkte ihrem Sohn ein Schlagzeug. Das mache ich lieber nicht nach.

Allerdings haben kleine Kinder in dieser Hinsicht einen Vorteil: Sie werden ständig größer. Sie brauchen größere Kleider, größere Schuhe und auch größere Fahrräder. Wir schenken Johanna also ein neues Fahrrad. Bei Fahrrädern gibt es zwei Typen. Solche, die Kinder haben wollen, und solche, die Eltern vernünftig finden. Als kleiner Junge schaute ich mit Bewunderung auf die großen Jungs, die Bonanzaräder hatten. Sie fuhren darauf so lässig wie nur möglich. Sie lehnten sich auf ihrem langgezogenen Sattel nach hinten und lenkten mit einer Hand, während sie in der anderen ein Dolomiti-Eis hielten. Auf diesen Rädern fuhr man stets unglaublich langsam, sodass man fast umzukippen drohte. Die Räder hatten am Rahmen eine Dreigangschaltung wie beim Auto, die aber immer kaputt war, und hinten baumelten Wimpel. Von diesen Bonanzarädern herunter schienen die Jungs die Welt zu regieren. Meine Eltern kauften mir aber kein solches Fahrrad von Raleigh, sie kauften mir eines von Puky. Später kamen die BMX-Räder auf. Die hatten kleine Reifen mit breiten Stollen. Sie waren gewissermaßen der SUV des Kinderzimmers. Mit BMX-Rädern konnte man rücksichtslos durch das Gelände rasen und waghalsige Rampen überspringen. Man musste aber nicht. Es reichte völlig, so auszusehen, als könnte man es jederzeit tun. Und meine Eltern? Sie schenkten mir stattdessen ein Kettler-Alu-Rad zum Geburtstag.

Lutschkugeln

Meine Idee, ein Bonanza-Rad bei eBay zu ersteigern, verwerfe ich sofort, als ich sehe, welche Preise Retro-Räder mittlerweile erzielen. Ich bin offenbar nicht der einzige Vater, der Nachholbedarf hat. Ich kaufe also ein normales Kinderrad. Aber etwas aufmotzen will ich es trotzdem. Ich schraube eine Hupe daran und klemme bunte Klickerperlen in die Speichen. Ich hätte gerne auch noch einen Abstandhalter an den Gepäckträger geschraubt. Das war ein oranger Wimpel mit einem Reflektor dran, der Autos dazu animieren sollte, das kleine Kind großräumig zu umfahren. Wir fanden diese Dinger damals toll, weil sie aussahen wie Polizeikellen. Es gibt sie heute aber leider nicht mehr. Wahrscheinlich geht man davon aus, dass nicht einmal in Berlin Eltern so wahnsinnig sein könnten, Kinder auf der Straße fahren zu lassen.

Und dann ist es so weit: Ein paar Tage später stehen wir morgens an dem Bett, in dem sich Johanna noch in die Daunendecke rollt: «Heute kann es regnen, stürmen oder schnei'n / Denn du strahlst ja selber wie der Sonnenschein / Heut ist dein Geburtstag / darum feiern wir / alle deine Freunde freuen sich mit dir», singen wir für Johanna. Anna hat einen Kuchen gebacken, und wir haben eine kleine Eisenbahn mit sechs kleinen Kerzen um ihren Frühstücksteller herum aufgebaut. Johanna freut sich zwar über das Prinzessin-Lillifee-Federmäppchen, das ihr ihre Tante geschickt hat, viel mehr als über das Fahrrad, aber das macht mir keinen Kummer. In Gedanken bin ich ohnehin schon viel weiter: nämlich beim Kindergeburtstagsfest, das am darauffolgenden Samstag sein soll.

Auf diese Feste kommt es schließlich an. Es mochte einmal gereicht haben, ein Hanuta unter einen Topf zu legen und die Kinder mit verbundenen Augen und einem Holzlöffel danach suchen zu lassen. Oder sie ein Eis balancieren lassen und ihnen nachher Nudeln zu verfüttern. Das alles geht nicht mehr. Einen Geburtstag, sage ich Anna, muss man vom Ende her denken. Nämlich von der Nachhauseweg-Tüte her. Das ist das Tütchen mit Süßigkeiten, welches es am Ende des Tages für alle gibt. In meiner Kindheit waren Süßigkeiten ein Grundnahrungsmittel. Ich wäre keinesfalls zum regelmäßigen Schulbesuch zu überreden gewesen, hätte es nicht auf dem Schulweg einen Kiosk gegeben, bei dem eine Reihe von roten Boxen in der Auslage stand, die uns ein tägliches Hochgefühl im Mund offerierten: saure Gurken und saure Pommes. Und Leckmuscheln und Kirsch-Lollies von Küfa und Pfirsich-Ringe. Ich stand jedes Mal lange vor dem Angebot und überlegte, wie ich mein Taschengeld am besten anlegen sollte. Es gab große, saure Gurken für zehn Pfennig und kleine für fünf Pfennige. Es ließen sich auch richtig umfangreiche Investitionen tätigen, etwa mit Schleck-Brausestangen, die gerne 30 Pfennig kosten konnten, dafür aber auch den ganzen Rest des Schulweges vorhielten. Die günstigste Ware war der Brausetaler für zwei Pfennig. Ich hatte schon damals nicht verstanden, warum es Ein-Pfennig-Münzen gab, wo man doch an meinem Kiosk gar nichts für einen Pfennig erwerben konnte. Schließlich musste doch jeder Geldbetrag in Süßigkeiten umsetzbar sein, sollte das Währungssystem funktionieren.

Viele der Süßwaren gibt es noch, einige sind fast ausgestorben: etwa die Schokoladen- und Kaugummi-Zigaretten (Marke: Pell Mell). Wir fanden sie großartig, denn wir konnten damit «erwachsen» spielen. Da gehörte rauchen einfach dazu. Heute würden Eltern, die ihren Kindern Schokozigaretten offerieren, sich wahrscheinlich strafbar machen. Die Frage ist nur, welches Accessoire man ihnen stattdessen anreichen würde, damit sie die Welt der Großen nachspielen können. Oder wollen Kinder die Welt der Erwachsenen überhaupt noch nachspielen?

Für mich erstaunlich war damals übrigens, dass der Mann, dem der Kiosk gehörte, offenbar gar nicht so versessen darauf gewesen war, mich als Kunden zu haben, obgleich ich zweifelsohne zu seiner Stammklientel gehörte. Jeden Morgen stand ich vor der Auslage und überlegte und erwog, rechnete den Salmiak-Geschmack eines Lakritztalers gegen die Klebrigkeit auf, mit der die blauen Schlümpfe an den Zähnen haften blieben. Während ich also überlegte, drängte der Mann hinter dem Kiosk-Tresen (er blieb zeitlebens für mich nur der «Kiosk-Mann»), er hätte noch andere Kunden. Wollte er meine 30 Pfennige etwa nicht? Die anderen Kunden jedenfalls kauften keine Süßigkeiten bei ihm, die rochen schon morgens um halb acht wie ein Spiritusbrenner und gerierten sich keineswegs sehr freundlich. Sie waren zweifellos durch das Schild «Trinkhalle», das am Kiosk prangte, angezogen worden. Es war außerdem kein Wunder, dass diese «Kundschaft» morgens am Kiosk ihre Entscheidungen schneller treffen konnte als ich. Denn ihre Konsumwünsche bezogen sich nur auf «Korn» beziehungsweise «Doppelkorn» oder «Apfelkorn».

Die Welt der Süßigkeiten hingegen war ein Universum: Es war eine wahre Verführungsindustrie, die in immer neuen Anordnungen versuchte, Glucosesirup in unbekannte Formen zu gießen, damit er von mir in einem kleinen Papiertütchen vom Kiosk weggetragen würde.

Dabei war das Entscheidende keineswegs, wie süß das Zuckerzeug war, sondern was es mit einem anstellte. Heute würde man das als sinnliches Erlebnis bezeichnen. Da war zum Beispiel die Wunderkugel: eine taubeneigroße Lutschkugel, die in mehreren Schichten aufgebaut war, sodass sie während des Lutschens ständig ihre Farbe wechselte – und die Farbe der Zunge dazu. Es gab das «süße UFO», das aus zwei tellerförmigen Oblaten bestand, zwischen denen ein sauersüßes Brausepulver war, welches sich in den Mundraum ergoss, wenn man das UFO aufaß. Es gab Esspapier in dünnen Blättchen, die sich auf der Zunge auflösten. Und natürlich Nappo, holländischer Nougat mit Schokoladenüberzug, der vehement das Gebiss verklebte. Am liebsten aber hatten wir Kinder das Magic-Gum-Pulver: ein Tütchen mit einen grünen

Marsmännchen darauf. Es enthielt ein Brausepulver, das im Mund erste knallte und bitzelte – um sich dann zu einem Kaugummi zusammenzuklumpen. Heute nennt man so etwas Molekularküche. Ich habe meine Erfahrungen damit schon als Sechsjähriger gemacht.

Seid ihr alle da?

Die Herausforderung eines Kindergeburtstages beginnt schon mit dem Einladen anderer Kinder. Man sagt, dass man immer so viele Kinder einladen dürfen sollte, wie das Kind Lebensjahre hat. In Johannas Fall also zwölf, wie sie sagt. Ich freue mich, wenn mein Kind irgendwann mal Mathe kann. Zwölf Kinder, wer soll die alle hüten? Unser Wohnzimmer ist doch nicht das Småland von Ikea. Aber Johannas Einladungsliste ist so wenig verhandelbar wie die Zehn Gebote. Sie besteht aus Freundinnen, aus Kindern, die man einladen muss, weil sie einen auch eingeladen haben, und aus Kindern, die man einladen muss, damit sie einen später auch einladen. Auf die richtig wichtigen Geburtstagspartys. Die nämlich, bei denen die Väter ganze Busladungen ins Spaßbad karren oder in den Klettergarten oder den Vergnügungspark. Die Geburtstage, wo Zauberer als Showact gebucht werden. Es sind die gesellschaftlichen Anlässe meiner Kinder, bei denen sie nicht fehlen wollen. Wenn Kindergeburtstage die Währung für glückliche Kindheitserinnerungen sind, dann steigt sie gerade steil im Preis. Es herrscht ein Wettrüsten der Elternliebe wie zur Hochzeit des Kalten Krieges. Eine Bekannte mobilisierte für den fünften Geburtstag ihrer Tochter einen zweispännigen Planwagen, mit dem es einen Ausflug zum Kinderbauernhof gab. Der Sohn von anderen Eltern unseres Umfeldes genoss einen Themengeburtstag «Bagger», für den selbstverständlich ein Mini-Bagger angemietet wurde. Vielleicht muss es für den nächsten Geburtstag dann ein

Panzer sein. Oder ein U-Boot, ein Helikopter, ein Dinosaurier. Wo kriege ich nur einen Dinosaurier her?

Es gibt eine reichhaltige Literatur über Kindergeburtstage – oder wie man heute auch sagt: Themenfeste. Es reicht für ambitionierte Eltern nicht mehr, einfach Kinder zu versammeln und mit ihnen Spiele zu machen – heute geht es um Märchenschlösser, Piratenschiffe, Meereskönniginnen und Mittelalter-Zauber. Es soll alles einen inneren Zusammenhang haben und vielleicht sogar ein pädagogisches Ziel. Geburtstagsfeste haben heute ein Drehbuch, und die Dramaturgie soll nichts stören, schon gar nicht die Kinder. In einer Elternzeitschrift fand ich neulich eine Empfehlung, was zu tun ist, wenn Kinder nicht mitspielen wollen – «Wie stoppt man kleine Spaßbremsen?»: «Nehmen Sie das Kind zur Seite, um abseits von den anderen mit ihm zu sprechen», wird da geraten. «Sagen Sie ihm, dass Sie davon ausgehen, dass es gekommen ist, weil es Ihr Kind gern mag. Und dass Sie darauf vertrauen, dass es genau wie Sie dem Geburtstagskind ein schönes Fest wünscht. Nehmen Sie es richtig in die Verantwortung mit: ‹Ich muss mich da ganz auf dich verlassen können.› Machen Sie gleichzeitig klar, dass es gehen muss, wenn es nicht klappt.»

Kinder, die nicht kooperieren, sind auszusortieren. Den Ärger mit den Eltern müsse man dann eben hinnehmen: «Aber der gelungene Geburtstag Ihres Kindes ist es wert, dass Sie diesen möglichen Stressmoment aushalten.» Das ist das Gesetz der Kindergeburtstage: Glück um jeden Preis.

Ich bin bereit.

Für mich war es als Kind ganz normal, dass zu meinem eigenen Geburtstag eine zweistellige Zahl von Kindern eingeladen wurde. Ich lud Matthias, Kai, Nils, Oliver, Julia, Barbara, Susanne, Thorsten, Thilo, Christoph, Martin, Gabriele, Petra, Ute, Nicole ein. Andere Namen waren ja damals nicht in Umlauf. Es gab zur Einstimmung Kasperltheater. Meine Eltern haben das Stück immer selbst geschrieben und geprobt. Meist handelte es davon, dass

Kasper auf einen Schatz aufpassen soll, der aber leider vom Krokodil entwendet wird. Danach muss Kasper allerlei Aufgaben lösen – und schließlich kann er den Schatz zurückerlangen und dem Geburtstagskind überreichen. Also mir. Der Schatz bestand zum Beispiel aus einer Tüte mit in Goldpapier verpackten Schokomünzen. Oder aus einer Wundermuschel. Das ist eine Muschel, die aufgeht, wenn man sie ins Wasser legt, worauf ihr eine Blume entwächst. Ich kann mich an die Kasperltheaterstücke nicht mehr so genau erinnern – allerdings weiß ich noch genau, dass einmal die Muschel, die mir aus dem Maul des Krokodils überreicht wurde, kaputt war. Meine Mutter sagte zur Entschuldigung, sie sei wohl vom Krokodil zerbissen worden. Ich heulte trotzdem. Was fiel diesem Krokodil ein? Und was fiel meinen Eltern ein, dass sie dieses Krokodil überhaupt eingestellt hatten? Eigentlich erinnere ich mich vor allem an Tränen, die ich an meinen Geburtstagen vergoss, und an die verzweifelten Versuche meiner Eltern, diese irgendwie einzudämmen. Sie müssen eine Menge Spaß mit mir gehabt haben.

Ich habe die Kasperlpuppen meiner Eltern noch. Das Ensemble besteht aus: Kasper (der ein so verzerrtes Lächeln hat, als wäre er geliftet), das Krokodil, die Hexe, der Zauberer, der Polizist, der Hund, der König, der Räuber. Die Figuren sehen so aus, wie die heute nie mehr produziert werden dürften. Der Räuber hat eine übel zugerichtete Fresse und zitiert ganz eindeutig Zigeuner-Stereotypen. Die Hexe sieht so schrecklich aus, dass man sie wegen der Verbreitung frauenfeindlicher Vorurteile verhaften müsste. Aus ihrem hässlichen Mund stehen braune Zähne hervor, sie trägt ein riesiges Kopftuch. Ich habe mir einmal angeschaut, wie Kasperlfiguren aussehen, die heute verkauft werden: Da lächelt die Hexe wie das Kräutermädchen auf dem Rotbäckchen-Saft, und der Räuber trägt eine lustige schwarze Maske, die ihn eher wirken lässt wie einen Waschbär. Im Grunde kann ich meine Theatertruppe kaum im 21. Jahrhundert auftreten lassen. Aber ich habe kein anderes Ensemble. Ich habe ja nicht einmal ein Theaterstück. Wo bekomme ich nur einen Text her? Es gibt im Internet eine ganze Reihe einschlägiger Seiten mit Stücken. Die Handlung ist etwa: Kasper schenkt der Großmutter einen Kuchen, die Großmutter freut sich, aber dann kommt die Hexe und stiehlt den Kuchen – Kasper schleicht sich zur Hexe und tauscht den Kuchen gegen eine Schüssel Kieselsteine aus. Die Hexe beißt auf die Kieselsteine und schimpft. Kasper singt «Tri, tra, trullala» und kann nun in Ruhe mit der Großmutter Geburtstag feiern. Aber ich habe keine Großmutter in meiner Kasperl-Kiste. Soll ich Kasper dem Krokodil einen Kuchen schenken lassen? Oder der Hexe – und der Polizist stiehlt ihn dann? Aber «Tri, tra, trullala» – das gefällt mir.

Zu einem Kindergeburtstag gehört auch eine Schatzsuche. In meiner eigenen Kindheit begann sie damit, dass mein Vater ganz zufällig hinter einem Schrank im Kinderzimmer einen Zettel fand, dessen Ränder sorgfältig mit einer Kerze angekokelt waren. Er erzählte dann davon, dass in diesem Haus vor Jahrhunderten einmal ein Pirat gelebt habe, der gefürchtete Korsar Hackepeter – und dass der legendäre Schatz des legendären Hackepeter nie gefunden wurde. Selbstredend mache man sich nun aber, da die Karte gefunden sei, sofort auf die Suche. Ich hatte damals erhebliche Zweifel an Papas Theorie. Meines Erachtens müssten etwaige Schätze tief unter dem Fußboden vergraben sein. Wir würden mit schwerem Gerät vorgehen müssen – und das wäre viel besser möglich, hätten mir meine Eltern, so wie ich es mir gewünscht hatte, einen Bagger geschenkt. Es gab aber nur einen Roller. Da hatten wir also den Salat. Die Schatzsuche ging allerdings schon los. Mein Vater sagte, wir sollten uns alle aufs Bett setzen, das sei nämlich unser Schiff. Dann machte meine Mutter einen Staubsauger an und sagte, das sei jetzt ein schrecklicher Sturm, der das Piratenschiff erfasst habe. Wir mussten uns auf eine Insel retten, die von einem Sofa dargestellt wurde, das im Flur stand. Auf dieser

Insel begann dann die Schatzexpedition. Bei dieser Suche mussten wir Kinder uns an einem Monster vorbeischleichen, das von unserem Familienhund dargestellt wurde, der unter dem Tisch lag und döste. Wir mussten an einem Vulkan vorbei, der in Wirklichkeit der Hochstuhl meines kleinen Bruders mit einer Kerze darauf war. Schließlich kamen wir aber im Wohnzimmer an, konnten dort einen mit bunten Straußenfedern geschmückten Korb bergen, in dem eine Süßigkeitstüte für jedes Kind war. In jeder Tüte war außerdem ein Gummiball. Daraufhin warfen alle Kinder die Flummis durch die Wohnung, wobei sie gegen die Wände dotzten, dabei alle möglichen Sachen umwarfen, was ein Riesenspaß war. Zum Schluss durften wir uns selbst Hamburger aus Sandwichbrötchen, Frikadelle, Tomate, Salat, Käse und ganz viel Ketchup belegen. Nachdem die anderen Eltern ihre Kinder abgeholt hatten, machten meine Eltern einen müden Eindruck und wollten uns seltsamerweise schon bald ins Bett bringen – was mir nicht recht in den Kopf wollte – der Spaß hatte doch eben erst angefangen ...

Reise nach Jerusalem

Anna hat einen Kuchen gebacken. Einen Kuchen für zwölf Kinder?, frage ich. Ein Kuchen ist doch zu wenig! Wie soll das gehen? Die Kinder kommen, setzen sich hin und bekommen nicht einmal ordentlich zu essen? Anna beruhigt mich. Die Kinder seien meist gar nicht so hungrig, wenn sie ankämen – und ich könne ja auch noch einen Kuchen im Supermarkt kaufen, wenn ich Angst habe, dass es zu wenig sei. Das lasse ich mir natürlich nicht zweimal sagen und ziehe los. Ich muss ohnehin noch so einiges besorgen. Schließlich wird das mein Tag, an dem ich beweisen werde, was für unglaubliche Kindergeburtstage ich zu feiern imstande bin. Ich sehe die anderen Väter, vor allem Ansgar, blass ihren Nachwuchs abholen. Völlig verstört den begeisterten Erzählungen lauschend, während sie sich trollen wie Hunde, denen man ins Hinterteil getreten hat.

Im Supermarkt finde ich tatsächlich eine Benjamin-Blümchen-Torte von Coppenrath & Wiese. Ich durfte sie als Kind nie haben. Benjamin Blümchen mit seinem albernen Trompeten und Taröööen war meinen Eltern suspekt. Aber meine Eltern sind nicht hier. Ich wusste damals: Eines Tages wird die Gelegenheit kommen, da werdet ihr mich nicht stoppen können. Ich werde einfach eine Benjamin-Blümchen-Torte in den Einkaufswagen legen, und es gibt nichts, was ihr dagegen tun könntet. Ich kaufe auch Hamburger-Brötchen und Tomaten, Hackfleisch, Salat, Gurken und Ketchup für das Abendessen. Mit großen Erwartungen biege ich in die Süßwaren-Abteilung des Supermarktes ein. Die Verführungsindustrie hat immerhin 30 Jahre Zeit gehabt, neue psychedelische Zucker-Erlebnisse für junge Menschen zu kreieren. Mit was wird sie mich überraschen? Leider nur mit Haribo, Haribo, Haribo, Haribo. Der Bonner Gummibärchen-Hersteller dominiert mittlerweile alles. Und die Produkte sind dieselben, die ich schon aus meiner Kindheit kenne. Die einzigen Innovationen sind «Saftbären» und Fledermäuse, die teils aus Gelatine, teils aus Lakritz bestehen. Kein Wunder, dass es mit Deutschland nicht weitergeht. Ich kaufe also Haribo-Familienpackungen in kleinen abgepackten Tütchen. Dann finde ich noch Maoam («Wollt ihr Elfmeter?»). Auf der Packung ist jetzt eine komische Kartoffel abgebildet, die sich von süßen Früchtchen verwöhnen lässt, was ich etwas seltsam finde. Zu meiner Überraschung finde ich noch Ahoj-Brause. Das Pulver, das man ins Glas kippen konnte, was ein wässriges, nach Waldmeister schmeckendes Getränk ergab. Was aber nicht so schlimm war, denn es wusste sowieso keiner, wie Waldmeister eigentlich schmecken sollte. Meist kippte man sich die Ahoj-Brause pur in den Schlund. Das Zeug gibt es schon seit den zwanziger Jahren, und es wurde damit schon eine Sexszene in der Verfilmung von Günter Grass' «Blechtrommel» gedreht. Die Ahoj-Brause, beschließe ich, wird der Held meiner Süßigkeitstüte. Ich kann kaum erwarten, bis ich sie den Kindern zum Abschied in die Hand drücken kann. Leider müssen wir bis dahin noch ein ganzes Geburtstagsfest hinter uns bringen.

Endlich ist Samstag. Johannas Gäste kommen, unsere Tochter ist in Hochstimmung. Sie bekommt allerlei Kram, von dem ich gar nicht wusste, dass es ihn gibt. Ein Brikett, aus dem man mit einem kleinen Spatel einen Dinosaurier herauskratzen kann. Einen Frosch, den man ins Wasser wirft, wo er sich dann in einen Prinzen verwandelt. Stifte, die in allerlei Regenbogenfarben malen.

Die Kinder verspeisen den Kuchen, es sind mehr Jungs als Mädels. Ich überlege, was es bedeutet, dass meine Tochter eher mit Jungs spielt – geht das denn jetzt schon los? Muss ich mich schon jetzt mit Typen herumschlagen, die meine Tochter mit nach Hause schleppt?

«Was ist denn das für ein komischer Elefant da auf dem Kuchen?», fragt einer von ihnen. «Ja, warum ist denn da ein Elefant auf dem Kuchen?», kommt es von der anderen Seite des Tisches.

Ich verziehe mich hinter das Kasperltheater und warte, bis Anna die Kinder davor versammelt hat. Dann kommt mein Auftritt: «Tri-Tra-Trullala», singt Kasper fröhlich. Anna hat mir geraten, die Handlung nicht zu kompliziert zu machen. Ich halte es also einfach: Kasper soll auf einen Schatz aufpassen, aber er schläft ein, also wird er vom Krokodil beklaut. Dann muss Kasper zur Polizei und mit dem Polizisten das Krokodil stellen und ihm kräftig eins über die Rübe geben. Als das Krokodil den Kasper bestiehlt, ruft ein Kind: «Ich hab Angst!», und rennt weg. Dann kommt die finale Prügelei, Kasper hält mit beiden Armen eine Rute fest und lässt sie unablässig auf das Reptil niedersausen, bis es den Schatz herausrückt und sich vom Polizisten in den Zoo bringen lässt. «Heeee, man darf keine Tiere hauen», protestiert ein Mädchen, «die sterben sonst aus.» – «Ja, und in den Zoo gehören Tiere sowieso nicht», schallt es aus einer Ecke. Den Schatz, in Silberfolie eingepackt, bekommt das Geburtstagskind. Es ist eine Wundermuschel. Ich habe sie tatsächlich im Internet bei einem taiwanesischen Versand bestellen können. Leider interessiert sich Johanna gar nicht dafür.

Die anderen Kinder gucken etwas betreten, aber ich lasse mich davon natürlich nicht beirren. Ich blase zur Schatzsuche. Anna und ich haben mehrere Stationen aufgebaut. An jeder Station müssen die Kinder einen kleinen Parcours bewältigen, der sie zur nächsten Station führt. Zu einem Schatz, den ein Pirat, der auf der Spree Schiffbruch erlitten hatte, hier im Haus versteckt hat, wie ich mit großen Augen erkläre: «Man nannte ihn Hauptmann Hackepeter, weil er aus seinen Gegnern gerne Hackfleisch mit dem Säbel machte», erzähle ich düster. «Wie kommen denn hier Piraten rein?», will Johanna wissen. «Die Haustür soll doch immer abgeschlossen sein.» – «Der ist über die Mauer geklettert», erläutere ich. «Mama, kommen Räuber wirklich über die Mauer?», jammert das Kind. Können Kinder nicht einmal einfach etwas so hinnehmen, wie es Erwachsene ihnen sagen?

Es sind einige Aufgaben, die die Kinder an diesem Nachmittag zu bewältigen haben. Sie müssen Überraschungseier, die in schwimmenden Plastikbeuteln in der Wanne dümpeln, mit einer Angel herausfischen. Sie müssen über ein über Bierkästen verlegtes Brett trippeln. Sie müssen eine Schatzkarte aus Puzzleteilen zusammenlegen. Und sie machen einfach alles viel zu schnell.

Nun verstehe ich, wie Spiele wie Stopp-Essen entstanden sind. Dabei musste man reihum würfeln. Wer eine Sechs hatte, musste Mütze, Hemd und Handschuhe anziehen und dann beginnen, mit Messer und Gabel eine Tafel Schokolade zu verspeisen. Man hatte nur Zeit, bis der Nächste eine Sechs gewürfelt hatte. Ein anderes beliebtes Spiel war das Apfelessen. Ein Apfel schwamm in einem Eimer, und die Kinder mussten versuchen, ihn ohne Zuhilfenahme der Hände zu verspeisen. Der Trick bei diesen Spielen: Sie dauerten ewig.

Ich aber bin weit vor meinem Zeitplan, als ich zusammen mit den Kindern in den Keller gehe, den ich mit einigen roten Blinklichtern und Grabkerzen in eine Geisterbahn verwandelt habe, um dort nach dem Schatz zu suchen. Ich habe eine Weinkiste mit Goldpapier und Euromünzen aus Schokolade gefüllt. Die Kinder sind zufrieden damit. Sie haben offenbar keine Ahnung, wie es um den Euro steht.

Ich hätte gerne noch Sackhüpfen gespielt. Aber wir haben keinen Sack. Ich kenne eigentlich niemanden, der einen Sack hat. Woher hatten unsere Eltern denn damals eigentlich immer diese Säcke? Und wozu brauchten sie die, wenn mal kein Kindergeburtstag war? Was macht man mit einem Sack außer Sackhüpfen? Haben sie darin Katzen ertränkt?

Wir spielen stattdessen Stuhltanz. Das ist der Begriff, den Anna verwendet. In meiner Kindheit hieß dieses Spiel anders, bei dem die Kinder um Stühle herumtanzen und sich schnell setzen müssen, wenn die Musik angehalten wird, wobei aber immer ein Stuhl zu wenig da ist und also stets ein Kind ausscheidet. Wir nannten es «Reise nach Jerusalem». Der Begriff ist aber nicht mehr so angesagt, musste ich lernen, weil er sich vermutlich auf die Kreuzzüge des Deutschen Ordens bezieht, die ja so verlustreich waren, dass man nicht unbedingt in Jerusalem ankommen würde. Ich ertappe mich dabei, dass ich die Musik immer ganz genau dann stoppe, wenn Johanna sich auf Höhe eines Stuhls befindet.

Leider fliegt Sophie ziemlich früh raus. Sophie protestiert: «Ich wurde geschubst!» Warum stört dieses Kind? Kann es meiner Tochter nicht ein kleines bisschen Spaß gönnen? Ich nehme Sophie zur Seite. «Hör mal, Sophie, ich glaube doch auch, dass du hier bist, weil du Johanna magst. Und wenn du nicht mitmachst, dann ist Johanna ganz traurig, und das wollen wir doch nicht, oder?» Sophie schimpft und tobt. «Du, Sophie, ich muss mich jetzt ganz auf dich verlassen können!» Sophie stampft laut auf. «Sophie, wenn du nicht aufhörst zu motzen, muss ich dich nach Hause schicken!» Sophie schaut mich giftig funkelnd an. «Sophie, wenn du wieder freundlich bist, gebe ich dir die ganze Tüte Apfelringe hier!» Sophie ist sofort dabei. Zu Hause bei Ansgar bekommt sie offenbar keine Süßigkeiten. Während Sophie sich mit der Tüte zurückzieht, um zu mampfen, arbeite ich weiter an Johannas Stuhltanz-Triumph. Das mag zwar ungerecht sein, aber schließlich geht es hier nicht um Fairplay, sondern um schöne Kindheitserinnerungen. An was sich die anderen Kinder erinnern werden, ist mir gerade egal.

Wundermuschel

Schließlich, nachdem wir noch Topfschlagen gespielt haben (und einige Kinder mit verbundenen Augen und trotz aller «Kalt, kalt, kalt»-Rufe sich den Kopf am Tischbein gestoßen haben und weinten), kann ich endlich mein Hamburger-Menü aufbauen. Anna hat Hackfleisch-Klopse gebraten, und ich habe appetitlich alles aufgereiht, was man sich auf einen Hamburger drauflegen kann: Gurke, Tomate, Zwiebeln, Käse, Salat. Die Kinder gucken fragend. «Was ist denn ein Hamburger?» Sie haben so etwas noch nicht gegessen und wissen überhaupt nicht, wie ein solcher Hamburger zusammengebaut wird und gar verspeist wird. Einige Kinder schmieren sich Ketchup und Majo auf die Sandwichbrötchen, einfach weil sie so großen Hunger haben. Da kommen die ersten Eltern zum Abholen.

Ansgar schaut erstaunt auf mein Hamburger-Buffet: «Entschuldige, unsere Tochter kennt leider keine Hamburger, das essen wir bei uns nicht», nimmt Sophie an der Hand und geht. Ich könnte ihm ja sagen, was der wahre Grund ist, warum sein

Kind so satt ist, aber ich verkneif es mir. «Was ist das denn für Fleisch?», fragt eine Mutter vorsichtig – wohl weil sie fürchtet, ihrem Kind den Magen auspumpen zu müssen. «Biofleisch», sage ich, einfach um es nicht noch komplizierter zu machen. Die Kinder bekommen ihre Süßigkeiten-Tüte. Einige reißen sofort das Tütchen mit Ahoj-Brause auf, weißes Brausepulver rinnt auf den Boden und mischt sich mit all dem verschütteten Saft zu einem süß duftenden, zischelnden Brausebrei. Kinder können mit Süßwaren einfach nicht mehr umgehen.

Als alle von ihren Eltern aus der Tür gezogen worden sind, ihrer Ahoj-Brause nachweinend, spielen Johanna und Frida noch eine Weile ganz vertieft miteinander, indem sie Playmobilmännchen durch die Brausepfütze waten lassen. «Johanna, war das denn ein schöner Kindergeburtstag?», frage ich. «Ja», sagt Johanna. Mehr nicht. Ich habe mir inzwischen einen Hamburger zusammengebaut und beiße hinein, der Ketchup quillt heraus.

«Wollen wir mal deine Wundermuschel ausprobieren?», frage ich. «Ja», sagt Johanna. Ich hole eine Glas Wasser, setze Johanna auf meinen Schoß und lasse die Muschel ins Wasser fallen. Sie springt sofort auf, und eine rote Blüte, die an einem grünen Faden in der Muschel befestigt ist, schießt heraus. Das war's. Johanna lässt das unkommentiert und windet sich von meinem Schoß herunter, um weiterzuspielen. Ich schaue noch eine Weile ins Glas. Johanna hat recht. So eine Blume ist im Grunde stinklangweilig.

Wenn dieser Geburtstag der Auftakt meines Superpapatums sein sollte, habe ich wohl noch ein langes Jahr vor mir.

Wenige Tage später schiebe ich gerade das Kartoffelgratin in den Ofen, da höre ich, wie sich der Schlüssel im Schloss dreht und Absätze über das Parkett klackern. «Wie gut es hier riecht!», sagt Anna und gibt mir einen Kuss. Sie hat Frida gerade aus der Kita abgeholt. «Weißt du schon das Neuste aus der Kita?», sagt sie, als sie den Mantel auszieht: «Ansgar ist zum Gespräch mit der Erzieherin gebeten worden.» – «Äh, was, wie bitte, warum?», frage ich erstaunt. «Sophie hat im Streit einem anderen Kind gedroht: Ich mach Hackfleisch aus dir! Und jetzt möchte die Erzieherin etwas mehr darüber wissen, welcher Ton so bei Ansgar zu Hause gepflegt wird.»

2. Kapitel:
Februar – Cowboy und Indianer

➡ Über die Frage, wo die Plättchen-Pistolen geblieben sind, warum Mainz immer Mainz bleibt und warum alle Mädchen Prinzessinnen sein wollen und alle Jungs Darth Vader.

Schafsfelle

Manchmal wäre ich so gerne anders. Vielleicht so wie Michael. Michael ist der Mann von Christine. Und Christine ist eine der besten Freundinnen von Anna. Christine und Michael wohnten früher in Berlin Prenzlauer Berg. Dann sind sie weggezogen aufs Land. Nun wohnen sie in einem Häuschen am Waldrand in der Heide bei Hamburg, das aussieht wie aus einer Astrid-Lindgren-Verfilmung. Ein original Schweden-Häuschen in Rot-Weiß mit Giebeldach und einer Veranda, von der aus man morgens die Rehe beim Äsen auf der Wiese beobachten kann. Es fehlt nur, dass Bambi und Klopfer vorbeikommen und der Maulwurf Grabowski von seinem Hügel herunterwinkt. Am Rande des Grundstückes plätschert ein Bächlein. Es gibt im Garten ein Trampolin, eine Schaukel und eine Seilbahn. Immer wenn wir Christine und Michael besuchen, ist eine neue Attraktion hinzugekommen, wie in einem Vergnügungspark. Christine ist Lehrerin, und Michael ist Physikprofessor, er arbeitet gerne, aber noch lieber hat er seinen Feierabend. Und am Feierabend spielt er mit seiner Familie Gesellschaftsspiele oder geht in die Sauna, oder er heizt den Kamin ein und setzt sich mit Christine in Filzpantoffeln davor. Sie haben auch Filzpantoffeln für die Gäste. Ich frage mich, woher Christine und Michael die ganze Zeit nehmen. Ihr Leben spielt in einer anderen Welt. Es gibt bei ihnen keinen Stress, keine bösen Worte, keine dringenden Termine.

Stattdessen feste Tagesabläufe und weiche Schafsfelle auf dem Sofa. Es ist eine Welt ähnlich der, in der ich selbst einst aufgewachsen bin. Als man Kinder noch zum Spielen einfach auf die Straße schickte oder in den Wald, ohne sich Gedanken darüber zu machen, ob sie von Autos überrollt oder von Pädophilen angesprochen werden könnten oder auch nur auf dem Spielplatz vom Klettergerüst fallen würden.

In Berlin werde ich hektisch, wenn eines der Kinder mehr als zehn Meter vorläuft, was mache ich, wenn es alleine auf die Straße rennt? Christine und Michael lassen ihre Tochter Agathe und ihren Sohn Bo mal eben zum anderen Ende des Dorfes rennen und vertrauen darauf, dass sie schon nicht verloren gehen. «Was sollte schon passieren?», sagt Michael.

Immer wenn wir die beiden besuchen, haben wir das Gefühl, Urlaub zu machen; und wenn wir zurückkehren, ist es, als betrete man ein Krisengebiet. Michael meint, er verstehe das gut: «Jetzt, da wir aus Berlin weggezogen sind, können wir uns kaum erklären, wie wir es dort jemals ausgehalten haben. Wenn ich nur an den ganzen Dreck denke!»

An diesem Wochenende haben wir uns wieder einmal in den Regionalzug gesetzt, um Christine und Michael zu besuchen. Als wir in der Landidylle ankommen, ist es erbärmlich kalt, aber Christine hat Punsch gekocht, und wir stehen draußen im Garten um den neuen Feuerkorb herum, den die beiden gekauft haben. So ein Feuer draußen sei doch viel schöner als eines im Kamin, sagt Christine. Bei Christine geht es immer darum, die Dinge schöner und noch schöner zu machen. Sie hat ja recht, aber meine Zehen sterben in den Schuhen gerade ab. Ich habe eben Metropolen-Schuhe an, keine Landlust-Schuhe mit Fellfütterung. Ich schaue schweigend in das Feuer und gucke zu, wie die Flammen an den knackenden Kiefernscheiten lutschen. Das Holz habe man selbst mit den Kindern im Wald gesammelt, sagt Michael. «Wow», entgegne ich. «Wo sind die Kinder eigentlich gerade?» – «Ach, irgendwo», sagt Michael.

Christine erzählt von den Faschingsvorbereitungen der Waldorf-Kita. Die Eltern sollten keine Kostüme für die Kinder machen, denn nach Waldorf-Inspirator Rudolf Steiner sei ja Fastnacht ein Fest, in dem die Ungleichheit der Menschen aufgehoben werden solle und hinter den Masken die sozialen Unterschiede verschwinden würden. Deshalb sollten alle Kinder die gleichen Wichtel-Kostüme tragen. «Ich habe schon Bilder gesehen davon, wie das im vorigen Jahr ausgesehen hat, das sieht schon niedlich aus mit all den kleinen Zwergen!» Wenn alle verkleidet seien, bekomme jedes Kind einen Besen, um den Winter aus der Kita herauszukehren, erzählt Christine weiter. So sei nämlich der Brauch. Das habe schon Steiner seinerzeit kritisiert, dass niemand mehr Fasching «richtig» nach dem Brauch feiere.

Damit ist wohl auch die Art und Weise gemeint, wie wir als Kinder Fastnacht gefeiert haben. Ich überlege mir, wie ich wohl als Kind reagiert hätte, hätte man mich an Fasching zu Kehrarbeiten herangezogen. Ich kenne das Fest vor allem als Gelegenheit, das Gegenteil zu veranstalten: möglichst viel Unordnung durch Luftschlangen und Konfetti. An Fastnacht konnte man tun, was man wollte, und sein, wer man wollte: Ich war Ritter, Zauberer, Gangster. Andere Kinder waren Clowns, das sieht man heute gar nicht mehr. Clowns gelten als zu harmlos. Viele Kinder verkleideten sich auch als Chinesen mit gelben, runden Hüten. Das ist auch ausgestorben, vor den Chinesen haben wir heute Angst. Ich hätte nur eines ganz bestimmt nicht sein wollen, niemals im Leben: ein Wichtel.

Stormtrooper

Aber Karneval ist auch das Fest, an dem Eltern ihren Kindern einreden, welche Kostümierung für sie die allerschönste wäre. Man muss sich nur im Faschingshandel umtun, um zu sehen, als was Eltern ihre Kinder gerne sehen. Für die allerkleinsten gibt es vorzugsweise Bienchen- und Käfer-Kostüme. Ich habe auch schon Maulwurf- und Seepferdchen-Verkleidungen gesehen. Welches Kind käme schon mit dem innigen Wunsch zu seinen Eltern, wie ein Insekt aussehen zu wollen oder wie ein

Wassergetier oder wie ein Vieh, das unter der Erde lebt und Würmer frisst? Sehr oft gibt es auch Teddybär-Kostüme. Wahrscheinlich möchten Eltern, dass ihr Kind wenigstens einmal im Jahr so kuschelig ist, wie sie sich das wünschen.

Auf welche Kostüme Kinder wirklich scharf sind, lässt sich erahnen, wenn man die Bestseller im Angebot vom Amazon-Shop erkundet. Ganz oben steht dort Darth Vader, der Weltraumritter der Finsternis – übrigens weit vor seinem grundguten Gegenspieler Luke Skywalker. Dieser ist noch unbeliebter als die Stormtrooper und Clone-Wars-Krieger, die in den Star-Wars-Filmen reihenweise außer Gefecht geschossen werden. Ich habe das immer geahnt: Kleine Jungs wären gerne finstere Gesellen, die sich anschicken, das Universum zu unterjochen.

In meiner Kindheit gab es noch keine Star-Wars-Verkleidungen. Aber immerhin gab es schon Star-Wars-Spielfiguren. Nur leider nicht für mich. Meine Eltern waren unerschütterliche Gegner jeglicher Merchandising-Artikel. So war ich darauf angewiesen, mich, so gut es ging, mit Nachbarskindern anzufreunden, die eine ansehnliche Star-Wars-Truppenstärke im Kinderzimmer hatten. Zum Beispiel Marco. Der hatte eine dicke Brille, bei der auch noch ein Auge abgeklebt war, weil er schielte. Marco hatte keine Freunde, aber reiche Eltern. Und da deren Ehe gerade am Zerbrechen war, hatten sie ein entsprechend schlechtes Gewissen und überschütteten ihren Sohn mit Geschenken. Das war großartig. Marco besaß natürlich Darth Vader, aber auch etliche Stormtrooper und vor allem eine Flotte von X-Wing-Fightern und TIE-X1-Turbojägern. Star-Wars-Erfinder George Lucas hat einmal erklärt, er habe sich bei seinem Film von den Luftkämpfen des Zweiten Weltkrieges inspirieren lassen. Das hat wohl niemand besser verstanden als wir Kinder. Das Spielen mit den Plastikkriegern war unser Ersatz für das geächtete Kriegsspielzeug. Und während unsere Eltern uns das Singspiel «Peterchens Mondfahrt» auf den Plattenspieler legten, träumten wir vom Todesstern.

Obgleich meine Eltern mir niemals eine Weltraumkrieger-Verkleidung angelegt hätten, war Fastnacht bei uns ein großes Thema. Ich komme eben aus Mainz. Mainz ist eine Karnevals-Hauptstadt. Wenn in Mainz die bunten Tage losgehen, fällt man in Zivil unangenehm auf.

Mein Großvater war Museumsdirektor in der Stadt. Und weil zum Museum auch das Schloss mit dem Ballsaal gehörte, bekam er jedes Jahr, wenn die Übertragung stattfand, von jedem der beteiligten Karnevalsvereine einen Orden umgehängt. So war mein Großvater für mich ein hochdekorierter Mann. Die Orden hingen bei ihm im Arbeitszimmer in einem dicken Bündel an einem Haken. Es waren blinkende und blitzende Medaillen, auf denen Narren lachten und Eulen zwinkerten und Schweine grinsten. Für mich war so als Kind völlig klar, dass die Mainzer Fastnacht die vornehmste Veranstaltung der Welt war.

Meine Eltern sind mit mir früh aus Mainz ausgewandert, ins benachbarte Darmstadt. In Darmstadt wurde der Karneval etwa so euphorisch gefeiert wie der Gründonnerstag. Meine Eltern redeten oft davon, wie schön der «Meenzer Karneval» sei. Sie beschrieben Mainz wie ein fernes Land, wo immer nur gelacht werde. Wenn im Fernsehen «Mainz bleibt Mainz, wie's singt und lacht» übertragen wurde, schunkelten meine Eltern wehmütig vor dem Fernseher. Sie diskutierten, welcher Redner der lustigste war und welche Sänger die launigsten (natürlich war in Wirklichkeit kein Redner lustig, und die Sänger machten einem schlechte Gefühle). Manchmal sangen meine Eltern auch mit: «Am Rosenmontach bin ich jebo-ho-ren, am Rosenmontach in Meenz am Roi ...» Ich glaube, sie waren die Einzigen, die damals diese Sendung unterhaltsam fanden.

Weil der Fasching uns so heilig war, verwendeten meine Eltern immer viel Zeit und Mühe auf unsere Kostüme. Wenn ich als Hund ging, nähte Mutter mir Fell auf die Strumpfhose. Als ich ein Drachen war, wurde aus Filzstoff ein mächtiger gezackter

Schwanz gefertigt, mein Tigerkostüm war so realistisch, dass ich fast von städtischen Tierfängern eingesperrt worden wäre. Ganz zu schweigen von meiner Ausstattung als Marsmensch. Würde ich das Foto davon ins Internet stellen, würden sie in den betreffenden Kreisen bestimmt als neuer Beweis für extraterrestrisches Leben gewertet.

Peng! Peng! – Piu! Piu!

Am schönsten aber war es, wenn wir als Cowboys und Indianer gingen. Das war die Standard-Verkleidung. Jeder konnte sich auf das Thema einigen und machte gerne mit, schon weil man dabei als Kind Waffen tragen konnte. Es gab ein herrliches Arsenal an Feuerwaffen. Beliebt war die «Cobra», ein kleiner Revolver, der acht Schuss aus kleinen Ringmunition-Platzpatronen geben konnte. So richtig Western-authentisch war so eine Faustfeuerwaffe natürlich nicht. Dafür waren Colts Marke «Peacemaker» erhältlich, deren Trommeln zwölf Schuss fassen konnten. Zwölf Schuss, die sehr laut knallten. Es kamen dann auch halbautomatische Schusswaffen auf den Markt, in die man lange Plättchenstreifen einschieben konnte. Und Pistolen, mit denen man eine ganze Rolle Knallplättchen verballern konnte: 100 Schuss! Die hatte ich am liebsten – es war ein heilloses Trommelfeuer. Im Grunde waren die Faschingsfeiern ein Straßenkampf.

Wir hatten ja auch keine anderen Vorbilder als Pistoleros. Im Fernsehen guckten wir «Western von gestern», «Bonanza» und «Rauchende Colts». All diese Serien hatten gemeinsam, dass sehr viele Pferde darin vorkamen (deswegen guckte meine Schwester sie), und es wurde sehr viel darin geschossen (deswegen guckte ich sie). Am liebsten guckte ich «Western von gestern». Das waren lose zusammengeschnittene US-Westernfilme der dreißiger und vierziger Jahre. Dass sie im Unterschied zu «Bonanza» und

«Rauchende Colts» in Schwarzweiß gezeigt wurden, war mir nie aufgefallen, weil wir ohnehin nur auf dem kleinen Telefunken-Schwarzweiß-Fernseher meiner Mutter gucken durften. In «Western von gestern» ritten die Pferde immer am rasantesten, weil der Galopp einfach schneller abgedreht wurde. Es wurde am meisten geballert und explodiert und auch gestorben. Es war allerdings kein richtiges Sterben. Als reitender Nebendarsteller wurde man irgendwann im Gefecht getroffen, stöhnte kurz und fiel vom Pferd. Ich hatte nicht einmal den Eindruck, dass das Schießen an sich böse gemeint war. Schusswechsel waren eher so etwas wie ein Ritual, mit dem fremde Banditen in den Westernstädtchen begrüßt wurden – oder man den Sheriff willkommen hieß, wenn er einmal im Ganovennest vorbeischaute. Am beeindruckendsten waren die Auftritte des schwarzen Rächers Zorro. Der machte von Schusswaffen in der Regel keinen Gebrauch. Er konnte Bösewichte mit seiner Peitsche fesseln – und was er damit nicht zur Strecke bringen konnte, focht er mit dem Degen nieder. Er war «Lucky Luke» und «Drei Musketiere» in einem – der perfekte Held.

Vielleicht war es ebendiese Schusswaffenbegeisterung, die meine Mutter dazu veranlasste, mir das Indianer-Kostüm näherzubringen. Indianer trugen keine Schusswaffen. Und als Indianer war man schnell verkleidet. Dazu brauchte man vor allem ein Stirnband und eine Feder, die man am Hinterkopf befestigte. Mutter rieb mir Selbstbräunungscreme von Revlon ins Gesicht. Ansonsten gehörte zu einem Indianer: eine Muschelkette, ein Köcher (aus einem mit Krepppapier und Pril-Blumen beklebten Zewa-Wisch-und-weg-Rollen-Kern gefertigt) und ein Flitzebogen (er war aus einer Weidenrute und einer Kordel gemacht). Spitze Pfeile gehörten nicht zur Ausrüstung. Ich argumentierte oft dafür, dass es ja keinen Sinn mache, Bogen und Köcher zu haben, wenn es keine Geschosse gäbe. Aber auf diese Logik ließen sich meine Eltern nicht ein. Also blieb nichts, als sich gegen den Beschuss der

Cowboys mit Luftpfeilen zu verteidigen. Ein Luftpfeil entstand, wenn man den Bogen hob, auf einen Widersacher zielte, an der Sehne zupfte und «Fffffuiiiiiii» rief. Leider wusste ich nicht besser, was für ein Geräusch ein sausender Pfeil machte. Es war ohnehin nicht sehr befriedigend, da ein Gefecht mit den Bleichgesichtern so ähnlich aussah wie Harfe spielen. Es wurden natürlich trotzdem Gefangene gemacht. Diese fesselten wir an den Marterpfahl und skalpierten sie. Wir wussten nicht so recht, was martern war. Aber skalpieren hatten wir gelernt. Das hieß Haare schneiden. Wenn wir mit der Bastelschere ein großes Büschel aus dem Schopf schnitten, waren die Eltern sauer. Es war einfach schwer, es ihnen recht zu machen.

Als ich Christine am Feuerkorb davon erzähle, wie wichtig mir damals als Kind Schusswaffen waren, lächelt sie amüsiert. «Vielleicht sollte Bo eine selbstgeschnitzte Wichtel-Steinschleuder haben?», setze ich am Feuerkorb nach: «Ich könnte eine für ihn bauen aus einer Astgabel und einem Einmachgummi, ehrlich!» – «Nein, Steinschleudern auch nicht», sagt Christine so freundlich, dass ich vor Scham glutrot werde. Jedenfalls ist mir jetzt warm.

Friedenspfeife

Wenige Tage nach unserer Rückkehr gehe ich mit unseren Töchtern ins Kaufhaus. Wir müssen uns auf die Karnevalsfeier in der Kita vorbereiten, dort sind zum Glück noch keine Wichtel vorgeschrieben. Wenn ich durch Kaufhaus-Faschingsabteilungen streife, ist es, als ob ich durch ein Kabinett von Kindheitsträumen gehe. Denn dort werden lauter Verkleidungen angeboten, die ich als Kind bestimmt gerne gehabt hätte. Man kann heute ohne Probleme Wikinger, Asterix oder «Pirate of the Caribbean» sein. Alle Kinderhelden sind in Plastik und Filz nachgebaut. Es gibt nicht nur Pistolen mit Knallplättchen, sondern auch

Seifenblasen-Maschinenpistolen. Man könnte alle Harry-Potter-Filme nachspielen mit der Masse von Verkleidungen, die hier offeriert werden. Wären meine Eltern mit mir durch ein Kaufhaus gegangen, ich hätte nicht aufgegeben, bis ich zumindest das Superman-Kostüm angehabt hätte.

Als ich aber mit meinen Töchtern durch die bunte Abteilung gehe, interessieren sie sich für nichts von dem – weil sie schon ganz genau wissen, was sie sein wollen: Prinzessinnen. Prinzessinnen, Prinzessinnen, Prinzessinnen, Prinzessinnen, Prinzessinnen, Prinzessinnen, Prinzessinnen.

Eine Prinzessin ist schnell ausgestattet: Sie braucht ein Kleid in Rosa. Und einen Schleier, der ebenfalls rosa ist. Und dann natürlich Schuhe, die rosa sind. Und ein Glitzer-Diadem und überhaupt ganz viel Glitzer überall und natürlich einen Zauberstab, der rosa ist. Ich weiß nicht, warum eine Prinzessin einen Zauberstab braucht. Ich weiß nur, dass alle Zauberstäbe blinken. Immerzu glitzert und leuchtet alles, es gibt offenbar nichts, in was sich keine LED einbauen ließe. «Eine Prinzessin muss doch nicht zaubern», sage ich. «Aber Papa», sagt Johanna. Johanna sagt immer dann: «Aber Papa», wenn sie es gerade einfach nicht fassen kann, wie einfältig ich bin: «Prinzessin Lillifee! Die hat doch auch einen Zauberstab!» – «Prinzessin Lillifee!? Ihr wollt Prinzessin Lillifee sein?» Lillifee ist eine kleine Göre, die aussieht, als sei sie eine Kreuzung aus Gänseblümchen und Zuckerperle. Sie wurde zu überhaupt nichts anderem erschaffen, als um Kinderseelen zu verkleben. Prinzessin Lillifee, die Streberschlampe aller Kinderhelden, dieses verkommene Geschöpf, das sich unschuldig grinsend auf jedes Nachthemd, auf jeden Joghurtdeckel und auf jeden Poesiealbum-Umschlag geschlichen hat. Prinzessin Lillifee, die die subversive Mission hat, die gesamte Welt in Schweinchenrosa zu färben, bis auch das allerletzte Quäntchen guten Geschmacks getilgt ist. Prinzessin Lillifee ist nun also das Vorbild meiner Kinder. Was habe ich falsch gemacht?

Ich weigere mich entschieden, diesen Glitzerquatsch mitzumachen. Ich erkläre meinen Kindern, dass man zum Beispiel mit einem Indianerkostüm viel mehr spielen kann, man darf Kriegstänze aufführen, man kann sogar eine Friedenspfeife rauchen, sonst dürfen Kinder doch nie rauchen, schwärme ich vor. In einem Prinzessinnenkostüm hingegen könne man praktisch nur heiraten. «Heiraten! Heiraten! Heiraten!», jubeln meine Töchter. «Das würde euch so passen, mit vier Jahren zu heiraten», halte ich dagegen, «wir sind doch nicht in Indien!» Ein Prinzessinnenkleid komme ganz bestimmt nicht in die Einkaufstüte, bestimme ich. Schließlich bin ich ja der Bestimmer.

Da greifen Johanna und Frida zu einer Waffe, gegen die es keine Verteidigung gibt. Die mächtiger ist als alle blinkenden Zauberstäbe dieser Erde. Die Waffe des Kindes.

Sie lassen sich auf den Kaufhausteppichboden fallen, heulen und trommeln mit den Fäusten. Wir verlassen also die Abteilung mit zwei rosa Kleidern, zwei rosa Schleiern, vier rosa Schuhen, zwei Diademen, ganz viel Glitzer und zwei blinkenden, gottverdammten Zauberstäben.

Anna wirkt zu Hause versöhnlich auf mich ein: «Es ist doch nicht dein Faschingsfest, sondern das unserer Kinder.» Da hat sie natürlich recht. Es ist lächerlich, wenn Eltern ihren Kindern Verkleidungen aufnötigen wollen. Also bin ich eben am Faschingsdienstag mit zwei Prinzessinnen unterwegs. Ich setze mich vor den Fernseher und schalte die Sendung «Mainz bleibt Mainz, wie's singt und lacht» an. Ich weiß, dass man bei der Quotenauswertung der Sendung lediglich drei Zuschauer ermitteln wird. Meine Eltern und mich. Sonst versteht auf der ganzen Welt kein Mensch, was Fastnacht eigentlich ist.

Winnetou und Nscho-tschi

Am nächsten Tag sagt Johanna, dass sie nun doch keine Prinzessin mehr sein möchte. Ich könnte ihr jetzt sagen, dass sie aber eine Prinzessin sein müsse, schließlich habe ich ja schon in ihre Ausstattung investiert. Aber das tue ich nicht. Ich frage erst einmal, welches Kostüm sie lieber haben möchte. «Bauarbeiter.» – «Bauarbeiter?» – «Ja, wie Bob der Baumeister!» Bob der Baumeister ist für Jungs das, was für Mädchen Prinzessin Lillifee ist. Bob ist der Chef auf einer Baustelle, genauer gesagt ist er Chef über einen Fuhrpark von Baumaschinen. Er nennt sie sein «Team». Da gibt es den Schaufelbagger «Baggi», den Betonmischer «Mixi», die Straßenwalze «Rollo». Wäre Bob nicht Bauarbeiter, sondern Bulle, hätte er wohl einen Wasserwerfer «Spritzi» und einen Streifenwagen «Streifi». Bob ist also eine Persönlichkeit, die der Überzeugung ist, dass seine Gerätschaften leben. Das nennt man multischizoid. Das perfekte Vorbild für kleine Jungs. Aber für meine Tochter? Ich will jedoch nicht mehr wählerisch sein, was Vorbilder betrifft.

Zu meiner Zeit war ein Vorbild für Jungen immer jemand, der anderen auf die Mütze hauen konnte. Es war Batman, dessen ganzes Leben aus «Pow!» und «Peng!» und «Paff!» bestand. Oder Spiderman, der sich ständig von Haus zu Haus schwingen und dabei Bösewichte mit seinen Stiefeln umtreten musste. Sogar Captain Kirk von Raumschiff Enterprise hat sich fast in jeder Folge geprügelt. Man fragte sich, warum diese Typen «Phaser» (diese Waffen, die aussehen wie Heißklebepistolen) tragen mussten, wo die die Gegner doch meist mit der Faust betäubten. Später gab es auch «He-Man» als Vorbild, ein Plastik-Bodybilder mit Siegfried-Frisur, der nur deswegen nicht unglaublich hässlich wirkte, weil sein Widersacher, «Skeletor», mit seinem Totenkopf-Schädel noch grauenhafter aussah. Heute also verehren Jungs einen Polier, der mit seinen Maschinen redet. Soll mir recht sein.

Um aus meiner Tochter einen brauchbaren Maurer zu machen, gehe ich mit ihr in den Baumarkt. So ein Baumarkt ist voller wunderbarer Gegenstände. In einem Baumarkt hat alles seinen Platz. Jedes Schräubchen hat sein Kästchen, und für alles gibt es eine Verwendung. Immer wenn ich fürchte, das Leben entgleite mir und das Chaos nehme überhand, gehe ich in den Baumarkt, um in Ordnung zu kommen. Der Baumarkt hat auf jede Frage eine Antwort. Er ist wie das Orakel von Delphi.

Wir finden einen gelben Helm, der sich auch auf ihre Kopfgröße einstellen lässt, und eine Signalweste. Aus einem alten Gürtel bastele ich einen Werkzeuggürtel, an dem sich ein Zollstock, ein Hammer und ein Schraubenzieher anbringen lassen. Am Ende ist Johanna ein wirklich herzeigbarer Bauarbeiter. «Warum willst du eigentlich ‹Bob der Baumeister› sein?», frage ich sie, als ich den Kindern am Abend ein paar Brote schmiere. «Damit Oskar mich liebt!» – «Was, warum Oskar?» – «Oskar sagt, er liebt Bob den Baumeister», sagt Johanna. Eines Tages werde ich die kindliche Logik bestimmt verstehen.

Am nächsten Morgen erscheine ich mit meiner blinkenden Plastik-Prinzessin und meinem Bauarbeiter auf der Party im Kindergarten. So eine Kindergartenparty ist wie ein Abi-Ball. Alles spielerisch gemeint – und trotzdem schielt man ständig danach, was andere anhaben. Aber was muss ich sehen? Überall sind Cowboys und Indianer. Die anderen Väter haben sich im Gegensatz zu mir wohl durchgesetzt. Sie haben sich nichts von persönlichkeitsgestörten Bauarbeitern und narzisstischen Prinzessinnen erzählen lassen. Sie haben Federn besorgt und Tücher umgebunden. Es sind eben echte Männer. Allerdings fällt mir auf, dass die Jungs gar keine Pistolen tragen, nicht einmal ein leeres Halfter, das am Oberschenkel baumelt. Vermutlich halten gute Väter und Mütter Spielzeugpistolen heute für den ersten Schritt zum Schulmassaker. Nur einen bewaffneten Cowboy sehe ich, der ein Laserschwert bei sich hat, wie es Darth Vader in Star Wars trägt. Die anderen sehen aus wie Kuhtreiber.

Ansgar ist auch da, er hat sich völlig überflüssigerweise einen Stetson aufgesetzt (das sind diese Hüte, wie J. R. Ewing aus Dallas sie immer getragen hat und an den er sich gerne fasste, wenn er wieder eine unglaubliche Gemeinheit ausheckte, mit der er Pamela das Leben zur Hölle machen konnte). Ich glaube, Ansgar hat diesen Stetson vor allem mitgebracht, um mir davon erzählen zu können. Den Stetson, sagt er mir, habe er einmal in Hamburg bei einem Huthändler gekauft. «So ein richtiger alter Huthändler, weißt du, die gibt es ja eigentlich gar nicht mehr. Der misst dann deinen Kopfumfang und verkauft dir genau den passenden Hut. Ich hab 58 Zentimeter Kopfumfang – hast du denn eine Idee, was dein Kopfumfang ist?»

Sophie hat eine schwarze Perücke auf mit geflochtenen Zöpfen. Sie trägt keinen Federschmuck. «Habt ihr keinen Bio-Adler gefunden?», scherze ich, aber Ansgar ist mit vollem Ernst bei der Sache. «Weißt du», sagt er und schaut versonnen auf sein Kind, das gerade an einer Art Regentanz teilnimmt, «Sophie und ich hatten bei den Zöpfen Nscho-tschi, die Häuptlingstochter aus Winnetou, als Vorbild genommen. Die trägt gar keinen Federschmuck, wir haben uns das auf DVD angeschaut ...» Er sagt tatsächlich «wir». Als ob Sophie eine Wahl gehabt hätte. Gerade erzählt mir Ansgar noch, wie mühsam es gewesen sei, die Fransen an das Kleid zu nähen, da nähert sich die Kindergärtnerin. «Da kann man ein Motto ausgeben, wie man will», lacht sie, «ein paar Prinzessinnen und Baumeister kommen immer.» – «Wie – es gab ein Motto? Ich weiß nichts von einem Motto!» – «Aber sicher doch, Cowboy und Indianer, haben das die Kinder nicht erzählt?» – «Ehm ... Vielleicht habe ich nur nicht richtig zugehört ...»

Meine Töchter haben also einfach den Informationsfluss gekappt, um sich die Kostüme so aussuchen zu können, die sie wollen. Jetzt stolzieren sie über die Party wie Aliens auf Zeitreise in der Prärie.

Ansgar hat sich warm geredet. «Hast du nicht auch immer Winnetou gelesen?», fragt er mich. «Der Schatz im Silbersee, der Ölprinz?» Klar habe ich das. Später erfuhr ich, dass die Apachen, deren Häuptling Winnetou ja war, eher die Outlaws der Indianer waren. «Apache» bedeutet übersetzt «Feind». Das lag daran, dass das Indianervolk immer ausgedehnte Raubzüge in die Umgebung unternahm und das auch als selbstverständlichen Broterwerb ansah. Man vermutet, dass Karl May sich eben aus diesem Grund gerade die Apachen für sein Indianer-Helden-Epos ausgesucht hat – weil er sich eben selbst als Outlaw sah. Er war ja mehrmals wegen kleiner Straftaten im Gefängnis. Sogar die Winnetou-Romane waren Betrug. Die Landschaftsbeschreibungen hatte May zum Teil aus Reiseromanen abgeschrieben. Heute wäre so einer als Plagiator verschrien. Ahnte Ansgar, dass er einem geistigen Ahnen Guttenbergs huldigte?

Ich versuche, Ansgar nicht zu hören, und beobachte das Treiben der Kinder. Frida hat sich den Jungen mit dem Laserschwert vorgenommen. Sie zeigt ihm einen Vogel: «Hä? So sieht doch kein Schwert aus! Das ist doch ein Zauberstab! Und du bist dann der Prinz! Wollen wir zaubern?» Offenbar lässt er sich davon überzeugen. Schon interessant, was man einem jungen Mann heute so alles erzählen kann. Der Arme hat keine Chance zur Selbstbehauptung und wird von Frida schlicht assimiliert. Später spielen sie Hochzeit.

Johanna hat sich derweil mit ihrem «Bob der Baumeister»-Kostüm in Stellung gebracht. Ihr Freund Oskar hat überhaupt keine Lust mehr, Indianerhäuptling zu sein. Er wirft seinen Kopfschmuck ab und bettelt bei Johanna um den Helm. Johanna gibt sich gnädig und setzt ihm den gelben Kopfschutz auf. Beide wollen nun raus auf den Spielplatz, um im Sandkasten Gruben auszuheben. Ich nehme den verlassen daliegenden Häuptlingsschmuck auf und versuche, ihn auf meinen Kopf zu setzen – er ist etwas eng, aber ich kann ihn immerhin über den Hinterkopf ziehen. Mein Kopf scheint seit meiner Kindheit nicht wesentlich zugelegt zu haben. «Schau mal, Ansgar, wollen wir Cowboy und Indianer spielen?», locke ich. «Aber jetzt sehe ich erst: Du bist ja gar kein Cowboy, du bist J. R. Ewing! Kannst du das eigentlich mit deinem ökologischen Gewissen verantworten, den Kindern hier einen amerikanischen Ölmulti vorzuspielen?» Ansgar grinst verkniffen. Ich weiß, er würde jetzt ganz gerne seinen Revolver ziehen, um mich niederzuknallen – wenn er denn einen hätte.

Bald darauf gehen wir nach Hause, ich sammle meine Töchter ein: die eine, die aus einem Indianerhäuptling einen Bauarbeiter gemacht hat, die andere, die einen Cowboy zum Prinzen befördert hat. Wenn es jemanden gibt, der heute die Konflikte im Wilden Westen befriedet hat, dann waren das meine Kinder.

3. Kapitel:
März – Die Eierschlacht

➥ Über das Geheimnis des Schmunzelhasens, die Farbe des Ostergrases und die Frage, wo eigentlich die weißen Eier geblieben sind.

Kaulquappenfangen

Unser Haus hat einen Hinterhof, in dem ein Baum steht. Unter dem Baum ist ein leeres Kaninchengehege. Dort lebten einmal fünf Kaninchen, die den Nachbarskindern gehörten. Die Kaninchen hatten immer sehr viel damit zu tun, zu graben. Sie buddelten sich Löcher und Tunnelsysteme unter den Zaun durch. So wie es in Berlin einst die Menschen machten, um unter der Mauer hindurch zu entkommen. Natürlich schätzte der Nachbar den Freiheitsbegriff der Hasen nicht sonderlich und verfüllte die Tunnel immer wieder. Das letzte Mal tat er das im Oktober, das war auch wirklich das letzte Mal. Denn die Kaninchen hatten sich vorgenommen, in der Höhle zu überwintern. Obwohl sie den ganzen November hindurch buddelten, kamen sie offenbar nicht tief genug, um der Eiseskälte zu entkommen. Sie blieben im Winter gewissermaßen unter der Erde. Als es taute, schob der Nachbar nur verschämt den Höhleneingang zu. Nun haben wir im Hof eine Kaninchengrabstätte. Archäologen der Zukunft werden sie einmal ausheben und dadurch wertvolle Kenntnisse über die Kleintierhaltung in westlichen Großstädten erlangen.

So hätte es meinetwegen bleiben können. Aber ein Stockwerk tiefer wohnt ja Ansgar, von seinem Wohnzimmerfenster schaut er jeden Tag auf den leeren Kaninchenstall – und ich hätte mir denken können, dass er diesen Anblick nicht lange erträgt. Eines Tages klingelt es an der Tür. Es ist das Klingeln, bei dem mir sofort klar ist, dass es nur Ansgar sein kann. Ich weiß nicht, wie er das macht.

Dass der Frühling kommt, merke ich daran, dass all die Blumenzwiebeln, die ich im Herbst in die Erde gesetzt habe, nicht aufgehen. Eigentlich sollte auf meinem Balkon ein Blütenmeer von Schneeglöckchen, Krokussen und Narzissen schwappen. Aber höchstens ein paar Löwenzahnblätter wagen sich aus den Blumentöpfen. Das wäre nicht schlimm – wären wir nicht darauf angewiesen, unsere Ostereier zwischen den Blumentöpfen zu verstecken. Ostereier in einer Matschwüste haben etwas Trostloses, finde ich. Überhaupt bedeutet Frühling in Berlin oft lediglich, dass langsam der winterliche Eispanzer abschmilzt und ein Sugo des über drei Monate angefallenen Hundekots freigibt. Ich fürchte, die Blumenpresse, die ich bei Manufactum gekauft habe, lasse ich wohl noch in der Schublade. Wenn ich jetzt meine Kinder herausschicken würde, um bunte Schönheiten vom Boden zu pflücken, kämen sie wahrscheinlich mit einer Sammlung von abgebrannten Silvesterböllern zurück, die allenthalben noch herumliegen. Wenn man in der Großstadt wohnt, hat der Frühling eben viel weniger zu bieten als zu meiner eigenen Kindheit, als wir noch am Stadtrand ungehinderten Zugang zur Natur hatten. Ich weiß allerdings nicht, ob die Natur das sonderlich goutiert hat. Ich ging zum Beispiel an die Gewässer und habe dort Kaulquappen gefangen. Wenn man sie in einem kleinen Aquarium hielt, konnte man sehen, wie sie erst Hinterbeine bekamen, dann Vorderbeine und in der Form einem kleinen Frosch immer ähnlicher wurden. Das allerdings kann ich nicht aus eigener Beobachtung bestätigen, denn in meinem Aquarium wurden die Kaulquappen nur immer träger, bis sie dann ganz aufhörten, sich zu bewegen, an der Oberfläche trieben und meine Mutter sie ins Klo spülte. Ich sagte ihr dann, dass man die Kaulquappen in den Teich zurückbringen sollte, aber das überzeugte sie nicht. Heute weiß ich, dass ich wohl kräftig an der Dezimierung der heimischen Lurchbestände beteiligt war. So viele Frösche und Kröten, wie ich schon im Larvenstadium liquidiert habe, hätte ich später gar nicht überfahren können. Noch sorgloser gingen wir beim Maikäfersammeln vor. Das fand meist im späten April statt. In den Abendstunden stakste ich mit meinen Eltern durch die Wiesen und suchte sie nach den Brummern ab. Leider waren die mitgeführten Beutel stets viel zu groß, denn die Massen von Maikäfern gab es nicht mehr. Besonders meinen Vater schien das zu enttäuschen. In seiner Jugend waren Maikäfer für kleine Jungs eine einträgliche Geldquelle. Man war noch ganz mit dem Kampf Mensch gegen Natur befasst, und da waren Kindersoldaten gerne gesehen. Pro abgegebenen Maikäfer gab es einen Pfennig. Die in meiner Kindheit gesammelten Maikäfer haben wir hingegen wieder fliegen lassen. Was sollten wir damit? In früheren Zeiten hätte man Suppe daraus gemacht. Maikäfersuppe war bis ins 20. Jahrhundert hinein eine Delikatesse – eines der wenigen in Europa verbreiteten Insektengerichte. Im 19. Jahrhundert gab es auch überzuckerte Maikäfer beim Konditor. Würde mich nicht wundern, wenn die Schokomaikäfer, die ich als Kind öfters geschenkt bekam, da ihren Ursprung hätten. Wesentlich ertragreicher war in meiner Kindheit das Schneckensammeln. Zusammen mit meiner großen Schwester sammelte ich die Schnecken von den Wegen auf, wenn es geregnet hatte. Wir fanden Hainschnecken, Weinbergschnecken, Gartenschnecken, Schlüsselschnecken. Und ich sammelte auch Nacktschnecken. Wir setzten sie alle in Mutters Garten aus. Weshalb dessen Bewuchs im Frühling ähnlich aussah wie der auf meinem Balkon heute.

Zwergkaninchen und Landschildkröten

Als ich die Wohnungstür öffne, steht also tatsächlich Ansgar vor mir im Hausflur. Er ist sichtlich von einer Idee bewegt: «Wir haben einen total schönen Einfall gehabt», sagt er (und ich frage mich, ob Männer eigentlich «total schön» sagen oder ob das nicht Mädchensprech ist), «wir fänden es toll, wenn jede Familie im Haus ein Zwergkaninchen pflegen würde, damit der traurige Stall im Hof wieder bevölkert wird.»

Er sei sich mit seiner Frau schon einig geworden, wann das

sein sollte: zu Ostern. «An Ostern kommt der Osterhase, verstehst du?» Natürlich verstehe ich, ich bin ja nicht blöd. So wie ich Ansgar kenne, wird er dem Kaninchen noch eine kleine Kiepe basteln, die er ihm auf den Rücken schnallt, damit es genauso aussieht wie im Bilderbuch. «Und ich wollte da natürlich fragen, ob ihr auch dabei seid.» Ich denke: Mach das mal schön alleine, lieber Ansgar, viel Glück bei deiner neuen Berufung als Kleintierzoowärter. Aber ich sage: «Oh, eine total schöne Idee! Ja klar, wir übernehmen auch ein Kaninchen!» Was tue ich da nur? Warum kann ich nicht einfach mal die Klappe halten und Ansgar ganz alleine Superpapa sein lassen?

Es kann nicht daran liegen, dass ich ein großer Freund der Kleintierhaltung wäre. Man sagt, Haustiere seien gut dafür, Kindern beizubringen, Verantwortung im Leben zu übernehmen. Ich glaube, sie lernen vor allem: Das Leben ist kurz. Ich habe schon viele Kleintiere gesehen – und sie alle starben qualvolle Tode. Und jene waren auch leider immer der Höhepunkt ihres Daseins. Denn ansonsten sind Kleintiere unglaublich langweilig.

Meine Eltern hatten mir und meiner großen Schwester einmal zwei Schildkröten geschenkt. Es waren griechische Landschildkröten. Die Schildkröte meiner Schwester hieß «Schilti», die meinige «Paulchen». Wir waren überglücklich, als wir sie bekamen. Alle Kinder wollten zu dieser Zeit Schildkröten haben. Bald aber musste ich feststellen, dass Paulchen von meiner Existenz nicht sonderlich beeindruckt war. Wie er eigentlich von überhaupt nichts sonderlich beeindruckt war. Alles, was Paulchen interessierte, war, ob er ein Salatblatt vor der Nase hatte (was er gut fand) oder ob er auf dem Rücken lag (was er nicht gut fand). Ansonsten robbten die Schildkröten einfach durch den Garten und mussten abends wieder eingesammelt werden. Ich und Paulchen hatten leider nicht viel Zeit, uns näher kennenzulernen, weil mein Vater ihn eines Sommernachmittags mit dem Rasenmäher überfuhr. Schilti überlebte bis zum nächsten Sommerurlaub in Dänemark.

Dort brach sie aus ihrem Kasten aus und entschwand. Meine Eltern verbrachten den gesamten Resturlaub damit, die Umgebung nach Schilti abzusuchen und ratlose Dänen zu fragen, ob sie vielleicht eine Schildkröte gesehen hätten. Um sie über den Verlust von Schilti hinwegzutrösten, bekam meine Schwester eine neue Schilti geschenkt. Die war allerdings nun eine russische Landschildkröte. Ich glaube, die griechischen Landschildkröten waren einfach alle von Kinderhänden ausgerottet worden. Russische Landschildkröten hatten den Vorteil, dass sie flacher waren und deshalb nicht so gut vom Rasenmäher erwischt werden konnten. Die neue Schilti wurde auch abends nicht mehr eingesammelt, sie lebte einfach so im Garten, meine Schwester interessierte sich nicht mehr sonderlich für sie. Sie wurde auch nicht mehr im Winter in den Keller zum Winterschlaf gebracht. Sie grub sich einfach selber im Garten eine Höhle. Eines Winters grub sie vielleicht nicht tief genug. Jedenfalls kam sie im Frühjahr nicht wieder hervor. Haustiere, die für das eigene Begräbnis sorgen, sind wahrscheinlich die perfekten Partner.

Denn für die anderen ist die Anlage pittoresker Kleintierfriedhöfe erforderlich. Auf so einem landete das Meerschweinchen eines Freundes von mir, das eines Tages die Freiheit erforschen wollte und nur bis zur Nachbarskatze kam. Oder das Chinchilla einer Schulfreundin, das als Vorort-Roadkill endete. Ich kenne auch einen Hamster, der dummerweise eine Pantoffel als Versteck wählte und dort vom väterlichen Fuß zerquetscht wurde. Und einen Wellensittich, der am Versuch, eine sich schließende Tür zu durchfliegen, scheiterte. Eine Wüstenrennmaus, die lernen musste, dass das Kabel des Radioweckers nicht ideal zum Durchnagen ist. Die Todesfälle sind so tragisch und teilweise absurd, dass ich vermute, sie sind keine Unglücke, sondern Suizide. Die kleinen Hausgenossen wollten ihrem freudlosen Leben, das nur durch die tägliche Ration Vitakraft-Körnerfutter aufgehellt wurde, ein Ende setzen. Und dass dies meist keine so schlechte Idee war, zeigt sich daran, dass die Art und Weise, wie sie zu Tode kamen, meist das Einzige ist, an das man sich erinnert.

Zwieback

Aber in einem hat Ansgar natürlich recht: Ostern kommt. Ich muss darauf vorbereitet sein. Als ich Kind war, waren Osterhasen lila. Sie hießen «Schmunzelhasen» und waren von Milka. Der «Schmunzelhase» hatte ein umwerfendes Lächeln. Es gibt ihn heute noch, aber er schmunzelt anders. Er schmunzelt heute so, als denke er, dass er fotografiert wird. «Schmunzelhasen» saßen aufrecht im Gras. Ganz anders als der heute ebenfalls noch verbreitete Lindt-Hase, der nicht lächelte, sondern mit mandelförmigen Augen in die Leere blickend geduckt kauerte. Der Lindt-Hase hatte ein Glöckchen an einem roten Kreppband umgebunden, was ihn in seinem Status weit über den Milka-Hasen hob. Ich stellte mir vor, wie eine alte Dame mit einer Schokobäckermütze in der Lindt-Fabrik jedem einzelnen Hasen ein Glöckchen umband, ihn dann tätschelte und in die Welt hoppeln ließ. Es gab auch andere Hasen, aber denen stand ich skeptisch gegenüber. Zum Beispiel schickte die Firma Brandt jedes Frühjahr wieder eine ganze Armee von Schokohasen in die Supermarktregale. Von Brandt kannte ich nur den Zwieback. Zwieback bekam ich von meiner Mutter, wenn ich krank war, nebst Cola und Salzstangen. Es war eine Speisung für Siechende. Wenn der Zwieback kam, ging es dir schlecht – und ich konnte kaum auseinanderhalten, ob es mir so schlecht ging, weil ich Fieber hatte oder weil dieser Zwieback an meinem Bett stand. Jedenfalls war es unvorstellbar, dass eine Firma, die ihr Geld mit dem Elend kranker Kinder verdient, einen glücksbringenden Hasen aus Schokolade herstellen konnte. Wo hatten die die Schokolade überhaupt her? Gestohlen?

Was man aber ganz bestimmt wusste: Es gab Marken-Hasen und No-Name-Hasen. Und die Währung der österlichen Elternliebe waren Lindt-Hasen und Schmunzelhasen – alle anderen zählten nicht: die Hasen, die grüne Hosen trugen. Die Hasen, die komische Farben hatten – es gab rote, blaue und pinke Hasen. Und am allerwenigsten zählten die Hasen, die so aussahen, als hätten sie vor wenigen Monaten noch als Nikolaus gearbeitet – weil die Form der Ohren dann doch sehr an die einer Mitra erinnerte. Unter uns Kindern kursierte das Gerücht, dass die übriggebliebenen Weihnachtsmänner vom vorigen Jahr zu Schokohasen umdeklariert werden. Genauso konnte ich mir das vorstellen: Nikolaus-Internierungslager, in denen glücklose Schokoladenhohlkörper ihrer Silberfolie entkleidet und in ein neues Gewand gezwängt werden, um aus ihnen noch glücklosere Hasen zu machen. Passenderweise sahen diese Tiere immer so aus, als würde sie jemand zum Lächeln zwingen. Ich kann mich nicht daran erinnern, einen Hasen gegessen zu haben. Ich habe mit ihnen Hasenfamilien gegründet und mit ihnen gespielt. Gegessen hat die Hasen stets unser Hund, wenn ich mal nicht hingeguckt habe. Er hat sich dann schuldbewusst das Maul geleckt, während ich heulte und mein Vater mit ihm schimpfte. Und anschließend hatte er Silberpapierkügelchen in seinen Haufen. Das fand ich dann wieder ganz hübsch.

Gelee-Eier

Du hast WAS?» Anna ist fassungslos. «Was sollen wir denn bloß mit Kaninchen anfangen, wie kannst du so einfach zusagen, ohne dass wir vorher sprechen?» Sie ist sichtlich sauer, und ich habe wirklich schlechte Argumente. Wie sollte ich rechtfertigen, dass ich, ohne meine Frau zu fragen, ein Haustier in die Familie hole? Aber es war nun einmal schnelle Reaktion gefordert, jedes Zögern hätte bei Ansgar den Eindruck hinterlassen, dass er in diesem Haus die Führungsrolle bei der Kinderverwöhnung innehat. Und außerdem musste ich Annas Meinung gar nicht einholen, weil ich sie ja schon kenne. Sie schätzt Haustiere noch viel weniger als ich. Die einzigen Tiere, die Anna wirklich akzeptiert, sind Pferde. Und auch in ihnen sieht sie eher Sportgeräte. Tiere stinken, Tiere machen Dreck, und Tiere sind dumm, sagt sie. Und irgendwie kann man ihr da kaum widersprechen. Ich entschuldige mich zerknirscht für das «Kommunikationsproblem», wie ich es nenne. Und ich verspreche, dass sie von den Kaninchen nichts mitbekommen wird. Im Stillen denke ich mir: Die damit verbundene Bewunderung durch unsere Töchter kassiere ich dann aber auch alleine.

Ich denke weiter über das anstehende Osterfest nach. Es gab zu Ostern nicht nur Hasen, sondern auch Eier. Natürlich waren mir die Eier von Milka und Lindt die liebsten, wobei ich es verstörend fand, dass die Füllungen auch durchaus ungenießbar sein konnten. Es waren Eier mit Kirschwasser und Eierlikör, die unsere Eltern uns stets vorenthielten. Sie nannten sie «Schnapseier». Ich glaubte, Eierlikör sei eigens dafür erfunden worden, um damit Ostereier zu befüllen und Kinder zu frustrieren. Ich konnte mir nicht vorstellen, warum man sonst so eine dickflüssige, gelbliche Substanz, die in der Fernsehwerbung immerzu mit «Ei, Ei, Ei, Verpoorten» besungen wurde, herstellen sollte. Es gab auch das Gelee-Ei. Das sah aus wie ein Spiegelei, wobei es statt Eiweiß rotes oder grünes Fruchtgelee aufwies. Gelee-Eier waren für die Kinder bestimmt, die nicht so viel Schokolade essen sollten – für die dicken Kinder in der Nachbarschaft. Die dicken Kinder, für die Ostern immer ein entbehrungsreiches Fest war, weil ihre Eltern sie einen verantwortungsvollen Umgang mit Süßigkeiten lehren wollten. Deswegen war in den Osternestern der dicken Kinder auch häufig ein gekochtes, gefärbtes Ei. Ein gesundes Ei. Der Horror jeder Kindheit.

Es ist falsch, dass es an Ostern den Kindern darauf ankam, Eier zu suchen. Es war viel wichtiger, den Osterhasen davon abzuhalten, die Eier zu verstecken. Wir bauten dafür kleine Nester aus Moos und Zweigen. Unser Kalkül dabei war einfach: Je mehr Osternester es gäbe und je größer sie wären, desto mehr Eier. Den Osterhasen schätzten wir nicht so ein wie den Weihnachtsmann. Der kommt mit ausgewählten Geschenken zu den Kindern und hat vorher ein Bewertungsprofil erstellt, ob seine Klienten artig gewesen sind oder nicht. Ein Hase jedoch hoppelt einfach mit einer schweren Kiepe auf dem Rücken durch die Gärten und will Feierabend haben. Je mehr Gelegenheiten er haben würde, seine Ware loszuwerden, desto besser. Unsere Eltern widersprachen stets. Aber wir behielten recht: Kein Nest blieb leer.

Meist hatte ich jedoch nicht mit Osternestern zu tun, die mit Moos gepolstert waren, sondern mit grüner Holzwolle. Die gab es bei Indoor-Ostern. Ostern regnete es nämlich meistens. Also waren die Eier nicht im Garten versteckt, sondern hinter Büchern im Regal oder hinter dem Wohnzimmervorhang. Die Ostergras-Wolle war ultragrün. So grünes Gras sollte man erst viel später wieder sehen, wenn man im Studium mit Freunden Magic Mushrooms verspeiste. Das zu einem Nestchen geformte Ostergras mit Eiern drin brachte etwas Frühling ins Einfamilienhaus. Es gibt es übrigens auch heute noch, wie die meisten Hasen und anderen Süßwaren. Das macht Ostern zu einem perfekten Fest, um die eigene Kindheit wieder zu erleben. Das Wetter hat sich übrigens auch nicht gebessert.

Eine Woche später hat Ansgar tatsächlich fünf Kaninchen besorgt. Sie hocken eng zusammengekuschelt in ihrem Käfig. Es sind Löwenkopfkaninchen, die so aussehen, als seien sie gerade in der Pubertät und wollten durch ein besonders wildes Haarbüschel am Kopf provozieren. «Die sind ja wirklich niedlich», meint Anna. Das Wort «niedlich» höre ich aus ihrem Mund in Zusammenhang mit einem Tier zum ersten Mal. Die Kaninchen, sagt

Ansgar, seien schon geimpft und würden bald kastriert. Ständig bräuchten sie neues Heu und Stroh und frisches Wasser und frisches Gemüse, zweimal am Tag, sagt Ansgar. Er hat sogar schon einen tabellarischen Plan ausgearbeitet, wer an welchen Tagen den «Kaninchendienst» habe. «Kaninchendienst», geht es mir durch den Kopf. Früher hatte ich Zivildienst, jetzt Kaninchendienst – ob das ein Aufstieg ist? Kaum zu glauben, dass sich aus solch schwer zu haltenden Tieren Landplagen entwickeln können, die den Berliner Tiergarten leerfressen. Wer versorgt die denn bitte dort zweimal am Tag? «Warum haben denn die Eltern Kaninchendienst – und nicht die Kinder?», erkundige ich mich. Ansgar sieht mich an, als könne er so viel Einfalt nicht glauben. Es ist natürlich idealerweise so, dass du deine Kinder spielerisch an das gemeinsame Erlernen der Tiere heranführen sollst. Was «spielerisch» bedeutet, weiß ich wohl, die Kinder spielen, die Eltern machen die Arbeit. Ansgar schlägt vor, dass die Kinder die Kaninchen am Nachmittag des Ostersonntags erhalten sollen. Sie sollen durch den Innenhof hoppeln, so als seien sie der Osterhase nach Feierabend. Mir ist das recht – dann muss ich ihnen anschließend nur noch erklären, warum der Osterhase in einem Käfig lebt. Und man ihm für die paar Schokoeier, die er einem gebracht hat, ein Leben lang Kost und Logis geben muss.

Hanni und Nanni

Aber Kaninchen sind nicht die einzigen Tiere, mit denen ich dieser Tage zu tun habe. Der Frühlingsanfang ist natürlich auch eine gute Gelegenheit, mit den Kindern wegzufahren – und ich weiß auch schon, wohin. Meine Schwester hat immer «Die Mädels vom Immenhof» geguckt. Der Immenhof ist ein Ponygestüt in Schleswig-Holstein. Wo drei Schwestern und ihre Großmutter mit aller Liebe allerliebste Ponys aufziehen. Es ist ein Film aus den fünfziger Jahren, als es in Deutschland wohl vor allem darum ging, die Grauen des Krieges vergessen zu machen – und wie mag das besser gelingen als mit einer Ode an das Leben auf dem Lande? Die Mädels vom Immenhof ist eine Verfilmung der «Dick und Dalli»-Bücher, die so etwas Ähnliches sind wie die «Hanni und Nanni»-Romane, die vergleichbar sind mit den «Bibbi und Tina»-Geschichten. Stets geht es um die unverbrüchliche Liebe zwischen Mädchen und Pferden. Es geht um die Einträchtigkeit von Mensch und Tier beziehungsweise Mädchen und Tier. Und die funktioniert vor allem durch allerlei Lieder, die zu singen sind, wenn man auf dem Pony reitet. Die Lieder, die auf dem «Immenhof» aus hundert Kinderkehlen gesungen wurden, hallen noch immer in meinem Kopf. Ich habe sie eigentlich niemals gemocht. Doch meine Schwester saß vor diesem gelben Telefunken-Fernseher und sang. Und diese Eindrücke – Gelb, Uwe Johnson in einer Hauptrolle und dazu meine singende große Schwester – waren so stark für einen Fünfjährigen, ich wurde das Liedgut mein ganzes Leben nicht mehr los.

> So ein Pony, das kann alles,
> je, es weiß viel mehr als wir.
> Könnte es noch Eier legen,
> wäre es ein Wundertier.
>
> Ponys lesen keine Zeitung
> tanzen niemals Rock 'n' Roll.
> Wählen keine Miss Europa,
> und sie fühl'n sich trotzdem wohl.
>
> So ein Pony musst du haben,
> denn dann hast du einen Freund.
> Wirft es dich auch mal hinunter,
> war's bestimmt nicht böse gemeint.

So ein Pony will nicht rauchen.
Macht sich nichts aus Bier und Schnaps.
Darum springt es frisch und munter,
Und sein Herz hat keinen Klaps.

Bist du froh auf ihm geritten
Über Wiesen, Flur und Feld,
Schenk ihm nur ein Stückchen Zucker,
Denn ein Pony nimmt kein Geld.

Als ich vor dem Fernseher die glücklichen Mädchen vom Immenhof sah, war mir der Sinn dieser Zeilen nicht klar. Für mich spiegelte sich nur die ideale Kindheit in der Fernsehröhre. Heute aber weiß ich um die Botschaft des Immenhof-Liedes: Ponys sind überlegene Wesen. Sie stehen über den gemeinen Menschen – aber ganz besonders stehen sie über dem gemeinen Vater. Ponys brauchen nichts außer einem Würfelzucker zu ihrem Glück. Väter hingegen brauchen Geld, sie brauchen Miss Europa, sie brauchen Zigaretten und Rock 'n' Roll und Bier und Schnaps. Und am allermeisten Schnaps brauchen Väter, wenn sie mit ihren Töchtern auf den Reiterhof gehen, wie ich später noch feststellen werde.

Ich möchte mit meinen Kindern nämlich ein paar Tage alleine Urlaub machen, ich erkläre meiner Frau, das sei gut fürs Vater-Kind-Bonding. Die Töchter sollten auch mal ihren Vater in der Rolle des Allround-Versorgers kennenlernen. Und außerdem würde ich so mehr Zeit mit den Kindern verbringen. Anna ist sofort einverstanden. Sie wird die Tage ohne Kinder vermutlich folgendermaßen nutzen: im Park liegen, «Bild» lesen, mittags Bier trinken.

Wir werden nach Norddeutschland auf den Ponyhof fahren. Es gibt dort sehr viele Ponyhöfe. Viele bieten eine Kindheitstraum-Vollversorgung. Mit Hühnerstall, Streichelzoo und Abenteuerspielplatz. Ich wähle einen mit angeschlossener Minigolfanlage und einem Angebot zu Ausfahrten mit dem Traktor. Wenn das Pony versagt, denke ich mir, dann steigt man eben auf motorisierten Antrieb um.

Eierfarben

Für den Tag vor Ostern habe ich Eierfärben eingeplant. Es gibt zwei Arten, Eier zu färben. Die erste Methode: Man wirft eine Tablette mit Lebensmittelfarbe ins Wasser, das mit etwas Essig versetzt ist, und färbt darin Eier grün, rot und gelb. Diese Eierfarben der Firma Brauns-Heitmann werden seit 130 Jahren in einem kleinen Tütchen gereicht und haben den hübschen Effekt, dass sie nicht nur die Schale, sondern auch das Eiweiß bunt machen. Die zweite Methode: Man besorgt sich allerlei Zutaten, um die Eier mit Naturfarben zu verzieren. Das ist natürlich mein Weg. Ich besorge im Ökoladen: zwei Knollen Rote Beete (ergibt rote Farbe), zwei Hände voll Spinatblätter (ergibt grüne Farbe), ein Pfund Zwiebeln (ergibt braune Farbe), Currypulver (ergibt gelbe Farbe). «Und Eier, bitte», sage ich. Die Dame hinter der Theke stellt mir einen Karton Eier hin. Sie tut das mit einem Ausdruck konstanten Vorwurfs im Gesicht. So als hätte ich schon etwas falsch gemacht, indem ich überhaupt den Laden betreten habe. Ich habe mich schon öfters gefragt, ob man eigentlich ein Menschenfreund ist, wenn man einen Bioladen eröffnet, oder den Mensch an sich eher als Problem ansieht. Würde ich grundsätzlich die Menschheit nicht mögen und andererseits von ihrem Geld abhängen, das sie für Eier aus Freilandhaltung ausgibt, wäre ich wohl auch eher unzufrieden mit der Gesamtsituation. Die Eier, die sie mir anbietet, sind braun. «Ich bräuchte weiße Eier», sage ich. «Gibt es nicht» – «Aber zum Färben müssen Eier doch weiß sein.» – «Glauben Sie, die Hühner legen andere Eier, nur weil Ostern ist?» Ich begnüge mich mit den Farbzutaten und lasse die Verkäuferin mit ihren Eiern alleine.

Es muss ja nicht alles Öko sein, denke ich mir und gehe in den Supermarkt, um welche zu erwerben. Ich finde keine. Nicht aus Bodenhaltung, nicht aus Freilandhaltung. Ich nehme an, dass weiße Eier am ehesten aus der klassischen Käfighaltung zu bekommen sind. Also gehe ich an die Kasse und frage: «Wo bekomme ich bei Ihnen denn Eier aus der klassischen Käfighaltung?» Die Kassiererin sieht mich an, als hätte ich nach Kinderfleisch gefragt. «Wir führen solche Eier nicht.» Ich gehe, bevor es noch ernsten Ärger gibt.

Eier sind heute also braun. Doch was ist aus den weißen geworden? Ich habe mir sagen lassen, dass braune Eier eine einfache Konsumvorliebe sind. Der Kunde will nur diese, weil er sie für gesünder hält als weiße. Seit jeher bevorzugen Frauen schließlich auch gebräunte Männer, weil sie diese für gesünder halten – obwohl sie einfach nur im Alter früher knittern und Hautkrebs bekommen. Was ist wohl mit all den Hühnern geschehen, die einst weiße Eier gelegt haben? Sind sie auf einem Hühner-Gnadenhof gelandet? Oder wurden sie um die Ecke gebracht? Interessiert das die Frau mit ihrem Braune-Eier-Ökoladen überhaupt?

Die Vorbereitungen dauern fast eine Stunde. Meine Hände sind rot vom Schneiden der Roten Beete. Der Spinat hat eine seltsame Tunke ergeben, die zwar nach Käpt'n Iglo mit Blubb riecht, aber nicht einmal einen Farbschleier auf den Eiern hinterlässt. Die Zwiebelsoße und der Curry-Aufguss riechen beißend. Johanna und Frida haben die Eier zweifelnd in die Schalen fallen lassen, und ihre Vorbehalte werden mit der Färbedauer nicht weniger. «Da passiert nichts, Papa», sagt Johanna desillusioniert. Man kann nur erkennen, dass die braunen Eier etwas brauner geworden sind. Die Rote Beete hat zwar einen gewissen Farbstich hinterlassen, insgesamt sehen die Eier aber aus, als hätten sie lediglich eine Tarnanstrich bekommen. Camouflage-Eier. Es sind Ostereier für den Krieg. Au fein, dann sind die umso schwerer zu finden, wenn der Osterhase sie versteckt, frohlocke ich. Meine Töchter sehen mich an, als überlegten sie, mich entmündigen zu lassen.

Ostergras

Für mich war klar, wie wir das Osterfest zu gestalten hatten. Erst Frühstück, dann versteckt Papa die Ostereier, Kinder suchen die Ostereier. Papa teilt danach feierlich die Ostereier unter den Kindern auf. Danach werden Ostereier gegessen. Ich bin ein guter Ostereier-Verstecker. Ich bin geübt darin, sie unter den Blättern von Pflanzen zu verbergen, unter umgekehrten Blumentöpfen und im dichten Buschwerk. Es kann gut eine Stunde dauern, bis das letzte kleine Ei gefunden ist. Schon durchmesse ich den Innenhof und prüfe mögliche Eierverstecke. Als ich Anna davon berichte, dass ich überlege, aus Stroh ein kleines Vogelnest zu basteln, um darin im Vogelhäuschen (wie niedlich!) bunte Eier zu verstecken, zweifelt sie. «Willst du denn aus Ostern ein Geländespiel machen? Das ist doch vor allem ein religiöses Fest.» Sie schlägt vor, gemeinsam in die Kirche zu gehen. Ich finde, sie versteht gar nichts: Bei Ostern, sage ich, geht es nun einmal darum, Eier zu verstecken und Eier zu suchen. Sicherlich sei auch vor fast 2000 Jahren Jesus zum Himmel gefahren. Aber Ostern sei nun einmal ein Hasen- und Eierfest. Den Rest lernten Kinder doch im Religionsunterricht. «Wir haben an Ostern jedenfalls nicht Unmassen von Eiern gesucht und dabei den Garten umgegraben. Bei uns gab es einfach ein Osternest, das immer hinter dem Sofa versteckt war.» EIN Osternest! Hinter dem Sofa! In diesem Moment kommt mir meine Frau so vor, als habe sie eine unglückliche, triste Kindheit gehabt – was soll an einem Osterfest schön sein, wo die Eiersuche nach 30 Sekunden beendet ist?

«An Ostern gab es bei uns auch keine Schokolade, sondern richtige kleine Geschenke. Und wir haben lange gefrühstückt. Und es gab einen Osterspaziergang. Mein Vater ging voraus – und an manchen Stellen ließ er ein Bonbon fallen.» Für Anna sind das genauso schöne Kindheitserinnerungen wie für mich der Eier-Marathon. Doch wir haben leider nur *eine* Familie, in der wir mit den Kindern *ein* Osterfest feiern können.

Und leider kann man nicht alles gleichzeitig feiern. Man kann nicht mit und ohne Schokolade das Fest begehen. Man kann nicht nur ein Nestchen verstecken und gleichzeitig hundert Schokoeier. Man kann Kinder, die dabei sind, hundert Schokoeier zu verputzen, nicht dazu motivieren, auch noch einen Osterspaziergang zu absolvieren. Wir gerieten darüber in Streit. In Streit, wie man schöne Familienereignisse schafft. Schließlich geht es dabei nicht darum, wie man ein Wochenende verbringt. Es wird ausgefochten, wessen Kindheit lebenswerter war. Wer hat demnach die besseren Werte weiterzugeben? Wer hat also mehr zu melden in der Erziehung? Wer ist überlegen? Es braucht nicht viel, und man kommt von weichherzigen Überlegungen, wie man es für alle am allerschönsten macht, zu handfesten Machtkämpfen. Den Kampf gewinne ich diesmal. Einfach, weil Anna befürchten muss, dass ich ganz fürchterlich beleidigt sein werde, wenn ich mit den Kindern kein fröhliches Schokoeiersuchen veranstalten darf. Meine schlechte Laune würde wie eine Regenwolke über dem Ostersonntag hängen – neben den vielen anderen Regenwolken, die vielleicht ohnehin schon am Himmel sind. Wir einigen uns, dass wir das Fest diesmal so feiern, wie ich es möchte – nächstes Jahr darf sie bestimmen. Nächstes Jahr, so sage ich mir insgeheim, nächstes Jahr ist weit. Aber der Osterhase, der kommt bald.

Eierlauf

Ich finde, dass es Anna und mir gelungen ist, einen schönen Tisch zu decken. Auf den Tellern der Kinder haben sich die beiden mit Puderzucker bestäubten Osterlämmer niedergelassen, die ich eigens gebacken habe. Wir haben ein paar Blümchen aufgestellt, außerdem ist da noch der Korb mit den Camouflage-Eiern. Aber Johanna und Frida beachten den Tisch kaum, die laufen auf und ab wie zwei aufgeregte Drogenspürhunde. «Schaut mal, was wir für einen reich gedeckten Tisch haben ...», versuche ich sie zu motivieren. «Wo sind denn die Eier versteckt?», würgt mich Johanna ab. «Und guck mal, wir haben zwei süße Osterlämmer für euch gebacken.» – «Wo sind denn die Eier?» – «Wir haben die schön gefärbten Eier auf dem Tisch ...» – «Nein, Menno, Papa, die anderen Eier, wo sind die versteckt?» – «Die können wir gleich im Garten ...» Ich habe den Satz noch nicht zu Ende gesprochen, da stürmen die Kinder auch schon los, als hätte man sie von der Leine gelassen.

Johanna erblickt als Erste ein Osternest und stürmt darauf zu. Ihre Schwester räumt sie mit einem Seitenstüber aus dem Weg. Allerdings setzt Frida hinterher und gibt Johanna einen Schubs, dass sie vornüber ins feuchte Gras fällt. Frida ist die Erste bei den bunten Schokoeiern und beginnt sie sich hastig in die Taschen zu stecken. «Du spinnst wohl!», kreischt jetzt Johanna, entscheidet sich aber gegen eine Tätlichkeit und rennt lieber zur nächsten Eierfundstelle, Frida ihr auf den Fersen. «Hört sofort auf, euch zu streiten», aber es ist kaum zu verhandeln, meine Kinder liefern sich eine erbitterte Eierschlacht.

Darauf folgen hartherzige Verhandlungen am Esstisch. «Johanna hat viel mehr Eier als ich», schrillt Frida, und dicke Tränen rinnen ihr über die Backen. Sie vermischen sich mit dem Schmutz, der sich während der verschiedenen Rangeleien dort angesammelt hat. «Die habe ich alle gefunden!», verteidigt sich

Johanna. «Das sind MEINE Eier.» Ich versuche zu vermitteln: «Aber der Osterhase möchte, dass ihr euch die Eier teilt, sodass ihr beide gleich viele habt», sage ich so salbungsvoll, wie es eben geht. Johannas Augen werden zu Schlitzen, schützend breitet sie ihre Arme über das Häuflein von Fundstücken und funkelt mich an. «Woher weißt du denn das?» – «Ehm, der Osterhase hat es mir gesagt.» – «Woher kennst du denn den Osterhasen?»

Ich drehe mich um und haste aus der Wohnung, durchs Treppenhaus und klingele bei Ansgar. «Hallo, Tillmann, frohe Ostern!» – «Ansgar, ich brauche das Kaninchen, und zwar schnell!» – «Aber das wollen wir doch heute Nachmittag gemeinsam ...» – «Ich brauche es JETZT!» Ansgar fürchtet offenbar, dass ich handgreiflich werden könnte, jedenfalls geht er mit einem leisen und beleidigten «Okay» aus der Tür, verschwindet in Richtung des Balkons, wo die Box mit den Tieren steht, und kommt mit einem Kaninchen zurück. Ich packe es am Nacken. «Danke, Ansgar, frohe Ostern.» Mit dem braunen Kaninchen auf dem Arm laufe ich zurück in die Wohnung. «So, Kinder, das hier ist ein Freund des Osterhasen, den er euch geschickt hat; und er sagt, ihr sollt nicht um die Eier streiten.» Der Freudenschrei der Kinder ist so laut, dass das arme Tier sich vor Schreck auf meinem Arm erleichtert. Mir egal, Hauptsache, Ostern ist gerettet.

Die Kinder sind begeistert von ihrem Kaninchen, sie nennen es Lina. Lina verbringt den Tag im Wechsel zwischen vergeblicher Flucht und Schockstarre. Diese Schockstarre, finde ich, ist das Praktischste an Kaninchen: Wenn sie einmal verstanden haben, dass Flucht zwecklos ist, verharren sie ganz still. Man kann sie dann herumreichen wie Stofftiere. Dass sie dem Tier Puppenkleider anziehen, kann ich gerade noch verhindern, vermutlich hätte Lina auch das über sich ergehen lassen.

«Ich muss zugeben, es war doch eine ganz gute Idee von Ansgar, das mit den Kaninchen», sage ich zu Anna. Sie lächelt mich versöhnlich an und will gerade etwas sagen, als Johanna uns unterbricht. «Gehört Lina jetzt mir oder Frida? Die gehört doch mir, oder?»

Kinderstars

Ich lasse mich auf das Sofa sinken, schnaufe und blicke ins Leere: «O Mann, ist Ostern vielleicht anstrengend, das war doch früher nicht so, oder?» Anna setzt sich neben mich und streicht mir liebevoll die Geheimratsecken zurecht. «Na, Zeremonienmeister? Ist unser Ritual ein wenig aus dem Ruder gelaufen?» – «Ein wenig vielleicht, ein ganz kleines bisschen Hysterie – aber zum Glück war ja der Osterhase ganz in der Nähe ...», spöttele ich zurück. Zeremonienmeister ... Bin ich so einer? Ich frage mich, warum ich mir derart viele Gedanken darum mache, wie es für meine Kinder am schönsten sein könnte. Warum streite ich darüber, warum sind meine Kinder plötzlich so beherrschend in meinem Kopf, könnte ich das nicht etwas lockerer angehen? Was treibt mich denn, dass ich die Kindheit über alles stelle?

Vielleicht liegt es ja daran, dass das eigene Erwachsensein viel weniger aufregend ist, als man mal gedacht hat. Als Kind konnte es mir nicht schnell genug gehen, groß zu werden. Ich war stolz, als die ersten Barthaare sprossen, und rasierte mich sofort. Manche ließen sich einen Oberlippenbart stehen. Ich eignete mir, so früh es ging, die Attribute des Erwachsenseins an. Das waren vor allem rauchen, sich betrinken, alles besser wissen, Wet-Gel der Marke «Studio Line» von L'Oréal in die Haare schmieren. Ich hätte auch gerne schon geküsst, aber das scheiterte am Widerstand des anderen Geschlechts.

Aber das Großwerden stellte sich nicht als das heraus, was ich mir erträumt hätte. Von der Abhängigkeit von den Eltern rutscht man nur in ein neues Netz von Abhängigkeiten, das von Behörden, Universitätsstellen, Banken und Arbeitgebern. Die sind noch viel unnachgiebiger – und darüber hinaus ist man denen relativ egal. Plötzlich ist man nicht mehr die Nummer eins, sondern man muss sich eine Nummer aus einem kleinen Automaten ziehen, der einem sagt, wann man bei der Behörde drankommt. Was ist denn das für ein Erwachsensein? Wer will so etwas denn?

Als wir Kinder waren, hatten unsere Eltern die höchsten Erwartungen an uns. Sie kamen aus der Nachkriegsgeneration. Sie haben gesehen, wie ein Land wiederaufgebaut wird, sie waren dabei, als bescheidener und manchmal auch unbescheidener Wohlstand aufgebaut wurde. Sie haben miterlebt, dass der, der spart, sich einmal auch etwas leisten kann – und der, der etwas leistet, später einen guten Job bekommt, in dem er in regelmäßigen Abständen aufsteigt, einfach, weil er schon so lange dabei ist. Sie haben Zeiten erlebt, in denen ein guter Studienabschluss auch zu einem guten Job führt und eine verantwortungsvolle Position auch mit sehr guter Bezahlung verbunden wird.

Die Generation, die in den siebziger und achtziger Jahren aufwachsen konnte, bekam also eine Kindheit geboten wie keine zuvor. Sie hatten Eltern, die alles besser machen wollten als ihre eigenen Eltern und auch Zeit und oft auch das Geld dazu hatten. Die Reformpädagogik wurde gefeiert, die Kinderzimmer waren groß wie nie, es wurden Kindertheater, Kinderkinos und Kinderschwimmbäder eröffnet. Das Kind, das in den Jahren vor und auch noch in den Jahren nach dem Krieg eher am Rande der Gesellschaft mitgelaufen war, war nun der Star.

Und wer ein Star war, erinnert sich eben gerne an diese Zeit. In unserer Kindheit ging es darum, sich mehr oder weniger an Regeln zu halten, die man uns vorgegeben hat, und danach bewertet zu werden. In der Erwachsenenwelt gibt es keine Regeln mehr – und niemand macht sich die Mühe, uns zu bewerten. Wir sollen auf einmal selbst wissen, was wir wollen. Wir sollen uns die ganze

Zeit schon darauf vorbereitet haben. Haben aber die wenigsten. Das Erwachsensein trifft einen scheppernd wie ein Backblech am Kopf. Vielleicht ist der gravierendste Unterschied, dass man als Erwachsener kein Taschengeld mehr bekommt. Dafür zahlt man Steuern. Am liebsten würde man sich da in sein Kinderzimmer einschließen.

Früher war es ein Problem, dass Eltern ihren Kindern das Erwachsenwerden aufdrängten. Heute versuchen Eltern vielleicht, den Kindern das Kindsein aufzunötigen.

Ponys für alle

Als wir Ende des Monats beim Ponyhof ankommen, fällt mir zweierlei auf: die unbeschwerten Kinder – und die verbissenen, verkniffenen Gesichter ihrer Väter. Ponys gelten als Generalsymbol für unbeschwerte Kindheit und Unbeschwertheit an sich. In Berlin heißen Kneipen Ponybar und Frisöre Ponyclub. Es gibt Graffiti an den Wänden: «Ponys für alle.» Und alle Kinder lieben Ponys.

«Immenhof» wurde in Schleswig-Holstein gedreht. Und dort ist auch der Hof, auf dem Johanna, Frida und ich einchecken. Ich weiß, warum ich hier bin. Nicht nur, weil ich das für eine sinnvolle Art des Urlaubs halte. Das tue ich überhaupt nicht. Bei keinem Sport verletzen sich kleine Mädchen öfter als beim Reiten. Man würde ja auch nicht mit den Kindern einfach so in ein Kickboxing-Camp fahren – aber das wäre weniger gefährlich. Ich habe gehört, wenn man im norddeutschen Flachland einen Strandausritt macht und ein Gewitter kommt auf, müsse man schnell runter vom Pferderücken und die Viecher anschließend forttreiben – weil die Blitze nämlich gerne in die Pferde einschlagen. Davon bekommt man bei «Immenhof» nichts mit.

Vernünftig ist ein Ponyhof-Urlaub vielleicht nicht. Aber die

Mädchen wünschen es sich. Und ich fürchte, meine Kinder würden mir die Ablehnung ihres Wunsches ein Leben lang zum Vorwurf machen. Mir geht es ja genauso. Ich erinnere mich kaum mehr an die Dinge, die meine Eltern mir alle geschenkt haben. Aber ich könnte noch heute weinen, wenn ich daran denke, was ich NICHT bekommen habe. KEIN Skateboard! Obwohl ALLE anderen Jungs in der Klasse ein Skateboard hatten. KEIN Commodore Amiga 2000 – obwohl ALLE, ALLE Kinder in meinem Alter einen Computer hatten. Die Tatsache, dass ich nicht mit einem Software-Unternehmen Milliardär geworden bin, laste ich ihnen heute noch schwer an. Ich möchte nicht, dass meine Töchter bei jeder Reitsportübertragung in bitterem Ton darüber sprechen, ihr Vater hätte sie kein einziges Mal auf einen Pferderücken gesetzt. Und deswegen hätten sie Unternehmensberaterinnen werden müssen, anstatt für Deutschland Olympiagold im Springreiten zu holen. So einfach werde ich es ihnen nicht machen – da sollen sie sich schon etwas anderes einfallen lassen, um mich für ihr verkorkstes Leben verantwortlich zu machen.

Immenhof

Unser Reiterhof liegt zwischen Raps- und Mohnfeldern und purzelnden Windrädern. Ein altes Gehöft mit Herrenhaus und allerlei Nebenbauten, in denen früher Mägde und Knechte gehalten wurden, heute Reit-Touristen. Und anstatt eines Freiherrn herrscht hier heute eine Reitlehrerin. Ich habe nie zuvor über Reitlehrerinnen nachgedacht, aber seltsamerweise haben Reitlehrerinnen immer Reitlehrerinnen-Namen. Sie können Yvonne und Sabrina heißen – aber bestimmt nicht Marie oder Mathilda. Unsere Reitlehrerin heißt Svenja. Svenja hat eine tolle Figur, aber eine furchterregende Haltung. Es ist die Haltung eines schlechtgelaunten Mädchens, das sich überlegt, wen in der Straße es gerade verkloppen könnte. Svenja muss immer laut sein, sie muss sich gegen Ungetüme durchsetzen. Sie herrscht über Biester, die unglaublich störrisch sind und nur ans Fressen denken, Pferde eben.

In der Reithalle sind nicht nur Pferde, es sind dort auch Väter. Alle wollen sie Svenja imponieren. Sie fragen Svenja, wie ihre Körperhaltung sei, sie wollen ihr zeigen, dass sie sich anstrengen. Da ist Ulf. Ulf ist mit seiner Tochter Pia und seiner Frau zwei Wochen hier. Ulf nimmt auch Reitstunden. Svenja ruft ihm zu, er solle sein Gesäß mehr anspannen. «Fehlt nur noch, dass du mir sagst, ich solle die Beckenbodenmuskulatur anspannen», ruft er zurück. Das sollte ein Witz sein, aber Svenja versteht keinen Spaß. Sie muss sich nicht auf die Albernheiten von Männern einstellen. Sie beherrscht Pferde. Und Pferde machen keine dummen Witze. Svenja redet kein Wort mehr mit Ulf. Sie redet nur noch mit dem Pferd.

Ich sollte Mitleid haben mit Ulf, aber ich verspüre Schadenfreude. Ulf hat Svenjas Gunst verloren, und das macht die Sache vorteilhafter für mich, denn auf dem Reiterhof sind alle Eltern in Konkurrenz: Es gibt nämlich immer mehr Kinderwünsche als Kindermöglichkeiten auf so einem Reiterhof. Die Reitstunden sind begrenzt, die Ponys sind begrenzt. Wer pünktlich zur Ponyreitstunde kommt, sieht sich einem Heer fremder Eltern und fremder Kinder gegenüber. Es sind Eltern, die mit dem gleichen Wunsch auf den Reiterhof kamen wie ich. Sie wollen ihren Kindern das Immenhof-Erlebnis geben. Sie wollen, dass ihre Kinder unbeschwert auf einem behaarten Rücken sitzen und Ponylieder singen. Aber auf dem Immenhof gab es keine begrenzte Anzahl Ponys. Der Immenhof hatte Ponys wie Berlin Ratten. Auf einem Reiterhof aber muss man sich durchsetzen. Gegen Kinder, gegen Pferde, gegen Eltern. Eltern, die zu allem entschlossen sind. Wer möchte, dass sein Kind auf einem Pony sitzt, drückt ihm am besten einen Striegel in die Hand, postiert es neben einem Pony, sagt ihm, dass es anfangen soll, das Pony zu bürsten, und schiebt das andere Kind, das sich gerade schon dem Pony gewidmet hat, sanft von dem Tier weg. «Du, das ist leider unser Pony, darauf wollten wir reiten jetzt.» Das Kind motzt und rennt zu seiner Mutter, die etwas abseits steht. Es ist ihr Pech, wenn sie gerade nicht bei ihrem Kind ist, sie hätte besser aufpassen sollen. Jetzt müsste sich die Mutter durchsetzen, sie müsste laut werden, sagen: «Das ist unser Pferd.» Sie ist zu weich. Ihr Mann Ulf wäre vielleicht durchsetzungsstärker. Aber Ulf ist nicht hier, er nimmt Reitstunden und lässt sich von der Reitlehrerin erniedrigen. Währenddessen hieve ich den Sattel auf das Pony und platziere meine Tochter darauf. Mein Kind hat nun eine schöne Erinnerung und Ulfs Kind nicht. Die Welt ist hart.

Die schlimmsten Konkurrenten der Väter auf dem Reiterhof haben allerdings vier Beine. Wenn Väter auf Reiterhöfe gehen, dann spüren sie zum ersten Mal einen ernsten Gegner um die Zuneigung ihrer Töchter. Sie werden von egoistischen, ungebildeten Lebewesen ausgestochen. Sie sind genauso hirnlos wie die Typen mit den schmierigen Haaren und speckigen Jacken, auf die ihre Töchter später einmal abfahren werden. Und sie haben eine ganz ähnliche Anziehungskraft. Johanna liebt ihren Galvani, und Frida hat sich in Micky verguckt. Micky ist ein Shetlandpony. Ponys gelten als so etwas wie Lassies mit Hufen. Ich musste lernen, dass das ganz falsch ist, sie sind eher behufte Höllenhunde. Am ersten Tag wollte ich Micky von der Weide holen, um Frida darauf durch die Felder zu führen. Das Pony bewegte sich nicht. Ich fragte Svenja um Rat. Die Reitlehrerin sagte, ich müsse dem Pony klar machen, was ich wolle, höchstwahrscheinlich sei es durch meine Unsicherheit verwirrt. Irgendwann gelang es mir, das Tier von der Koppel zu drücken. Anschließend versuchte Micky, mich gegen einen Elektrozaun zu quetschen. Svenja sagte, Micky habe dabei mehr Angst als ich. Dann biss es mich. Die Reitlehrerin sagte, ein Pony beiße nicht einfach ohne Grund. Solche Argumente hatte ich schon von Sozialpädagogen gehört. Den wahren Grund für den Ärger mit dem Tier konnte ich mir denken: Micky ist böse und verkommen. Schließlich schaffte ich es, als die Reitlehrerin nicht hinguckte, das Biest im Polizeigriff über die Felder zu zerren. Ich fühlte mich als Sieger, ich hatte es bezwungen. Frida war glücklich. Mit Micky, nicht mit mir.

Was hätte ich ihr über Micky sagen können? «Frida, du magst stark für dieses Pony empfinden, aber morgen sitzt ein anderes Mädchen auf Micky, und dann hat er dich vergessen»? Frida hätte mir kein Wort geglaubt. Es hat überhaupt keinen Zweck, gegen die Idealisierung eines Ponys anzugehen.

Also spiele ich mit. Das Kind wird noch früh genug erkennen, zu was ein Vater gut ist, denke ich mir. Die Reitstunde mit Micky steht an. Ich führe ihn aus dem Stall. Micky hat keine Lust. Aber mittlerweile habe ich gelernt, das Tier mit kurzem, heftigem Ruckeln an der Leine hinter mir her zu zwingen. Wir machen Micky fertig für die Stunde. Was bedeutet, dass ich ihn putze und Frida seinen Hals streichelt und immer wieder zärtlich «Micky» sagt. Während ich Micky den Stallmist aus den Hufen kratze, überlege ich, wann Frida das letzte Mal zärtlich «Papa» gesagt und mir dabei den Hals gestreichelt hat. Nachdem ich Micky gestriegelt und ihm den Sattel aufgesetzt habe, nachdem ich ihm die Trense ins Maul gezwängt und ihn abgehalftert habe, gehen wir zur Reitstunde. Svenja hat gesagt, ich müsse Micky führen, weil Frida noch zu klein sei.

Also schreiten wir zu dritt durch die Reithalle. Frida, Micky und ich. Es geht immer im Kreis. Die Kinder werden angehalten, die Pferde immer wieder zu loben, dass sie so brav im Kreis gelaufen sind. Aber wer lobt eigentlich die Väter? Die legen immerhin genauso weite Strecken zurück wie die Ponys. Aber während das Pony danach im Stall stehend Heu mampfen darf, muss der Vater im Ferienapartment kochen. Während das Pony nachher den Stall volläppeln darf, soll der Vater Hintern abwischen. Und niemand klopft an seinen Hals.

Runde um Runde gehe ich mit Frida und Micky durch die Halle, während das Pony beharrlich versucht, mich abzudrängen und mich zu beißen. Frida im Sattel mag im Kinderglück schwelgen. Aber ich und Micky, wir beide wissen ganz genau, was hier gespielt wird. Ich schiebe das Tier immer wieder in seine Bahn zurück und würde auch gerne zurückbeißen, aber ich habe Angst, dass Svenja das sehen könnte. Schließlich regt die Reitlehrerin an, dass wir einen kleinen Trab versuchen sollten. Nach dem endlosen Trott erscheint mit das als willkommene Abwechslung. Ich schnalze und erhöhe das Tempo. Micky folgt – das erste Mal, so scheint es, dass er mich als Autorität akzeptiert. Ich jogge, er trabt. Da buckelt er unmerklich, Frida schreit auf, verliert den Halt und rutscht vom Pferderücken in den Sand.

Ich stoppe das Untier sofort und bringe das Kind wieder auf die Beine. «Mann, Papa!», schimpft die Kleine mich an. «Kannst du nicht aufpassen?» Dann streichelt sie Micky zärtlich. Ich würde mich nicht dafür verbürgen, aber ich glaube, ich habe ein Grinsen in Mickys Schnauze gesehen.

Vielleicht haben Pferde doch Humor. Aber einen bösen.

Stockbrot

Der Tag ist noch nicht ganz vorbei. Denn am Abend gibt es Stockbrot. Das Lagerfeuer mit Stockbrot gehört zu dem Programm, das jeder gute Ferienhof für seine Gäste veranstaltet. Ich erinnere mich an das Stockbrot in meiner Kindheit. Man braucht einen Ast, von dem entfernt man die Rinde und spitzt ihn an einem Ende an. Darüber stülpt man etwas Hefeteig und hält das Ganze dann über eine Flamme, um es zu rösten. Wenn das Stockbrot einmal von allen Seiten braun ist, kann man es vom

Stock schieben und mit Marmelade oder Nutella füllen, und es schmeckt ungemein lecker. Ich war einmal bei einem Zeltlager, bei dem war das Stockbrotgrillen ein Höhepunkt der Woche. Ich war so stolz, dass ich mit meinem Schweizer Taschenmesser einen Stock bearbeiten durfte. Auch wenn am nächsten Tag das ganze Lager am Kotzen war, was – so hieß es – mit schlechtem Stockbrotteig zusammenhing.

«Was ist denn Stockbrot, Papa?», fragt Johanna. Ich erkläre, dass man tolle Stöcke über ein tolles Feuer halten muss. Und dass man ganz lange aufbleiben darf und zuschauen kann, wie die Funken der knackenden Flammen im Nachthimmel verschwinden.

Als ich mit meinen gesammelten Hölzern und den Kindern am Feuer eintreffe, sind alle anderen Kinder schon am Stockbrotrösten. Ich hetze zur Teigschüssel, um Hefeteig um den Stock zu kneten, und ignoriere die Frage, wo ich denn gewesen sei. Ich drücke meinen Kindern die Stöcke in die Hand. Und sage, sie sollten das mal über das Feuer halten. Das machen sie genau eineinhalb Minuten lang – dann drücken sie mir die Stöcke in die Hand und sagen, dass ich sie mal über das Feuer halten soll. Die Kinder verschwinden in Richtung Riesentrampolin. Diese Riesentrampoline, denke ich, ständig müssen Kinder heute hüpfen, immer muss Action sein, kann denn niemand mehr verträumt in ein Feuer gucken? Ich schaue auf, ich sehe nur Eltern, die um das Feuer herumstehen, sie halten ihrer Kinderanzahl entsprechend viele Stöcke in der Hand. Habe ich das früher auch so gemacht? Gibt es vielleicht gar kein beschauliches Stockbrotrösten in der Kindheit? Ist das nur eine Veranstaltung, die Eltern unter sich ausmachen? Das Feuer röstet das Stockbrot allerdings nicht – es röstet mich. Meine Stöcke sind allesamt zu kurz, ich muss meinen Arm ausstrecken, um den Teig über die Flamme zu bekommen. Es fühlt sich an, als ob ich neben einem Atomfeuer stehen würde. Das halbe Dutzend anderer Väter hat sich mit längeren Stöcken ausgestattet – wo haben die die nur her? Während ich noch darüber sinniere, fangen zwei meiner Brote an zu brennen, ich könnte meinen Kindern gleich Zigaretten zum Essen geben, würde ich mich anschicken, diese Teigklumpen zu verfüttern. Als ich noch versuche, die Brote zu löschen, fällt der dritte Stock in die Asche. Alles ist dahin. Ich stürze zur Teigschale, um die Stöcke neu zu bestücken, aber die Schale ist leer. Ich sehe gerade noch, wie sich Ulfs Frau den letzten Klumpen über den Stock stülpt, während ihre Tochter schon Marmelade auf ein fertiges Brot schmiert. Die Frau lächelt mich an. «Papa, wir haben Hunger», höre ich meine Kinder sagen. «Wir haben noch Mirácoli da», sage ich, «die schmecken auch toll.» – «Och, schon wieder Nudeln», mault Johanna, «immer gibt es bei dir nur Nudeln!» Während wir in unsere Ferienwohnung trotten, frage ich mich: Was gab es eigentlich auf Immenhof immer zu essen? Bestimmt doch auch nur Spaghetti.

Kaum sind wir wieder zu Hause in Berlin, überrascht Anna mich mit einer Nachricht: Frank, ein enger Freund von mir, wird Vater. Seine Freundin Helena ist im vierten Monat. «Wie schön!», sage ich. Seufz, noch ein neuer Vater in Berlin, denke ich.

4. Kapitel:
April – Fliewatüüt und Mupfel

➡ Über die Rappelkiste und Hallo Spencer und die Frage, ob Heidi aus Japan kommt. Und warum sagen Kinderhelden heute «Dadididda»?

Regenbogenfisch

Johanna darf jeden Tag fernsehen. Eine Stunde lang. Eine Stunde lang KI.KA. Die Sendung, die sie am meisten schätzt, handelt von einem Fisch, der Flossen hat, die in Regenbogenfarben schillern. Sie heißt entsprechend «Regenbogen-Fisch». Die Handlung ist etwa: Der Regenbogenfisch geht zur Schule und gibt auf dem Pausenhof damit an, dass er einen berühmten Popstar-Fisch kennt. Leider kennt er ihn in Wirklichkeit gar nicht – aber die anderen Fische glauben ihm und wollen, dass er den Popfisch, der eine gewisse Ähnlichkeit mit Kurt Cobain hat, zum Schulfest als Special Guest einlädt. Der Regenbogenfisch gerät nun zunächst mächtig unter Druck, dann aber gelingt es ihm durch die Hilfe anderer netter Fische, Kontakt zum Popstar-Fisch zu bekommen, der gar nicht so arrogant ist, wie man glauben könnte, und selbstverständlich gerne zum Schulfest kommt. Am Schluss sind alle glücklich und finden den Regenbogenfisch toll. Der Regenbogenfisch aber schwört, nie mehr zu lügen.

Ich weiß das, weil ich eine volle Sendung «Regenbogenfisch» mitverfolgt habe. Das sollen Eltern ja machen, Fernsehen ja, sagen die Pädagogen, aber bitte schön die Kinder dabei begleiten. Man soll zusammen vor der Glotze hängen und dem Kind erklären, was es da sieht. Wie soll ich das machen? Soll ich sagen: «Also, mein Kind, wenn du mal ein Fisch sein solltest und zur Schule gehst, dann behaupte bitte nicht, dass du den als Kiemenatmer wiedergeborenen Kurt Cobain kennst.» Das Ganze hat ja nicht einmal eine Moral: Ich kann gar nicht verstehen, warum der Regenbogenfisch zum Schluss nicht mehr lügen will. Es ist doch bestens gelaufen! An seiner Stelle würde ich als Nächstes behaupten, die Fisch-Entsprechung des Papstes zu kennen – in der Gewissheit, dass Beneblubb XVI. spätestens 22 Minuten später einen Schulgottesdienst halten wird.

Johanna hingegen stört sich überhaupt nicht an den offensichtlichen Defiziten der Serie. Sie schaut gebannt in den Fernseher, ohne nur eine Regung zu zeigen. So als seien ihre Sinnesorgane voll mit dem Download unsinniger Botschaften eines Fisches beschäftigt. Nur, dass ihr Vater unruhig neben ihr auf dem Sofa herumrutscht und in sich hinein grummelt, stört sie offenbar ein bisschen. «Papa, darf ich das nächste Mal alleine gucken?»

Johanna würde alles unterbrechen, um den Regenbogenfisch zu sehen. Wenn sie die Kaninchen durch den Hof trägt, lässt sie sie um punkt sieben Uhr fallen. Sie würde einen Kindergeburtstag verlassen, wenn er sich bis sieben hinzöge – und ich hoffe, dass bis zu ihrer Hochzeit der Regenbogenfisch abgesetzt ist. Sonst wird sie um sieben von dieser davon eilen, wahrscheinlich während meiner Rede.

«Was ist das nur für ein blöder Charakter, ein schillernder Fisch?», frage ich Anna. Wenn es jemanden gibt, der sich ein Urteil über Fische erlauben darf, dann ich. Seit meiner Kindheit pflege ich ein Aquarium. Ich weiß, dass Fische langweilig sind und eher böse. Sie fressen ohne Umstände ihre eigenen Kinder, wenn es ihnen gerade passt. Sie sehen das nicht einmal als klitzekleines Problem. Wenn man eine authentische Trickserie mit einem Fisch zeigen würde, würde der kleine Regenbogenfisch eine halbe Stunde stumpf herumdümpeln und schließlich einen anderen Fisch in die Flossen beißen. Oder an einer toten Schnecke herumpitteln. Anna verschwindet im Kinderzimmer und kommt mit einem Plastikbüchlein zurück. Darauf steht: «Arc-en-ciel découvre.» Ich kann es nicht lesen, hatte in Französisch immer eine Fünf. Aber es wird wohl «Regenbogenfisch» heißen. Es ist ein sogenanntes wasserfestes Badebuch, das eine Freundin aus Paris meiner Frau geschickt hat. Man kann es Kindern vorlesen, während man versucht, ihnen die Haare zu waschen. Der Fernseh-Regenbogenfisch, so sehe ich, entstammt also einem Kinderbuch.

Kein französisches Buch, sondern das Werk eines Schweizers. Er schrieb es 1992. Als ich also gerade für mein Abitur lernte und versuchte, Haschisch zu rauchen, ohne zu husten, also noch im besten Sinne ahnungslos war, machte sich dieser Regenbogenfisch schon auf den Weg zu mir.

Ich nehme mir das Bilderbuch zur Hand. Es ist eine einfältige Story: Ein Fisch hat schöne schillernde Schuppen, aber leider ist er sehr einsam. Dann aber verschenkt er einige seiner schönen Schuppen an andere Fische, und plötzlich sind alle schillernd, und der Regenbogenfisch ist glücklich und beliebt. Ich bin überzeugt, dieses Buch konnte nur ein internationaler Bestseller werden, weil die glitzernden Goldfolie-Schuppen im Buch einen gewissen Hundertwasser-Effekt haben. Was glitzert, lieben die Menschen. Und schließlich also hat Universal daraus eine Kinderserie gemacht, mit der nun das Gehirn meiner Tochter verstopft wird.

Timm Thaler

Ich bin mir ganz sicher, dass Fernsehen in meiner Kindheit besser war. Warum funktioniert das nicht so wie bei Computern? Die sind heute viel verbreiteter als in den siebziger Jahren und wurden entsprechend besser. Kinder zwischen drei und dreizehn gucken heute im Durchschnitt mehr als eineinhalb Stunden Fernsehen am Tag. Das müsste sich doch in phantastischen Sendungen ausdrücken. Aber so kommt es mir nicht vor.

Ich versuche mich an das Fernsehen meiner Kindheit zu erinnern. Als ich Kind war, dachte ich, dass alle Jungs im Fernsehen immer gelockte Köpfe haben. Heute weiß ich, dass sie alle Tommi Ohrner waren. Tommi Ohrner war «Timm Thaler» – der Junge, der sein Lachen verkaufte –, Tommi Ohrner war als «Manni der Libero» ein Nachwuchsspieler in der Jugendnationalmannschaft, Tommi Ohrner war der Viktor im Kinderkrimi «Haus der Krokodile». Vielleicht war Fernsehen damals nur so gut, weil Tommi Ohrner gut war. Letztlich war es unmöglich, als Kind einen Fernseher anzuschalten, ohne Tommi Ohrner anzugucken. Als Erwachsener sollte Tommi Ohrner nur kleine Rollen, etwa in «Verbotene Liebe», spielen. Aber damals war er der Günther Jauch meiner Kindheit.

Gerade überlege ich, welche Fernsehhelden Kinder heute haben, da sehe ich eine Facebook-Notiz einer Freundin. Das «KI.KA-Sommerfest ist ein richtiger Geheimtipp», schreibt sie: «Wir waren da, und mein Niclas war ganz aus dem Häuschen, als er seinen leibhaftigen Helden traf – das Kikaninchen.» Das Kikaninchen? In meiner Jugend gab es solch einen Helden nicht. Ich hätte mir überhaupt kein Kaninchen als Idolfigur vorstellen können. Bugs Bunny war mir ein Begriff, aber von einem Kikaninchen habe ich nie gehört. Und wie kommt sie darauf, dass so eine alberne Figur aus dem Fernsehen ein «Held» wäre? Brauchen meine Kinder Helden? Sie haben doch mich.

«Kinder, ich möchte mal mit euch über Helden reden», sage ich zu Johanna und Frida, die gerade auf dem Boden kauern und malen. Johanna malt Blumen mit Monstergesichtern und Augenklappen, Frida verteilt mit Wachsmalkreide Farbwolken auf dem Papier. Die beiden schauen zu mir auf, als hätte ich sie etwas auf Arabisch gefragt. «Was sind Helden?», fragt Johanna. Frida geht gar nicht darauf ein, sondern zeigt mir ihr Bild: «Guck, Papa, das ist ein Haus, das ist der Garten, dort ist der Himmel, und da schaust du aus dem Fenster.» – «Ah», sage ich, das ist aber hübsch. Mir ist aufgefallen, dass im Laufe von Fridas Entwicklung nicht die Bilder wesentlich detaillierter werden, sondern vor allem die Erklärungen dazu. Sie geht bestimmt mal in die Politik.

Ich versuche auf mein Thema zurückzukommen. «Helden sind die, die ihr gut findet», erkläre ich. «SpongeBob finde ich gut», sagt Johanna. «SpongeBob, den Schwamm mit Krawatte?» – «Ja, SpongeBob ist lustig.» – «Und außerdem kann man im Supermarkt einen SpongeBob aus Plastik kaufen mit Bonbons drin», fällt Frida begeistert ein. «Ich liebe SpongeBob!»

Ich kann überhaupt nicht verstehen, was man an einem Schwamm mit Beinen lustig finden kann. Ich setze mich an den Computer und versuche etwas über dieses Wesen herauszufinden. Sicher, wer mit Bonbons gefüllt ist, hat gute Chancen, hohe Sympathiewerte bei meiner Tochter zu erlangen. Zuletzt hat sie mir gesagt, sie stelle sich auch den lieben Gott am liebsten mit Bonbons gefüllt vor.

Ich gehe innerlich alle Helden meiner Kindheit durch. Was ist aus ihnen geworden? In meiner Kindheit gab es «Biene Maja». Biene Maja ist eine Biene, die mit ihrem trotteligen Freund Willi auf einer Wiese lebt. Auf der Wiese gibt es einen ADS-kranken Grashüpfer, gemeine Wespen, sture, vor sich hin arbeitende Ameisen und eine böse Spinne namens Thekla. Ich weiß, dass mich das sehr beeindruckt haben muss, denn ich und meine Freunde nannten alle älteren Frauen, die wir nicht mochten, Thekla. Die Anfangsmelodie von «Biene Maja» («In einem unbekannten Land / vor gar nicht allzu langer Zeit / war eine Biene sehr bekannt / von der sprach alles weit und breit ...») sang Karel Gott. Meine Schwester war ein größerer Biene-Maja-Fan als ich, was leicht nachzuvollziehen ist. Denn Biene Maja war ein Mädchen, hatte immer alles im Griff, war clever und immer fröhlich. Willi aber war ein Junge, rammdösig bis zur Schwachsinnigkeit, ein Angsthase dazu, und er sah auch noch bekloppt aus. Jeder konnte erkennen, dass Maja mit Willi aus Mitleid zusammen war oder aus einem Gefühl der Verpflichtung. Sie musste Willi aus den Händen der Ameisen befreien, die ihn an ihre Jungen verfüttern wollten, und aus dem Netz der Spinne. Ohne Maja hätte Willi keinen Tag auf der Wiese überlebt.

Die andere wichtige Kinderserie war Heidi. Die Zeichentrick-Serie handelte von der Bergromantik eines kleinen Mädchens, das auf einer Alm zwischen den Ziegen lebt. Ihr bester Freund ist der

Ziegenhirte Geißenpeter. Dessen deutsche Stimme war übrigens Tommi Ohrner, es war ja alles Tommi Ohrner damals.

Mir fällt auch Nils Holgersson ein, der Junge, der auf dem Rücken der Hausgans Martin einmal längs durch Schweden fliegt. Mein Vater hatte mir immer abends aus dem Buch von Selma Lagerlöf vorgelesen. Als ich Nils Holgersson dann mal als Zeichentrickserie im Fernsehen sah, war es für mich eine Enttäuschung. Der kleine Wicht hatte unerträgliche Knopfaugen und immer einen kleinen Hamster dabei, der ihm um die Beine sprang und eine Stimme hatte, als quäle ihn ein schlimmer Nasenkatarrh. Seltsamerweise bekam ich Mitleid mit Smirre, dem bösen Fuchs. Der bemühte sich redlich, den kleinen Holgersson mit all der ihm zur Verfügung stehenden Bosheit zu fangen und zu fressen. Aber im Zeichentrick scheiterte er immer so tragisch und schmerzhaft. Vom Mal zu Mal musste er Nils triumphieren sehen. Er war ihm offenbar hoffnungslos unterlegen. Ich hätte ihm einen klitzekleinen Erfolg gewünscht. Oder dass er wenigstens diesen schrecklichen Hamster fressen würde, damit mal Ruhe wäre mit der Quäkerei. Aber das war ihm während der ganzen Staffel nicht vergönnt.

Seltsamerweise fiel es mir manchmal leichter, mich mit den Antihelden und Underdogs der Kinderserien zu identifizieren, als mit den Hauptfiguren. Zum Beispiel bei den Schlümpfen. Ein ganzes Dorf voller blauer Zwerge – und mit keinem konnte ich mich anfreunden! Papa Schlumpf war mir zu allwissend, Schlaubi-Schlumpf erinnerte mich immer nur an die Streber in meiner Grundschulklasse, die alles besser konnten als ich. Es gab noch einen Schlumpf, der unglaublich stark war – im Gegensatz zu mir. Einer war unglaublich romantisch und lief dauernd mit einer Blume in der Hand herum. Ich kann verstehen, warum es heute die Theorie gibt, die Schlümpfe seien eine Paraphrase des sozialistischen Arbeiter-und-Bauern-Staats. Schließlich wirkt dort jeder wie ein Rädchen in einem großen Kollektiv, stumpf auf die eine einzige Funktion beschränkt – unter der Ägide des allwissenden Papas, der zufälligerweise auch noch rote Hosen trägt. Allzu deutlich wird es, wenn man aus diesem Blickwinkel auf «Vader Abraham und die Schlümpfe» guckt: Der Mann sieht genau aus wie Karl Marx. Doch auch bei den Schlümpfen gab es den hilflosen Bösewicht. In diesem Fall der Zauberer Gargamel mit seinem grimmigen Kater, der nichts anderes möchte, als einen der kleinen Wichtigtuer in seinem Kochtopf zu haben. Und der immer wieder ganz kurz vor dem Ziel scheitert. Wie motiviert sich dieser Gargamel immer wieder?, fragte ich mich. Warum verzweifelt er nicht endgültig am Leben? Dieser hässliche, buckelige Unsympath hatte für mich viel mehr charakterliche Tiefe als die ganze blaue Gewinnertruppe in ihren Pilzhütten.

Die Schlumpfbande hätte ich gerne in meiner Kindheit zurückgelassen. Die blauen Kerle waren ja auch so gut wie abgetaucht. Damals machte die Firma Schleich noch ein Riesengeschäft mit Hartgummi-Schlumpffiguren, mittlerweile wurden sie aus den Regalen verdrängt, stattdessen verkauft Schleich nun Tierfiguren. Allerdings hatte ich mich zu früh gefreut: «Papa, gucken wir uns ‹Die Schlümpfe 3 D› im Kino an?», fragt Johanna. «Woher kennst du denn die Schlümpfe?» – «Ich weiß nicht, aber alle meine Freundinnen waren schon in ‹Die Schlümpfe 3 D›.» Nun ist diese Blue Man Group also in die dritte Dimension gewechselt. Sie sind wohl hinter mir her.

Kikaninchen

Im Kindergarten wird regelmäßig die Zeitschrift «Flimmo» ausgelegt, die orientierungslose Eltern dabei beraten soll, was ihre Kinder im Fernsehen gucken dürfen und was nicht. Alle möglichen Sendungen sind dort kommentiert. Die meisten kenne ich nicht. Ich habe keine Ahnung, was «Grufthotel Grabesruh» oder «Fleckgeflutscht! – Abenteuer im Abflussland» sein soll. Aber beides läuft auf KI.KA, also wird es empfohlen. Ich lese dort auch etwas über das Kikaninchen: «Das kleine blaue Kikaninchen und sein Freund Christian bieten in der Vorschulwelt einen Mix aus interessanten Sendungen und tollen Aktionen zum Mitsingen, Mitlachen und Miterleben.»

Singen, lachen, erleben will ich auch, also schlage ich Anna vor, mit den Kindern zum KI.KA-Fest am Berliner Ostbahnhof zu gehen, das an diesem Wochenende dort gastiert. Vielleicht ist das der einfachste Weg, um festzustellen, was Kinder heute so gucken.

Zum Ostbahnhof können wir bequem hinlaufen; und als die Kinder erfahren, dass es zu einem Fernsehfest geht, lassen sie sich leicht zum Fußmarsch motivieren. Wahrscheinlich stellt sich Johanna einen gigantischen Bildschirm vor. So falsch liegt sie damit nicht: Am Ostbahnhof ist eine Riesenbühne aufgestellt. Es sieht aus, als würden hier jetzt die Scorpions spielen. Musik wummert aus Boxentürmen. Überall drängen sich Eltern mit ihren Kindern in den Armen, auf den Schultern, auf den Füßen. «Das soll ein Kinderfest sein?», lacht Anna in mein Ohr. Als ich ihr sagte, wir gingen zum Fest des Kinderkanals, war sie davon ausgegangen, es gebe dort Puppentheater und Basteltische, keine Festivalbühne. Ich spähe nach Ansgar, aber ich kann ihn nicht entdecken. Wahrscheinlich hat Ansgar gar keinen Fernseher, sondern spielt seiner Sophie zur Unterhaltung hebräisches Schattentheater vor. Vom Publikum auf dem KI.KA-Fest her zu schließen, ist KI.KA keinesfalls ein Oberschichtenkanal. Haarige Bäuche quetschen sich unter Motto-T-Shirts hervor, Füße stecken in Crocs-Schlappen. Überall quengeln Kinder. Sie müssen Schlange stehen vor den gebotenen Attraktionen, wie einem Kleinkinder-Kletterpark und einem Kinder-Autoscooter. Die Schlangen aus grummelnden Müttern und ihren jammernden Nachwüchslingen werden von

Hinweisschildern flankiert: «Wartezeit ab hier etwa eine Stunde» steht darauf. Na ja, denke ich, wir befinden uns ja im Ostteil Berlins, da ist man Wartezeiten doch gewohnt. Aber das sage ich lieber nicht laut.

Wir kämpfen uns in Richtung Bühne vor. Wo sind jetzt die Helden?, frage ich mich. Und da kommen sie auch schon: Da sind «Christian und das Kikaninchen». Christian ist ein netter junger Mann mit rotem Poloshirt und schlechtsitzender Jeans, etwas speckig im Nacken. In anderen Zeiten hätte so jemand in «Eis am Stiel» mitgespielt, jetzt sitzt er mit weitaufgerissenen Augen neben dem Kikaninchen. Christian guckt wahrscheinlich so, um kindliche Begeisterung zu zeigen. In der Fernsehsendung ist das Kikaninchen eine animierte dreidimensionale Hasenfigur. Ein blauer Schwellkopf mit Löffelohren. Nun hopst es als Puppe über die Bühne. Das Kikaninchen gibt Christian immer Eskimoküsse, es reibt seine Nase an seiner. Wahrscheinlich haben Entwicklungspsychologen herausgefunden, dass körperliche Zärtlichkeit wichtig für Kinder ist. Ich finde das etwas zu intim. Warum soll ein erwachsener Mann mit einem Tier Zärtlichkeiten austauschen? Christian und das Kikaninchen singen. Das Kikaninchen trällert «Dadididda».

Mittlerweile habe ich Johanna auf den Schultern. Sie schaut etwas unschlüssig auf den Bühnentumult. Das Getobe um sie herum bedeutet ihr, dass das, was dort zu sehen ist, irgendwie cool sein muss. Aber sie versteht offenbar nicht, warum. Armes Kind, denke ich, ich habe sie zu wenig fernsehen lassen. Alle anderen können das «Dadididda» mitgrölen, Johanna versteht es nicht einmal.

Nun stehen wir direkt vor der Bühne. In dem Bereich, wo außer uns nur noch Kinder sind. Mir ist bewusst, dass ich nun etlichen Eltern die Sicht nehme, aber das ist mir jetzt egal. Schließlich ist es MEIN Kind, das ein Fernseh-Defizit hat. Mein Kind muss etwas nachholen. Nach dem Dadididda-Gig betreten zwei Figuren die Bühne, die aussehen wie Fußball-Maskottchen. Wie jene überlebensgroßen Puppen, die am Spielfeldrand grinsen und winken und in deren Innerem man notleidende Germanistik-Studenten vermutet, die auch noch den unwürdigsten Job übernehmen müssen. Jetzt erst erkenne ich, dass es gar keine Maskottchen sind, sondern Biene Maja und Willi. O Gott, was ist nur aus ihnen geworden? Zwar handelt sich um Schauspieler in Puppenkörpern. Aber so aus den Zeichentrickerinnerungen meiner Kindheit hervorgeholt, direkt auf die KI.KA-Bühne, sieht es aus, als wären sie alternde, aufgedunsene Rockstars, die noch einmal auftreten, weil sie Geld brauchen – so wie Horst Janson, der früher in der Sesamstraße gewohnt hat und nun private Insolvenz anmelden musste.

Krümel und Bibo

Ich erinnere mich noch deutlich an meine ersten Fernseh-Erfahrungen. Es lief die Tagesschau, und der Beitrag ging über eine Geiselnahme von 52 US-Diplomaten in Teheran. Mein Vater sagte, Geiseln nehmen hieße, Menschen in ein Gebäude zu nehmen und ihnen zu sagen, dass sie hier nicht mehr rausgehen dürfen. Ich hatte bis dahin immer gedacht, das nenne man «Kindergarten».

Fernsehen war damals nicht mein erstes Bewegtbild-Medium. Schließlich hatten wir auch einen Super-8-Projektor, auf dem sich stumme Fix-und-Foxi-Filmchen anschauen ließen. So ein Streifen dauerte nur ein paar Minuten, war aber ein gefühlter Kinoabend. Vor allem weil der Film sich immer schief auf die Spule legte und für viel Aufregung beim Vorführer sorgte (dieses Spektakel sollte man erst wieder viel später bei den Schulfilm-Präsentationen erleben dürfen).

Ich weiß nicht, warum meine Eltern mich die Tagesschau gucken ließen, aber ich weiß, warum ICH die Tagesschau gucken wollte: Am Schluss kam die Wetterkarte. Die Wetterkarte stellte Deutschland schwarz dar, aber auf dem aschefarbenen Land erschienen wunderschöne Sonnen und Wolken und am Ende eine Windrose, auf der ein Pfeil anzeigt, woher der Wind wehen wird. «Indianer» rief ich dann immer, wenn ich den Pfeil sah. Das fanden meine Eltern süß. Wahrscheinlich ließen sie mich deshalb Tagesschau gucken. Ansonsten gab es nämlich zu dieser Zeit nicht so viele Gelegenheiten, mich süß zu finden.

Noch frühere Erinnerungen habe ich allerdings an die Sesamstraße. In der Sesamstraße gab es einen lustigen gelben Vogel, der war riesengroß und etwas tollpatschig. Bibo sang: «Abcdefghijklmnopqrstuvwxyz: Tolles Wort – ich kann's nur leider nicht verstehen.» Bibo hatte einen Freund namens Oscar, der sich immer in eine Mülltonne duckte und unglaublich schlechte Laune hatte. Der hatte auch ein Lied: «Ich mag Müll. Alles, was staubig ist, schmutzig und dreckig ... Ja, ich mag Müll!»

Aber ich hatte gerade die ersten Folgen gesehen, da verschwanden Bibo und Oscar. Stattdessen bezogen Figuren in der Sesamstraße Quartier, die mir allesamt unsympathisch waren. Da gab es ein aufsässiges, besserwisserisches Huhn namens Tiffy. Und einen dicken dummen Bären, der hieß Samson. Samson lungerte die ganze Zeit in seiner Hängematte herum und sagte immer wieder «Uiuiuiuiuiuiui!» Er sagte «Uiuiuiuiuiuiui!» bei allen möglichen Gelegenheiten. Aber meistens, wenn er die allerdümmlichsten Sachen feststellte, etwa dass Würstchen («Ich lieeeebe Würstchen») heiß sind. Samson tröstete sich über die schlimmen Dinge der Welt mit seinem «Schnuffeltuch» weg. Ich wunderte mich, warum Samson aufrecht ging, völlig unbekleidet war, aber dennoch kein Pullermann zu sehen war. Ich machte auch Bekanntschaft mit dem bösartigen Herrn von Bödefeld, der ein Nasenbär zu sein schien. Und es gab dort Manfred Krug und Uwe Friedrichsen. Ich weiß nicht, was die dort trieben. Vielleicht waren sie als Zivildienstleistende in dieser Anstalt beschäftigt. Meine

Eltern waren immer der Meinung, dass ich ein großer Fan der Sesamstraße sei. Das mochte für das Lachen von Ernie (Krh-rh-rh-rh-rh-rh-rh-rh-rh-rh-rh!), für das Krümelmonster (Keksäääääääh!) und für die Buchstaben-Lern-Spots («D! D! Disko-D!») auch stimmen. Aber vor allem guckte ich Sesamstraße, weil ich auf die Wiederkehr von Bibo und Oscar wartete – wo waren sie nur geblieben, wann kamen sie zurück?

Nie.

Und doch ist die Sesamstraße der einzige Anhaltspunkt, den ich habe, als ich mir Gedanken mache, welche Sendungen man den Kindern heute präsentieren könnte. Denn die Sesamstraße gibt es ja immer noch. Sie kommt nicht mehr abends, sondern morgens um sieben. Sie zählt jetzt sozusagen zum Frühstücksfernsehen für Kinder.

Ich erkenne sie nicht wieder. Wo ist Tiffy? Sie ist nicht mehr dabei. Stattdessen gibt es eine Figur namens Moni, die die alleinerziehende Mutter einer Tochter mit dem Namen Lena ist. Tiffy, sollte ich später lesen, war nur bis 1988 in der Sendung und wurde durch einen Großbrand im Studio zerstört. Danach wurde sie durch eine Kopie ersetzt, die mehr nach Kindchenschema aussah und «Monsterkind» hieß. 2005 musste auch die Ersatz-Tiffy gehen. Ich denke, Samson hat sie verlassen für diese komische Moni, mit der er vielleicht ein Kind gezeugt hat, zu dem er nicht stehen will. Ich verstehe die Welt nicht mehr. Es gibt auch eine komische Schnecke namens Finchen. Finchen, erfahre ich auf Wikipedia, war einstmals männlich, wurde dann aber weiblich. Hat sie sich umoperieren lassen? In den USA, lese ich, ist von der alten Sesamstraße noch viel weniger übriggeblieben. Dort muss das Krümelmonster heute Mohrrüben und Kohlrabi essen. Neuerdings gibt es auch eine Figur, ein Mädchen, das immer Hunger hat und die Kinder an die Armut erinnern soll. In Südafrika gibt es sogar einen HIV-positiven Sesamstraßen-Charakter. Transgender, Patchworkfamilie, Aids – zu was für einem Wohngebiet ist die

Sesamstraße nur geworden? Dann entdecke ich eine grüne Figur namens «Rumpel». Sie sitzt in einer Regentonne und ist ständig schlecht gelaunt. Da ist er wieder, mein Oscar. Aber jetzt will ich ihn nicht mehr.

Ich hätte viel lieber, dass die Muppet Show wiederaufgelegt wird. Die Muppets waren für meine Kindheit prägender als alles, was eine Kindergärtnerin mir hätte erzählen können. Seit es Kermit gibt, mag ich Frösche, den Weltraum lernte ich durch «Schweine im Weltall» kennen, Miss Piggy ist für alle meine zutreffenden Vorurteile über das weibliche Geschlecht verantwortlich. Als meine Schwester Angst vor «Tier» hatte, ich aber nicht, war es mein erstes Erlebnis, dass ich ihr etwas voraushatte. Der dänische Koch («Smörrebröd, Smörrebröd, römpömpömpöm!») warnte mich früh vor der skandinavischen Küche, Prof. Dr. Honigtau Bunsenbrenner mit seinen haarsträubenden Experimenten erzeugte in mir den nötigen Wissenschaftsskeptizismus, und der Muppet-Pyrotechniker Crazy Harry mit seinen überall explodierenden Bomben ließ mich kurze Zeit über eine Terroristenkarriere nachdenken.

Erst jetzt erfuhr ich, dass es die Muppet Show nur vier Jahre lang gab. Fozziebär war nur etwa so lange vor der Kamera wie James Dean. Länger brauchte er nicht, um zur Legende zu werden.

Beim KI.KA-Fest hat jetzt «Bernd das Brot» seinen Auftritt. Bernd das Brot kenne ich. «Ist das – ein Brot?», sagt Anna. Ich nicke. Bernd beschwert sich, dass er auf die Bühne muss. Ich glaube, Bernd das Brot beschwert sich ja immer über alles. Anna sagt, dass sie sich jetzt anstellen werde, um zwei Ballons für die Kinder zu kaufen. Die Luftballon-Schlange ist nicht so lang, weil die Ballons ja Geld kosten. Zusammen mit dem Brot hüpfen ein buntes Schaf namens Chili und ein Typ, der offenbar einen Salatkopf auf den Schultern trägt, auf der Bühne. Der Salat ist Briegel Busch, erfahre ich. Früher wäre man im LSD-Rausch auf solche Figuren gekommen, heute funktioniert das bei Fernseh-Pädagogen offenbar auch bei einem Brainstorming bei Rhabarber-Schorle. «Tanz das Brot», brüllt Bernd und rumpelt über die Bühne. Es fängt an zu regnen. Der Wind zerrt an den Luftballons. «Yeahehehehe yeah», singt Bernd. «Gehen wir jetzt nach Hause?», fragt Johanna. Ja, wir gehen. «Ich fürchte», sage ich auf dem Heimweg zu Anna, «es ist nicht einmal ein Vollkornbrot.»

Neues aus Uhlenbusch

Je mehr ich über das Fernsehen nachdenke, desto mehr Sendungen fallen mir ein, die ich damals gesehen habe: «Lassie», «Flipper», «1, 2 oder 3» mit Michael Schanze, «Der Rostrote Ritter» mit Diether Krebs, «Die Sendung mit der Maus», «Löwenzahn» … ich muss sehr viel Zeit vor dem Fernseher verbracht haben. Und das war dem Fernseher auch bewusst. Während Nickelodeon und KI.KA heute Dauerfernseh-Konsum bieten, betonten die Sendungen damals, ständig, man solle nicht so viel Fernsehen gucken. Jedes Mal, wenn eine «Löwenzahn»-Sendung zu Ende ging, forderte Peter Lustig uns auf, jetzt die «Kiste» abzuschalten. Im Quotenkampf heute würde er für so eine Bemerkung vermutlich gefeuert werden.

Überhaupt wurde der Bildungsauftrag sehr ernst genommen. Es gab eine Kindersendung, die hieß «Rappelkiste», die war nach dem abfälligen Begriff benannt, den die Eltern der Nachkriegsgeneration für den Fernseher hatten. In der Rappelkiste übten zwei Puppen namens «Ratz und Rübe» Kapitalismus-Kritik. Ratz hat eine Schubkarre und lässt sich von Rübe schieben, dafür zahlt er mit Bonbons. Mal mit zwei Bonbons, mal mit einem. Irgendwann fällt ihnen auf, dass es viel schöner wäre, wenn die Bonbons und die Schubkarre allen gemeinsam gehören würden. Das war das

Fernsehen der 68er-Generation: Man durfte es gucken, wenn man nebenbei zum besseren Menschen wurde.

Darum ging es auch in der Serie «Neues aus Uhlenbusch». Das durfte meine große Schwester schauen. Uhlenbusch war ein Ort auf dem Land, wo es einen kauzigen Briefträger und jede Menge Kinder gab. Es war eine Serie, die vom Alltag auf dem Land spielte. In Uhlenbusch starben Großeltern, in Uhlenbusch gab es Kinder, deren Eltern ein Alkoholproblem hatten, in Uhlenbusch wurden sogar Kinder geschlagen. Es gab arme Kinder und vernachlässigte Kinder und den guten Onkel Heini, zu dem alle Kinder immer kommen konnten. Heute wäre so etwas nicht möglich. Heute hieße das «Uhlenbusch 3-D», und es gäbe nur einen coolen E-Mail-Briefträger. Eltern, die ihre Kinder herzen und ganz gewiss nicht vernachlässigen, keine Drogen nehmen, immer für sie da sind. Und ganz bestimmt keinen guten Onkel Heini. Denn der gute Mann von nebenan, wissen wir heute ja, ist immer ein Pädophiler. Die Ereignisse in Uhlenbusch interessierten mich allerdings überhaupt nicht. Sie waren kein Zeichentrick. Und etwas, das nicht gezeichnet war, gehörte nicht in meine Welt. Das war die Erwachsenenwelt mit all ihren Komplikationen und anstrengenden Dialogen. Ich guckte mir von «Neues aus Uhlenbusch» immer den Vorspann an. Da war nämlich ein gezeichneter Hahn zu sehen, der aufgeregt kikerikite. Doch während der sich noch aufspielte, sah man im Hintergrund schon einen roten Laster heranfahren. Der fuhr den Hahn fast über den Haufen, verfehlte ihn nur ganz knapp, das arme Vieh verlor dabei jedes Mal fast all seine Federn. Ich sah diesen Strip ein ums andere Mal mit gruseliger Faszination. Jedes Mal auf einen gütlicheren Ausgang hoffend, jedes Mal vergeblich. Ich konnte mir kaum erklären, dass meine Eltern «Neues aus Uhlenbusch» für eine gute Sendung hielten.

Ausschalten!

Dass Fernsehen eine pädagogisch wertvolle Angelegenheit ist, glauben heute immer weniger. Die amerikanische Akademie der Kinderärzte empfiehlt, dass Kinder unter zwei Jahren «screen-free» bleiben sollen. Also kein Fernsehen, kein iPhone, kein Nintendo. Und laut einer Studie der Universität von Montreal verschlechtert jede zusätzliche Stunde Fernsehen am Tag die schulischen Leistungen und die soziale Kompetenz und macht auch außerdem dick. Die Wissenschaftler hatten mehr als 1000 Zehnjährige untersucht und erfragt, wie viel sie im Alter von zwei und vier Jahren ferngesehen haben. Ich weiß nicht, was ich von dieser Studie halten soll. Einerseits hätte aus mir also ein Genie werden können, hätte ich weniger vor der Glotze gesessen. Andererseits bin ich ziemlich dünn, ich wiege kaum 60 Kilo. Wenn Fernsehen dicker macht, hat es mir also vielleicht das Leben gerettet, ich kann jedes Kilo brauchen.

Aber hat es meinen Charakter gebildet? Was weiß ich denn überhaupt noch über die beiden Puppen Ratz und Rübe? Als ich am Computer sitze, gebe ich bei Google «Ratz und Rübe» ein und finde bei YouTube einen Ausschnitt der «Rappelkiste», den ich als Kind gesehen habe. Es geht um den Unterschied zwischen Junge und Mädchen. Die zwei Puppen Ratz und Rübe unterhalten sich:

Ratz: «Du hast ja keinen Pimmel!»
Rübe: «Aber dafür habe ich eine Muschi, hähä!»
Ratz: «Das heißt ja gar nicht so, meine Mutter sagt immer: Scheide!»
Rübe: «Oder Schlitzchen!»
Ratz: «Oder Möse!»
Rübe: «Oder Pfläumchen!»
Ratz: «Oder Spalte!»

Rübe: «Ja, zu deinem, da sagt man auch Gurke!»
Ratz: «Meine Mutter sagt dazu immer Glied!»
Rübe: «Oder Schwänzchen!»
Ratz: «Oder Gartenschlauch!»
Rübe: «Oder Elefantenrüssel!»
Ratz: «Komisch ...»
Rübe: «Was?»
Ratz: «Weil du 'ne Muschi hast, spielst du mit Puppen?»
Rübe: «Piep-Piep!»
Ratz: «Doch, Jungs ham' nen Pimmel, und Jungs spiel'n mit der Eisenbahn.»
Rübe: «Ja, ich krieg ja nie eine Eisenbahn ...»

Ich habe die Ausdrücke «Pimmel, Muschi, Scheide, Schlitzchen, Möse, Pfläumchen, Spalte, Gurke, Glied, Schwänzchen, Gartenschlauch, Elefantenrüssel» bei Google eingegeben. Man wird dann auf ein Forum für Amateur-Pornoliteratur verwiesen. Auf solcherlei ist man mit der «Rappelkiste» also bestens vorbereitet worden. Zum Glück habe ich es nicht zu oft geguckt. Ratz und Rübe haben nicht so viel Einfluss auf mich gehabt, denke ich mir. Andererseits – wer weiß? Habe ich meiner Tochter nicht auch eine Eisenbahn geschenkt? Woher hab ich das wohl?

Der Schrecken der Straße

Meine Eltern hatten eine genaue Vorstellung davon, was gutes und schlechtes Fernsehen war. Wertloses Fernsehen war «Barbapapa», das mein Vater als Stuss bezeichnete. (Ich weiß übrigens bis heute nicht wirklich, was Barbapapa war. Die Viecher hatten Augen und sahen aus wie aus Zuckerwatte und bewegten sich voran wie Amöben. Es gab auch Figuren, die an Auberginen erinnerten. Das finde ich vom heutigen Standpunkt aus erklärlich, schließlich war der Erfinder dieser Serie Biologielehrer, wie ich jetzt erfuhr.) Wertloses Fernsehen war auch «Paulchen Panther» und «Tom und Jerry». Denn darin wurde Gewalt dargestellt. Ich durfte es nur gegen leichten Widerstand sehen, weshalb ich es natürlich umso mehr sehen wollte. Gutes Fernsehen hingegen waren «Dick und Doof» und «Pat und Patachon». Da wurde zwar auch Gewalt dargestellt, alle 30 Sekunden hat jemand einen Balken ins Gesicht oder einen Kochlöffel auf den Hinterkopf bekommen. Aber es wurde mit fröhlichen Paukenschlägen untermalt, deswegen war es lustig.

Es war ein beliebtes Motiv, dass Kinder etwas sehen können, aber Erwachsene nicht. So wie bei «Luzie, der Schrecken der Straße». Luzie war ein kleines Mädchen, das in einer trostlosen Stadt wohnt. Es besaß eine Packung Knete, die sie in einem Laden als Mutprobe geklaut hatte. Und aus dieser Knete bildeten sich zwei Männchen heraus. Diese beiden Freunde begleiteten Luzie überallhin und bestanden mit ihr allerlei Abenteuer. Allermeistens musste sie aber vor allem dafür sorgen, dass sie ihre Knetmännchen nicht verlor.

In die Ich-sehe-was-was-du-nicht-siehst-Kategorie fiel auch «Meister Eder und sein Pumuckl». Ein Schreiner bekommt eines Tages Besuch von einem kindlichen Kobold, der sich als Nachfahre der Klabautermänner vorstellte. Pumuckl ließ es immer kräftig scheppern und tobte, aber Meister Eder hatte auch viel Freude mit ihm. Ich nehme an, dass Meister Eder eher ein sehr einsamer Mensch gewesen ist, denn viele Menschen waren nie um ihn herum. Vor allem hat «Meister Eder und sein Pumuckl» aber mein positives Bild von München gezeichnet. München, die Stadt, in der Meister Eder seine Schreinerei hatte, erschien mir als Ort gemütlicher, immer bestens gelaunter Menschen, die für alles Zeit hatten. Heute weiß ich, dass Meister Eder für seine Werkstatt in der Innenstadt kaum die Miete hätte zahlen können. Allerdings habe ich später allerlei Menschen getroffen, die behauptet haben, von irgendwelchen Geistern und Kobolden umgeben zu sein. Insofern schien der Pumuckl so etwas wie eine bayerische Doku-Soap zu sein.

Heidi, Heidi

Aber gibt es sie nicht mehr, die guten Filme? Ich setze mich an den Computer und suche DVDs auf Amazon. Tatsächlich: Wie wäre es etwa mit «Heidi TV Edition 1», vier DVDs mit 624 Minuten Trickfilm von früher? Das bestelle ich sofort. Das ist ein Stoff, den Kinder verstehen.

Heidi, das ist etwas anderes als ein depressives Brot oder ein hyperaktiver Schwamm mit Krawatte.

Drei Tage später sind die DVDs da. Ich rufe die Kinder her. «Jetzt zeig ich euch mal etwas richtig Gutes, etwas, das euer Papa gesehen hat, als er noch klein war. Richtige Trickfilm-Handarbeit.» Die Folge, die wir sehen, heißt «Frühling in den Bergen». Heidi und Peter toben durch die Blumenwiesen. «Papa, warum bewegt denn Heidi ihr Gesicht gar nicht?», will Johanna wissen. Sie hat recht, die Figuren sind starr, nur der Mund geht auf und zu. Oft verharren sie in der einen Pose zehn Sekunden lang, nur um dann eine ruckartige Bewegung zu machen. Heidi bewegt sich wie ein Android. Sie zuckelt mit ihrem Roboterfreund Peter durch eine Bergkulisse, die flach wie eine Tapete wirkt. Die Synchronstimme hat rein gar nichts mit den Mundbewegungen der Charaktere zu tun. Meine Kinder stören sich nicht daran. Aber ich finde es unerträglich. Heidi hat nur einen Blick: Sie reißt die Augen auf, als ob sie gerade ihre Geburtstagstorte sieht. Sie hat nur ein Lächeln, sie lächelt die ganze Zeit, es sieht ein bisschen debil aus. Alles wirkt statisch, im Hintergrund läuft die ewig gleiche Musiksoße. Das war meine Kindheit? Die guten alten Trickfilmer – sie waren alle Pfuscher. Im Abspann sehe ich: «Regie: Isao Takahata». Heidi ist also Japanerin. Meine Trickfilmkindheit kam aus Fernost. Die Zeichner waren emsige Asiaten, die die Alpen nie gesehen hatten. Ich habe meine Jugenderinnerungen an ein Billigprodukt aus Asien verschenkt. «Dürfen wir noch eine Folge sehen?», fragt Johanna. «Ach», sage ich, «ich weiß nicht – wenn ihr meint ...»

Onkel Otto

Für meine Kinder ist KI.KA ein Vollprogramm, das ihnen Unterhaltung, Wissenssendungen und sogar Nachrichten liefert. In meiner Kindheit war das Kinderfernsehen eine Domäne der dritten Programme. Deswegen sahen die dritten Programme auch aus, als wären sie für Kinder gemacht. Ich wuchs in Hessen auf, war also besonders vom Hessischen Rundfunk geprägt. Der Hessische Rundfunk hatte ein Maskottchen namens Onkel Otto. Onkel Otto war ein «Fern-seh-hund». Immer wieder wurde der Onkel-Otto-Trailer gezeigt. Eine Fernsehantenne auf einem Dach (damals hatte man noch Antennen auf dem Dach) empfing offenbar heftige Fernsehsignale, die mit stark pulsierenden konzentrischen Kreisen dargestellt wurden. Dann robbte Onkel Otto durch das Kabel wie durch einen Schlangenmagen und wurde – Tadaaaa! – in einem alten Röhrenfernseher am Ende des Kabels ausgespien. Onkel Otto hatte eine Fernsehantenne auf dem Kopf und einen dicken Schnauzer. Außerdem hatte er einen Neffen, mit dem er in Strips zwischen den Werbespots kleine Abenteuer erlebte. Es wurde nämlich zwischen jedem Werbespot ein kleiner Unterbrecher-Film gezeigt. Die anderen Landesanstalten hatten andere Maskottchen, beim Bayerischen Rundfunk gab es einen Löwen, beim SWR «Äffle und Pferdle», die Dialoge in einer schwachsinnigen Sprache führten, die ich erst viel später als Schwäbisch erkennen sollte. Der SWF beschäftigte die «Telemiezen», eine in Blau, Rosa und Violett gehaltene Katzenfamilie.

Wahrscheinlich war die Werbung den Rundfunkanstalten damals noch etwas unangenehm, sie versuchten, sie etwas zu versüßen.

Am liebsten guckten wir die Werbung beim ZDF, dort gab es die Mainzelmännchen, die ein «Gudn Aaaaabnd» am Anfang des Werbeblocks johlten. Es gibt sie heute immer noch, aber sie sehen heute aus wie japanische Manga-Charaktere mit Strubbelfrisuren, Handys und Laptops. Es ist irgendwie würdelos. Die Senderväter haben offenbar versucht, sie zeitgemäßer zu gestalten, damit die «Kids» sich davon wieder «mitgenommen» fühlen. Die Kids aber würden über die veralteten Handys der Mainzelmännchen allenfalls lachen. Doch sie haben bestimmt noch nie ein Mainzelmännchen gesehen, denn dazu müssten sie ja ZDF gucken. Und das macht man erst im Alter.

Die Werbefilme fand ich ebenso toll wie die Unterbrecher. Es gab Werbung, die sich im Dienst der Kinder an die Mütter richtete. Etwa die für Kinder-Schokolade. Da verteilte eine Mama vorbildlich Schokoriegel an ihre kleinen «Schlauberger». Etliche Spots wendeten sich noch direkter an die Kinder selbst. Immer wieder wurden die «Wauzis» annonciert («Wir sind die Wauzis, haben keine Mama, haben keinen Papa – niemand hat uns lieb»). Die Wauzis waren betroffen dreinblickende Stoffhunde, die ihr bedauernswertes Leben im Tierheim fristeten. Den Kindern wurde empfohlen, sie freizukaufen und ihnen ein neues Zuhause zu geben.

Ich interessierte mich eher für die Carrera-Rennbahnen, auf denen man tolle Verfolgungsjagden zwischen Polizei und Gangstern nachspielen können sollte. Es gab auch Werbung für Unterhosen mit «Superman»-Aufdruck. Die wollte ich auch haben, bekam sie aber nie.

Werbefilme wendeten sich entweder an Kinder oder an Hausfrauen. Werbung für Autos gab es nicht. Schlimm in Erinnerung geblieben ist mir ein Spot von Palmolive. Eine Hausfrau wendet sich an ihre Kosmetik-Beraterin, die Tilly heißt. Die arme Hausfrau hat «Spülhände». Tilly rät ihr zu Palmolive, das die Hände schon beim Spülen pflege. «Sie baden gerade Ihre Hände darin.» – «In Spülmittel?» – «Nein, in Palmolive.» Ich habe bis heute nicht verstanden, wie man im Gespräch mit einer anderen Person geistesabwesend die Hand in ein Schüsselchen mit grüner Flüssigkeit tunken kann. Was wäre gewesen, wäre da Schwefelsäure drin gewesen? Aber deswegen erinnere ich mich nicht an diese Werbung. Sondern weil ich in meiner Kindheit «Tilli» genannt wurde. Immer wenn jemand meinen Namen erfuhr, lachte er: «Sie baden gerade Ihre Hände darin.» Palmolive ließ diesen Spot viele Jahre laufen. Deswegen habe ich nie ein Palmolive-Produkt gekauft. Falls diese Marke mal pleitegeht, will ich mein Möglichstes dazu beigetragen haben.

Meine Schwester fand die Werbung weniger interessant. Sie stand vor allem auf die Umschaltpausen zwischen den ARD-Sendeanstalten. Im Hessischen Rundfunk waren übereinandergestapelte Kisten zu sehen, in denen kleine Katzen herumkletterten. Ich konnte mir nie erklären, was die Katzen machten, wenn gerade nicht Sendepause war. Was geschah überhaupt in der Umschaltpause? Ich stellte mir vor, wie ein einsamer Fernsehtechniker zwischen großen Apparaten saß, mit Hunderten Knöpfen, Hebeln und Steckern und Kabeln, die er umschalten, umstecken, umpolen musste, bis die großen Maschinen wieder liefen. Und währenddessen nervte ihn das Gemaunze der Katzen. Wahrscheinlich war es auch genau so.

Herr Rossi

Als ich Kind war, war das Fernsehen für mich ein Fenster zur Welt. Mein Playmobil, den Garten, die Stofftiere kannte ich ja schon – aber das, was im Fernsehen kam, war jeden Tag neu. Fernsehsendungen zählen zu meinen besten Kindheitserinnerungen:

- Bei «**Marco**», der Trickfilmserie, bei der ein kleiner Junge seine nach Südamerika ausgewanderte Mutter sucht, erfuhr ich zum ersten Mal, dass es eine Stadt namens Buenos Aires gibt, in einem Land namens Argentinien.
- Ohne «**Löwenzahn**» und die «**Sendung mit der Maus**» hätte ich noch heute keine Ahnung, wie ein Bleistift entsteht. Es waren eben nicht die Eltern, die mit ihren Kindern Führungen durch die Fabrikhallen gemacht haben, um den Kleinen zu zeigen: «Schau mal, da ist eine Wanne mit Hartlack, da werden jetzt die Bleistift-Rohlinge eingetaucht, damit sie sich nachher schön anfassen lassen.» Nein, die Redakteure der allgemeinen Rundfunkanstalten waren es, die sich überall herumtrieben in den Fertigungshallen der stifteproduzierenden Industrie.
- Hätte ich nicht «**Die Waltons**» gesehen, eine Serie, die das schwierige Leben einer amerikanischen Großfamilie in den zwanziger Jahren beschreibt, hätte ich erst 30 Jahre später aus der Zeitung erfahren, dass es so etwas wie Wirtschaftskrisen gibt.
- Ohne die Trickfilme von «**Herr Rossi sucht das Glück**» wäre mir nie klar geworden, dass es gar keinen Zweck hat, nach Glücksmaximierung zu streben. Man ist immer weniger glücklich als der eigene Hund.
- Die Serie «**Es war einmal ... DER MENSCH**» erklärte mir alles über die Menschheitsgeschichte. Im Trailer dieser Zeichentrickproduktion wurde nämlich die gesamte Erd- und die Zivilisationsgeschichte in eineinhalb Minuten dargestellt. Und auch, wie es wohl weitergeht: Am Ende der Sequenz explodiert die Erde wie ein Knallkörper.
- «**Catweazle**» weckte mein grundsätzliches Interesse am Mittelalter. Es handelte von einem Zauberer, der sich durch einen verunglückten Trick aus dem ungemütlichen 11. Jahrhundert mitten in die siebziger Jahre katapultiert. Ich lernte auch, dass die siebziger noch schlimmer waren als das Mittelalter.

- **«Hallo Spencer»** zeigte mir, wie man Konflikte löst. Die Puppenserie spielte in einem kleinen Dorf, in dem die ulkigsten Puppenfiguren lebten. Der Drache Kasimir mit dem Grammatikfehler («Ich will dir fressen»), der immerzu alle bedrohte, aber einfach zu drollig war, um jemandem ein Haar zu krümmen. Es gab besserwisserische Zwillinge mit knallroten Köpfen, einen bärbeißigen Zottel Nepomuk, der immer etwas zu werkeln hatte. Und dann war da Spencer, der in einer Art Fernsehstudio saß und dem Zuschauer live von den Geschehnissen im Dorf berichtete. Regelmäßig waren die Bewohner so zerstritten, dass sie ein Wunderwesen namens Galaktika anrufen mussten, das dann in einer Art Kristall-Ufo ins Dorf hinabfuhr und den Bewohnern Rat gab. Die Message war: Wann immer etwas fürchterlich schiefgeht – hoffe einfach auf Hilfe aus dem Himmel.
- Sehr lehrreich war auch **«Pan Tau»**: Die tschechische Serie über einen elegant gekleideten Herrn mit Nelke im Knopfloch, Regenschirm und Melone auf dem Kopf. Pan Tau hat nie etwas gesagt, er kommunizierte ausschließlich pantomimisch. Ich lernte: Halte einfach deinen Mund, und jeder traut dir alles zu, sogar, dass du zaubern kannst.
- Und dann war da noch **«Robbi, Tobbi und das Fliewatüüt»**: Ein Junge fliegt mit einem Hubschrauber durch die Gegend, und sein bester Freund ist ein Roboter. Mehr kann ein junger Mensch nicht erreichen.

Schlupp vom grünen Stern

Aber vielleicht kann ich ja auch vom heutigen Trickfilm etwas lernen. Ich folge also dem Wunsch meiner Kinder und gehe mit ihnen ins Kino. Wir schauen uns «Die Schlümpfe 3-D» im Kino an. Der böse Zauberer Gargamel sieht in 3-D noch viel bemitleidenswerter aus. Wie ein ausgebrochener Patient einer Irrenanstalt. Die Schlümpfe sind mal wieder topp. Sie reisen sogar nach New York und finden Unterschlupf bei Neil Patrick Harris. Wer kann das schon? Gargamel der Einfaltspinsel, folgt ihnen in die Weltstadt und wird vom Lkw überrollt. Die Kinder im Kino sind still, meine auch. Sie können dem Rausch schneller Bildfolgen kaum folgen. Aber all die Eltern im Saal lachen schadenfroh. Offenbar bin ich der einzige Mensch auf der Welt, der Mitleid mit einem verwirrten Bösewicht empfindet, der von Autos gerammt wird. Vielleicht sind all die Turbokapitalisten und Ellbogenschieber, die unsere Gesellschaft immer wieder in Schwierigkeiten bringen, durch die Schlümpfe geprägt worden. Noch ein missglücktes sozialistisches Experiment.

Alles ist in 3-D heute. Dabei hatten wir auch dreidimensionale Figuren im Fernsehen, die sich genauso unnatürlich bewegten wie die heutigen 3-D-Helden. Das waren vor allem die Marionetten der «Augsburger Puppenkiste». Die Puppenkiste bot etwa die Verfilmung von Urmel, das Sams und natürlich die Geschichten von Jim Knopf und Lukas, dem Lokomotivführer. In der Augsburger Puppenkiste war Kalle Wirsch, der König der Erdmännchen, unterwegs und auch der Räuber Hotzenplotz. Es gab sogar eine Weltraumsaga: «Fünf auf dem Apfelstern» – eine Kinder-Adaption vom «Krieg der Sterne». Und da waren auch Geschichten, die wirklich zum Fürchten waren, etwa «Don Blech». Es ist ein Frankenstein-Plot fürs Kinderzimmer. Die Geschichte handelt von einem pensionierten Ritter, der in seiner Freizeit ein blechernes Reiterstandbild erbaut. Der Blitz fährt rein, und der Blechritter wird lebendig und zieht wütend und randalierend durch die Lande. Das kann einen kleinen Jungen schon beeindrucken. Zudem war die Marionettenfigur von Don Blech auch noch aus Weißblechdosen zusammengelötet. Solche gab es ja in jedem Haushalt zuhauf. Von da an machte ich einen Bogen um diese Dinger.

Das Gute an der «Augsburger Puppenkiste» war, dass man sie bis zum Abwinken gucken durfte. Meine Eltern waren zwar der

Meinung, Fernsehen schade der Phantasie. Aber die «Augsburger Puppenkiste» gab meinen Eltern das Gefühl, es handele sich nicht um ein niveauloses TV-Spektakel, sondern um den Besuch eines Puppentheaters. Dabei war es das mitnichten. In Wahrheit mobilisierte die «Augsburger Puppenkiste» alles an Special Effects, was ihr zur Verfügung stand. Ständig explodierten Rauchpatronen, Unterwasserlandschaften leuchteten geheimnisvoll, wenn Lukas' Lokomotive hindurchtauchte. Die «Augsburger Puppenkiste» war exaktes Storywriting mit modernem Filmschnitt. Nicht eine einzige Szene aus einer Puppenkiste-Produktion wäre auf einer Puppenbühne darstellbar gewesen. Es gab sogar ein Roboter-Epos der «Augsburger Puppenkiste» namens «Schlupp vom grünen Stern». Dort blinkten allenthalben Dioden, Raketenmotoren brummten, Raumschiffe landeten auf der Erde, und Außerirdische jagten desertierende Roboter.

Die «Augsburger Puppenkiste» gab Eltern das Gefühl, ihr Kind nicht hirnloser «Action» preiszugeben, und tat aber ganz genau das. Schließlich ist der Plot von «Urmel aus dem Eis» – ein Waran schwärmt ständig von seiner «Mupfel»-Muschel – dicht dran an dem von «Jurassic Park» oder «Godzilla»: Ein aufgetauter Dinosaurier trampelt über eine Insel und wird dort von einem Großwildjäger im Hubschrauber gejagt. Dann muss er in einer Höhle mit einer Riesenkrabbe rangeln, während die ganze Insel durch einen Vulkanausbruch in die Luft fliegt. Das war ganz großes Kino.

Captain Future

Noch wichtiger als die Sendungen, die ich sehen durfte, waren für mich die Sendungen, die verboten waren. Ich bin mir sicher, dass ich zu einigen Kindern in der Nachbarschaft nur Kontakt aufgenommen habe, weil sie einen Fernseher hatten, der all das verpönte Zeug ausspuckte.

Nicht einen einzigen Film mit Bud Spencer und Terence Hill habe ich zu Hause gesehen. Meine Eltern waren der Meinung, dass man mit solchen Filmen nur lernt, seine Konflikte mit Gewalt zu lösen. Wie gerne hätte ich das gelernt, sie haben es mir aber nicht beigebracht.

Ebenso verboten, aber viel prägender für mich war die Zeichentrickserie «Captain Future». Captain Future war ein gutaussehender Wissenschaftler, der mit einen Raumschiff namens «Comet» durch das All rauschte, das aussah wie eine Fusion aus Golfball und Zahnstocher – ständig verfolgt von irgendwelchen intergalaktischen Bösewichten und bewundert von seiner Begleiterin Joan. Sie hatte blonde Haare und lebte in einer Art keuscherotischen Bewunderung für Captain Future (ein ganz ähnliches Verhältnis hatten übrigens später auch Jodie und Colt Sievers in der Fernsehserie «Ein Colt für alle Fälle»). Captain Future stand auch ein cooler Roboter zur Seite und vor allem: ein fliegendes Gehirn. Dieses stammte von «Prof. Simon Wright», der auch ein angesehener Wissenschaftler war, von dem aber nur noch der Inhalt seines Schädels existiert. Der liegt in einem Spezialbehälter unter einer Glaskuppel und kann schweben. Simon hatte immer einen guten Ratschlag parat. Im Grunde war die Welt von Captain Future für mich perfekt. Eine schöne blonde Frau zu haben und ein externes Gehirn. Was will man mehr?

Ich erfuhr neulich, dass Captain Future eher durch ein Versehen ins Nachmittagsprogramm gerutscht war, eigentlich war die Sendung für jugendliche und junge Erwachsene konzipiert gewesen. Die Ausstrahlung hatte viele Elternproteste zur Folge. Für mich entstanden durch «Captain Future» aber erst die hohen Erwartungen an die Zukunft. «Pinocchio» spielte in der Trostlosigkeit einer Schreinerwerkstätte. Captain Future aber hatte ein Raumschiff. Ähnlich faszinierend sollte später für mich nur «Raumschiff Enterprise» sein, wo im Vorspann das Raumschiff unerklärlicherweise mehrmals aus der Richtung durchs Bild zischte, aus der es gerade schon gekommen war (Raumschiff Enterprise durfte ich selbstredend auch nur bei Freunden schauen).

Heute suche ich im Kinderprogramm vergeblich Science-Fiction-Serien. Aber ich sehe in den Regalen der Buchhandlungen jede Menge Ratgeber für verzweifelte Eltern, die erklären, wie man seinen Kindern die richtige Haltung fürs Leben vermittelt. Vermutlich gibt es da einen Zusammenhang.

Captain Future, das war mein Held. Und ich glaube, nun verstanden zu haben, dass es keinen Sinn macht, Kindern ihre Helden vorzuschreiben. Wenn meine Töchter einen Fisch verehren, soll es so sein. Ich gebe mich geschlagen – ich bestelle bei Amazon die neue DVD vom Regenbogenfisch, zwölf Folgen. «Kinder, kommt, wir können jetzt zusammen eure Lieblingssendung sehen», rufe ich ins Kinderzimmer, «die Abenteuer vom Regenbogenfisch.» Die Kinder gucken kaum von ihrem Spiel auf. «Wir gucken jetzt keinen Regenbogenfisch mehr», sagt Johanna: «Wir gucken jetzt Yakari.» – «Yakari – wer ist denn das nun schon wieder?», entgegne ich. «Das ist ein kleiner Indianerjunge, der ganz, ganz mutig ist. Und er hat ein Pony, das Kleiner Donner heißt. Und Kleiner Donner ist das allermutigste aller Ponys, und es kann sprechen.» – «Ah», sage ich und lasse die gezückte DVD-Hülle sinken. Ich setze mich zu den Kindern, die gerade Schleich-Pferde zwischen sich hin und her schieben. «Und was erzählt denn Kleiner Donner so?» Meine Kinder haben offenbar so viele Helden, da muss ein Vater sich einreihen können, um seinen Platz in dieser Galerie zu finden.

Kaninchentod

Wenige Tage später klingeln morgens Kinder an der Tür Sturm. Sophie ist auch dabei, das Wort führt aber Friederike, die ein Stockwerk über uns wohnt. «Es ist etwas ganz Schreckliches passiert, etwas Furchtbares.» Wenn Kinder etwas «ganz

Schreckliches» identifizieren, kann es sein, dass es etwas völlig Harmloses ist. Manchmal ist es aber wirklich schrecklich, was Kinder schrecklich finden – und an diesem Morgen ist es so. «Euerm Kaninchen geht es ganz schlecht!» Kaninchen geht es entweder gut oder ganz, ganz schlecht. Dazwischen gibt es nichts. Kaninchen leben oder sind tot. Nachdem ich in eine Hose gesprungen und die Treppen hinunter zum Kaninchenstall gestürmt bin, stelle ich fest: Das Kaninchen ist tot, jedenfalls so gut wie. Es hockt apathisch in einer Ecke und rührt sich kaum, nicht einmal, wenn man es anstupst. Die vier Stallkollegen drängen sich in einer anderen Ecke, sichtlich verstört, aber offenbar unverletzt. Nachbar Ansgar ist schon unten. In seinem Gesicht hat eine Art Leichenstarre eingesetzt. Der Kleintiertod hat bei ihm angeklopft, und er hat nicht mit dem Besuch gerechnet. Er guckt mich an, als ob ich daran etwas ändern könnte. Als ob ich dem Kaninchen die Hand auflegen könnte. «Ein Tier», sagt Ansgar nur, «es muss ein Tier gewesen sein.» Er habe schon mit anderen Nachbarn gesprochen. In der Nacht habe es unglaublichen Radau im Stall gegeben, lautes Fiepen. Jemand habe sogar mit der Taschenlampe hineingeleuchtet, aber nichts entdecken können. Eine Katze vielleicht? Ein Marder? Offensichtlich ist nur, dass eines unserer Kaninchen völlig lädiert ist. Ich weiß, was nun kommt: der finale Gang zum Tierarzt. Tierärzte sind die Todesengel der Kindheit. Mag sein, dass jemand in der Verwandtschaft stirbt, eine Oma oder ein Großonkel. Aber normalerweise ist der Erste, der dich mit dem Tod bekannt macht, ein Veterinärmediziner. Mag sein, dass sie das Rheuma eines Hundes lindern können und die Koliken einer Katze sogar heilen. Für die Patienten aus den Kinderzimmern gibt es dagegen kaum Hoffnung. Der Tierarzt erzählt dir von einer hoffnungslosen Lungenentzündung deines Hamsters, von einem Krebstumor deiner zahmen Ratte, er zeigt dir den gebrochenen Flügel des Vögelchens, das du vor einer Fensterscheibe auf dem Boden gefunden hast. Es kommt einem so vor, als würden sie ausschließlich damit ihr Geld verdienen. Mit sachte vorgetragenen, ausweglosen Diagnosen und dem sicheren Griff in die Schublade, wo die Todesspritze bereitliegt.

Ich erkläre mich bereit, mit dem Kaninchen zum Kleintierarzt zu gehen, und Ansgar ist sichtlich dankbar. Unangenehmerweise spüre ich eine gewisse Befriedigung: endlich mal etwas, von dem ICH etwas mehr verstehe als alle anderen. Ich habe als Kind Tiere gehalten, die anderen nicht. Meine Kindheit hat mich auf den Tod vorbereitet. Sachte greife ich das Kaninchen, als ich es hochhebe, krampft es vor Schmerzen zusammen. Ich hebe es in den Transportkäfig, in dem es vor ein paar Wochen erst zu uns gekommen ist, und mache mich auf den Weg. Die Kinder schlafen noch, es ist wohl besser, ich bin weg, wenn sie aufwachen. Beim Tierarzt ist noch nicht viel los. Ein altersschwacher Hund braucht Vitamine, eine Katze wird geimpft. Ich hocke mit dem Kaninchenkäfig auf meinem Schoß da und sehe das versehrte Tier an. Was hab ich dir angetan, indem ich dich in unseren Garten geholt habe? Wärest du nicht in irgendeinem Kinderzimmer besser aufgehoben gewesen?

Die Tierärztin tastet das Kaninchen kurz ab und schließt: Mehrere Rippenbrüche, Knochenteile haben sich in die Lunge gebohrt. «Ich kann es nur noch erlösen.»

Während das arme Tier an einer Überdosis Narkosemittel entschläft, klärt mich die Tierärztin auf, womit man bei so einem Kaninchenstall in einem Berliner Hinterhof rechnen muss. Da seien etwa die Füchse. Man brauche also einen hohen Zaun, um wenigstens die Füchse abzuwehren. Aber der helfe nicht gegen Marder und Katzen. Und schon gar nicht gegen Falken und Elstern. Die Elstern kommen von oben in die Gehege, hacken die Tiere tot und lassen sie liegen. Sie picken höchstens die Augen aus. Ein Kaninchengehege muss also nach allen Seiten abgeschirmt werden. Um in der Großstadt ein Kleintier zu pflegen, braucht man einen Hochsicherheitstrakt.

Als ich mit dem Käfig und dem Kadaver zurückkomme, ist die Nachbarschaft nicht mehr im Hof, sie hat sich zurückgezogen, um nicht bei dem dabei zu sein, was jetzt kommt. Ich stelle den Käfig ab und gehe zum Geräteschuppen. Da muss der Spaten sein.

Kleintierfriedhof

Die Tierärztin hat mit zuvor eine Anleitung für ein Kleintierbegräbnis gegeben. Sie sagte, dass man mindestens 50 Zentimeter tief graben muss. Sonst fängt es über der Erde an zu stinken, wenn das Tier verrottet, oder andere Tiere graben es wieder aus. Es scheint ja einiges an Tieren unterwegs zu sein in Berlin.

Während ich schaufle, kommen Johanna und Frida zu mir herunter. «Ist Lina tot?», fragt Johanna. Frida ist still. «Ja», sage ich so getragen, wie es möglich ist, wenn man gerade ein Loch aushebt, «Lina hat sich so schlimm weh getan, dass die Tierärztin sagte, dass es das Beste für sie ist, wenn sie ihr eine Spritze gibt und sie einschläft.» – «Und wacht sie wieder auf?», fragt Frida jetzt. «Nein, sie wacht nicht mehr auf.» Frida hockt sich vor den Transportkäfig, in dem das tote Kaninchen langgestreckt liegt. «Warum?», fragt sie. «Sie ist gestorben. Sie ist jetzt im Kaninchenhimmel.» Was habe ich da gerade gesagt? Kaninchenhimmel? Konnte mir nichts Blöderes einfallen? Ich hatte mir eigentlich vorgenommen, meine Kinder nicht mit religiösen Vorstellungen zu überfrachten, schon gar nicht mit Jenseits-Modellen. Ich hatte einmal eine Religionslehrerin, die uns vom Himmel erzählte. Die rechtschaffenen Menschen kämen dorthin und seien dann an «Gottes Seite». Wer im Leben selbstsüchtig gewesen sei und nicht nach Gottes Wille gelebt habe, sei «fern von Gott». Ich konnte mir als Kind natürlich nicht so recht vorstellen, wie es aussieht an Gottes Seite im Himmel. Wahrscheinlich muss man da die ganze Zeit still sitzen. Noch weniger war mir klar, was der Unterschied sein würde, nah bei ihm zu sein oder fern von ihm. Ich stellte mir vor, nah bei Gott sei es ziemlich eng, ein ganz schönes Gedränge und Geschiebe. Fern von Gott würde man bestimmt eher ein gemütliches Plätzchen finden. Es wurde mir auch nicht klar, warum man überhaupt die ganze Zeit dort «sein» musste. Durfte man im Himmel nicht rumlaufen? Was ist, wenn man mal aufs Klo muss? Meine Religionslehrerin war über diese Frage nicht sehr glücklich, das hatte ich damals gleich gemerkt. «Im Himmel muss man nicht aufs Klo», sagte sie.

Nun, das zumindest kann ich nun bestätigen: Lina, das verstorbene Kaninchen, muss nie mehr aufs Klo. Und ich habe auch gelernt: Wenn man als Vater genötigt ist, seinen Kindern den Tod zu erklären, greift man sofort nach der erstbesten religiösen Hilfskonstruktion, um das Thema etwas zu entschärfen. Kein Wunder, dass der Papst so viel Geld einnimmt: Er bietet eine Ware an, die einfach jeder braucht.

Zum Glück fragt Frida nicht weiter nach dem Kaninchenhimmel. Ich aber muss die ganze Zeit daran denken: Vielleicht sieht es im Kaninchenhimmel aus wie im Hasenwunderland. Das ist ein hundert Jahre altes Kinderbuch von Josephine Siebe, das mir meine Mutter gerne vorgelesen hat. Im Hasenwunderland tanzen die kleinen Hasen mit Elfen, und sie haben bunte Ohren, und es regiert ein Hasenkönig.

Das Loch ist nun fertig, ich öffne den Käfig und sage, dass die Kinder ihr Kaninchen noch einmal streicheln sollen. Und sich anschauen sollen, wie friedlich es nun ist. Sie streichen behutsam übers Fell. «Sonst hat sich Lina ja nie streicheln lassen», sagt Johanna zufrieden. «Wir brauchen jetzt Blumen für ein richtiges Begräbnis und ein Kreuz, könnt ihr Blumen für Lina pflücken?» – «Au ja!», jubeln beide. Normalerweise ist es ihnen nämlich verboten, Blumen im Hof zu pflücken. Nun reißen sie begeistert von Nachbars Rabatten die Köpfe ab. Nach wenigen Minuten haben sie ein Blütenbett in das düstere Loch gelegt. Vorsichtig lege ich das tote Tier hinein. Dann machen sie aus Blüten noch eine Bettdecke. Johanna ist auch der Meinung, dass zu einem richtigen Grab ein Kreuz gehört. Sie findet zwei Stöcke, und ich helfe ihr, sie mit einer Kordel zu einem Grabkreuz zusammenzubinden. Frida holt aus der Küche noch ein leeres Marmeladenglas, und darin landet ein dicker Strauß vom Rest, was die Blumenkästen so zu bieten haben. Mir fällt ein, dass unter der Spüle noch Grabkerzen stehen, die von der Geisterbahn, die ich zu Johannas Geburtstag aufgebaut habe, noch übrig sind. Ich drücke jedem Kind eine in die Hand. Am Schluss steht die ganze Familie mit gefalteten Händen vor Linas Grab und sagt Tschüs. Nachdem die Kinder noch die Kerzen abgestellt haben, sieht es beinahe aus wie ein richtiges Grabmal auf dem Friedhof. «Papa, wie sieht es denn im Kaninchenhimmel aus?», fragt Frida jetzt doch. «Lina tanzt dort mit Elfen, bekommt bunte Ohren, und es gibt einen Hasenkönig. Und weil Lina ein so gutes Kaninchen war, darf sie ganz nah beim König sitzen», sage ich. Nach einer Weile trollen sich die Kinder wieder und spielen etwas anderes. Ich stehe mit Anna noch eine Weile vor dem kleinen Häuflein Vergänglichkeit. «Ich muss sagen, die Kinder haben das echt gut verarbeitet», sage ich. Anna meint: «Hmmm.» Das ist mir etwas zu wenig des Lobes: «Ich würde fast sagen, die Beerdigung war ein voller Erfolg ...», beglückwünsche ich mich selber. «Findest du?», meint Anna. «Ich bin mal gespannt, ob die Kinder bei deinem Begräbnisfest verstanden haben, was es heißt, um jemanden zu trauern.» – «Das nächste Kaninchen kannst ja DU beerdigen!», gebe ich zurück. Da stößt Johanna noch einmal zu uns: «Papa, wann bekommen wir denn das nächste Kaninchen?»

Ich weiche Annas Blick aus, weil passenderweise das Telefon klingelt. «Hallo Michael», rufe ich dankbar in den Hörer. «Wie geht's? ... Wirklich? Ihr habt ein Pony gekauft?»

«Ich will kein Kaninchen mehr, ich will auch ein Pony haben», höre ich Johanna rufen.

5. Kapitel:
Mai – Holzkinder gegen Plastikkinder

➥ Warum Fleischmann besser war als Märklin, Playmobil mehr Spaß machte als Lego – und Stofftiere sich im Kinderzimmer von selbst vermehren.

Ein Bagger!

Es ist nicht so leicht, die Romantik des Frühjahrs erlebbar zu machen, wenn man in den Schluchten einer Großstadt wohnt. Großstädte bestehen ja zu einem nicht unerheblichen Teil aus Menschen – und Menschen neigen dazu, von anderen Menschen genervt zu sein. Es ist ja nicht einmal erlaubt, auf dem Balkon zu grillen. Würde man in München so etwas veranstalten, hätte dies vermutlich einen Löscheinsatz zur Folge. Als ich als junger Mann in München studierte, brannte mir mal eine Suppe auf dem Herd an. Der Dampf, der dabei aus dem Fenster quoll, war stark genug, um den Hausmeister Sturm klingeln zu lassen, er hatte mit einem Zimmerbrand gerechnet.

In Berlin ist das anders. Die Hauptstädter sind mit einer solch herzlichen Ignoranz gesegnet, dass sie sich von Brandgeruch nicht stören lassen. Vielleicht denken sie sogar, dass es irgendwo brennen könnte. Aber eben nicht bei ihnen, nicht in ihrer Wohnung. Und außerdem brennt es in Berlin ja ständig irgendwo. Autos, Wahlplakate, Kinderwagen – man kann sich ja nicht um alles kümmern.

Berlin ist wohl die einzige deutsche Großstadt, in der man ungestraft im Hinterhof ein Lagerfeuer machen kann – ein richtiges Lagerfeuer aus Buchenholzscheiten, Dachlatten und allem. Das ist gut für mich, denn das Lagerfeuermachen ist eine der wenigen Sachen, die ich wirklich kann. Mein Vater hat mir das beigebracht: Man knäult etwas Papier, legt darum ein paar dünne Zweiglein, darum ein paar dickere – und so weiter. Bis man schließlich noch ein paar Dachbalken auf die Pyramide draufpackt. «Mit einem Streichholz», sage ich Anna, «könnte ich einen ganzen Wald anzünden!» – «Also, mir reicht eigentlich schon, wenn ein kleines in der Feuerschale knistert», sagt sie. «Ja, natürlich.»

Frank kommt mit Helena heute Abend. Wir werden die neue

Feuerschale einweihen und ein paar Bier trinken. Außer Helena natürlich – Helena ist hochschwanger, und wer heute schwanger ist, hat sogar Angst, jemanden zu küssen, der gerade eine Bierflasche in der Hand hält.

«Kannst du wirklich ein Feuer mit nur einem Streichholz anmachen?», fragt Frida, während ich das Holz schichte. Wenn ein Kind einen Satz sagt, der mit «Kannst du wirklich» beginnt, gibt es leider kein Halten mehr für mich. So einen Satz beantworte ich immer, immer, immer mit «JA». Wenn Frida fragen würde: «Kannst du wirklich die Wände hochgehen?», würde ich mich in King Louis, den Affenkönig aus dem Dschungelbuch, verwandeln und sogleich eine Fassade erklimmen, wahrscheinlich abstürzen und mir das Kreuz brechen. Zum Glück hat Frida mich das noch nicht gefragt.

«Natürlich kann ich das!», sage ich. Denn im Unterschied zu King Louis bin ich als Feuerteufel nicht so schlecht. Um mein Kind aber auf gar keinen Fall zu enttäuschen, gieße ich reichlich Grillanzünder zwischen die Holzscheite. Dann halte ich ein Streichholz daran.

«Wuff», macht es.

Ich wusste gar nicht, dass Feuer bellen können, denke ich und sehe mich nach Frida um. Die ist aber schon weggelaufen und schreit: «Mama, es brennt!» Jetzt merke ich, dass es nach verbrannten Haaren riecht. Später, als wir auf umgedrehten Bierkisten gemeinsam mit meiner neuen Frisur um das Feuer herumhocken, unsere Bierflaschen (Helena: Bionade) umklammern und ein bisschen träge in die Glut schauen, spielen die Kinder längst wieder abseits. Sollen sie doch, denke ich. Kinder verstehen die meditative Wirkung langsam einen Baumstamm verzehrender Flammen eben nicht. In dreißig Jahren werden sie auch mit etwas blöden Augen vor so einem Feuer sitzen. Wenn es dann noch erlaubt sein sollte, irgendwo in Deutschland ein Feuer zu machen.

Alle Themen, die es am Abend zu besprechen gab, haben wir schon verfeuert wie das Brennholz. Die Schulwahl, Ärger am Arbeitsplatz, die Steuer, der Euro, die Elternzeit, die Frank nehmen will, wenn Hans geboren ist. Jetzt schweigen wir und hören dem Knistern zu. Hans, denke ich noch, Leute nennen ihre Kinder wieder Hans. Eigentlich ein schöner Name, denke ich. Warum fand man ihn immer unmöglich? Es scheint so zu sein, dass alle, alle Namen, die uns früher undenkbar schienen, der Reihe nach wieder die Hitlisten hochklettern. Was kommt als Nächstes: Eugen? Otto? Kurt?

«Hrmrhmrm», räuspert sich Frank plötzlich, «Tillmann, möchtest du der Patenonkel von Hans werden?» Wie von einem Stromschlag geküsst, schnelle ich aus meiner Rammdösigkeit hoch. Ein Sohn, denke ich: endlich ein Patensohn. Endlich werde ich Spielwelten, die ich als Junge gehabt habe, wiederaufleben lassen können. Schluss mit Arztköfferchen, Puppen und Schminksets. Die Zeit der Männer bricht an. Die Flammen knistern noch ein wenig, bis ich sagen kann: «Ja, natürlich, was für eine Ehre!»

Einen Moment glaube ich, das Licht Gottes fiele auf mich. Aber es ist doch nur der Scheinwerfer des Polizeihubschraubers mit seiner Wärmebildkamera, der laut flappernd über uns steht. Sie suchen nach Autoanzündern. Der Hubschrauber dreht wieder ab. Ach, nur ein Wohnungsbrand, nicht unser Problem, denken sich die Piloten wahrscheinlich. Ist eben Berlin hier. Ein Berlin mit einem Patenonkel mehr.

Endlich Patenonkel: Jetzt gibt es einen Grund, Spielzeug einzukaufen. Patenonkel-Spielzeug. Patenonkel-Spielzeug unterscheidet sich von Elternspielzeug dadurch, dass es keinen pädagogischen Wert braucht, nur Attraktion. «Ich kaufe Hans einen Bagger», sage ich am nächsten Tag beim Frühstück, «einen richtigen, gelben Bagger.» – «Wozu braucht denn ein Baby einen Bagger?», fragt Anna hinter ihrer Kaffeetasse hervor. «Wir sollten zur

Geburt etwas schenken, vom dem der Kleine lange etwas hat. Vielleicht ein schönes Stofftier, so eines von Steiff.»

«Hm, ein Stofftier ...» Ich bin eher mittelmäßig begeistert von der Idee. Kann ein Stofftier noch etwas Besonderes sein? «Tillmann», hebt Anna an, und wenn sie einen Satz mit meinem Namen beginnt, dann kommt Kritik: «Mach doch einfach mal was Normales, du beschenkst ja nicht dich, sondern ein Kind und auch seine Mutter. Bestimmt freut sich Helena total über ein schönes Stofftier! Mach doch einfach mal etwas Normales!» Sie ist genervt von mir.

Als Kind bekam ich mal eine Stoffkatze von Steiff geschenkt. Und dann auch mal einen Steiff-Fuchs. Und auch eine Steiff-Maus. Ich hatte natürlich auch einen Bären (nicht von Steiff), der Bär machte aber nicht sehr viel Freude, weil seine linke Tatze bald durchgescheuert war und die Strohfüllung herausquoll. In meiner Vorstellung waren die Stofftiere miteinander gut befreundet. Sie waren vielleicht nicht so tolle Freunde untereinander, wie sie mit mir befreundet waren. Aber sie teilten mein Bett miteinander. Und wenn man ein Bett teilt, sollte man sich schon einigermaßen verstehen. Meine Stofftiere tranken Tee zusammen, und hin und wieder zankten sie sich oder bestiegen zusammen in einer Expedition einen der orangen Flötotto-Schränke in meinem Kinderzimmer. Sie konnten ja nichts Aufregenderes machen als ich. Das setzt dem Handlungsspielraum eines Stofftieres natürliche Grenzen.

Die Stofftiere meiner Töchter hingegen können untereinander nicht befreundet sein. Allenfalls als Facebook-Freunde. Es sind einfach zu viele. Sie lagern auf dem Kleiderschrank, sie umringen das Bett und füllen ganze Kisten. Es ist wie in einem Tierasyl. Es stinkt weniger, es staubt dafür mehr. Ich weiß nicht, woher sie kommen. Sicher, auch ich habe schon das eine oder andere Plüschtier gekauft. Einen schwarzen Hund, einen weißen Eisbären und auf das inständige Bitten Johannas auch schon ein rosa

Einhorn mit Glitzer und Schlafzimmeraugen. Was aber ist mit all den Bären in verschiedensten Farben? Mit dem blauen Delfin? Der Horde von Plüschlöwen, Tigern, Leoparden? Sie scheinen meinen Kindern zuzulaufen. Sie laufen ihnen aus der Kita nach, sie reisen im Gepäck ihrer Freunde an, sie kommen als Mitbringsel von Paaren, die uns besuchen. Es ist nicht so, dass Johanna und Frida oft mit ihnen spielen würden. Sie geben ihnen auch keine niedlichen Namen. Sie sind einfach da und lungern irgendwo herum.

Als Johanna noch klein war, hatte sie einen Bären, etwa 25 Zentimeter groß. Der Bär hieß Helmut. Helmut schlief mit Johanna im Bett, und ich dachte, zwischen Johanna und Helmut würde sich eine Beziehung bilden, wie sie der Hase Felix mit seiner Freundin hat. Ich stellte mir vor, wie schrecklich der unausweichliche Moment sein würde, wenn Johanna von Helmut getrennt würde. So wie der kleine Hase Felix aus dem Buch «Briefe von Felix», der auf einem Flughafen verloren geht und ihr dann Briefe schreibt. Würde Helmut Briefe schreiben?

Die Angst war allerdings unbegründet. Wenn Helmut abhandenkäme, würde Johanna das wahrscheinlich nicht einmal merken. Andererseits könnte Helmut auch nicht verschwinden, weil er nirgends mit hingenommen wird und einfach zusammen mit den anderen Tieren auf dem Bücherregal hockt.

Manchmal sage ich meinen Kindern, dass wir jetzt mal anfangen müssten, Stofftiere auszusortieren. Es würden nun zu viele, und sie spielen doch ohnehin gar nicht damit. Dann protestieren sie und führen an, dass sie jedes einzelne Stofftier brauchen. Dass sie überhaupt keines entbehren können und bitte schön alle ganz genau an dem Ort zu verweilen hätten, wo sie sich gerade befinden. Ich frage mich, was Johanna und Frida mit den ganzen Biestern wollen. Vielleicht sollen sie mich in meinem Bett überfallen, wenn ich meinen Töchtern das nächste Mal verbiete, abends fernzusehen.

«Ein Stofftier», antworte ich Anna, während ich meine Tasse leer schlürfe. «Das macht Sinn. Aber es muss ein großes sein, ein großer Löwe. So groß, dass er all die anderen Stofftiere, die noch kommen, auffressen kann.»

Große Tiere

Wenn meine Kinder schon kein großes Interesse an Stofftieren haben, will ich ihnen wenigstens die lebenden Vorbilder nahebringen. Wir gehen in den Zoo. Ich finde es wichtig, dass Kinder in Zoos gehen. Sonst muss man mit ihnen nach Afrika, um ihnen einen Elefanten zu zeigen. Und wer weiß, ob in Afrika gerade ein Elefant zugegen ist, wenn man dort mit den Kindern zu Besuch ist?

In der Stadt, in der ich groß geworden bin, gab es nur einen lausigen Zoo, der nicht einmal Zoo hieß, sondern Vivarium. Es lebten dort depressive Luchse, die in ihren Käfigen herumlungerten, irgendwelche Flamingos reckten ihre Hälse, und die Totenkopfäffchen im Affenhaus mussten bald ausziehen, aus Tierschutzgründen. Man ging regelmäßig mit der Schule ins diesen Mittelklasse-Zoo. Dann standen wir vor der Scheibe des Terrariums mit den Kaimanen drin und langweilten uns so wie sie. Es war nicht einmal ein Zoo der grausamen Sorte wie die, von denen ich immer wieder gehört hatte. Es gab dort keine traurigen Bären, die mit Nasenringen in ihren Käfigen kauerten und sich nicht umdrehen konnten. Keine Tiger, die nervös in ihren Verschlägen fauchten. Das Problem war: Es gab gar keine Bären und Tiger, nicht einmal unglückliche. Es war ein Zoo mit Tieren, die mir alle verzichtbar schienen.

Zum großen Zoo in der nahe gelegenen Großstadt ging es nur, wenn jemand aus dem Freundeskreis Geburtstag hatte. Im großen Zoo gab es ein Nachttierhaus mit Wüstenfüchsen, die unglaublich große Ohren hatten. Es gab richtige Löwen, und die bekamen sogar Babys. Ich wusste, große Tiere gibt es nur in einem großen Zoo. Und für einen großen Zoo braucht man eine große Stadt. Dass ich heute in Berlin wohne, hat vielleicht damit zu tun, dass Berlin gleich zwei große Zoos hat. Einen Wessi- und einen Ossi-Zoo. Der Westzoo ist viel enger, was für die Tiere nicht so schön ist, aber es für die Besucher angenehmer macht. Sie können dann einfacher von Gehege zu Gehege gehen. Leider haben die Tiere im West-Zoo eine Tendenz zu tragischen Unfällen. Der Eisbär Knut ist mit einem Gehirnschaden im Wasserbecken ertrunken, neulich hat ein Löwe alle Jungen totgebissen. So etwas möchte ich mit meinen Töchtern lieber nicht angucken. Also gehe ich lieber in den Ost-Zoo. Die Menschen, die dorthin gehen, kommen nicht aus Hotels, sondern den umliegenden Wohnbezirken wie Lichtenberg, meist Mütter mit Piercings, roter Strähne im Haar und Delfin-Tattoo auf dem Arm, die ihre Kinder vor sich herschubsen.

Der Tierpark in Berlin ist ziemlich weitläufig. Er wurde noch in frühen DDR-Zeiten angelegt, und der Sozialismus wollte seinen Arbeitern einen Flanierpark schenken. Er konnte ja nicht ahnen (der Sozialismus), dass die Arbeiter vor allem vorm Fernseher sitzen wollten, vor allem die Kinder der Arbeiter, zuvorderst meine: «Kinder wir gehen in den Zoo!», rufe ich. «Müssen wir da dann laufen?» – «Natürlich müssen wir laufen, das ist in einem Zoo so.» – «Dann nicht», sagt Johanna. Wenn die Welt so wäre, wie Johanna sie sich ausmalt, dann wäre ein Zoo so, dass sie auf einem bequemen Sessel säße und die Tiere in einer langen Prozession an ihr vorbeigeführt würden, so wie eine Zirkusparade.

Schließlich schaffe ich es doch, meine Kindern in den Zoo zu bekommen, nämlich indem ich sie vor mir herschubse. Leider bleiben sie schon an der großen Löwenfigur am Eingang hängen. «Dürfen wir darauf reiten?» – «Äh, bestimmt dürft ihr klettern, warum denn nicht? Aber wenn wir weitergehen, finden wir bestimmt auch einen richtigen Löwen.» – «Dürfen wir auf dem auch reiten?» – «Ich glaube, nicht.» – «Dann reiten wir lieber hier.»

Nachdem beide Kinder ausgiebig den Bronzelöwen erklommen haben, gelangen wir zu einem kleinen Wasserbecken am Wegesrand. Johanna bleibt stehen. «Guck mal, da ist ein Frosch!» Ich will weitergehen, aber sie lassen mich nicht. «Guck mal, da im Teich ist ein Frosch!» Tatsächlich, ein kleiner Grasfrosch paddelt in dem Tümpel. Wir bleiben und betrachten den Lurch. «Papa, guck mal, da sind auch so kleine Käfer», ruft Frida, «die schwimmen auch!» – «Ja, das sind Rückenschwimmer, die können eklig beißen. Komm, wir gehen weiter zu den Elefanten.» – «Müssen Käfer das Schwimmen auch lernen wie wir?» – «Ja, deswegen sollten wir sie besser in Ruhe lassen, sie müssen sich nämlich konzentrieren.»

Kaum gelingt es mir, die Kinder vom Teich wegzulotsen, finden wir eine Schnecke auf dem Weg. «Guck mal, die hat ein ganz schönes Haus!», ruft Johanna. «Die müssen wir retten!» Sie retten die Schnecke. Und so geht es weiter.

Als wir wieder zu Hause ankommen, fragt uns Anna: «Und – welche Tiere habt ihr gesehen?» – «Einen Frosch, einen Schwimmkäfer, eine Schnecke, eine Spinne, eine Nacktschnecke und eine Raupe, die wir vom Weg bergen mussten», sage ich. «Und dann hat die Raupe Papa auf die Hand gekackt!», jubelt Frida. «Habt ihr denn auch große Tiere gesehen?», fragt Anna. «Ich glaube, große Tiere gibt es nicht mehr im Zoo», sage ich.

Bauklötzchen

Obgleich ich Anna zugestimmt habe, ein Stofftier für Hans zu kaufen, denke ich immer noch an den Bagger. Ich habe im Kaufhaus-Schaufenster einen tollen Bagger aus Holz gesehen. Mit einer Schaufel aus Blech. Wenn das Leben mit so einem Bagger beginnt, denke ich, kann es eigentlich gar nicht mehr schiefgehen, oder? Es gibt kein Problem, das so ein Bagger nicht wegschaufeln könnte!

Die Schaufenster-Dekorateure wissen schon, warum sie solche Bagger ausstellen. Nicht für die Kinder, sondern für Väter wie mich. Ein Schaufenster-Spielzeug muss teuer sein. Zu teuer für ein Kind. Es muss so sein wie das, was man als kleiner Junge bestaunt hat – im Wissen, dass man niemals so viel Geld haben würde, um sich so etwas zu leisten. Schaufenster-Spielzeug war immer unerreichbar, deshalb wollte man es haben. Nun entdeckt man als Vater den gleichen Kram, den es vor 30 Jahren schon gab, wieder im Schaufenster. Nun ist er nicht mehr unerreichbar. Nun kann man hineinspazieren und einfach die Kreditkarte auf den Tisch legen. Und man kennt ja vielleicht jemanden, der damit einmal spielen könnte. Einen ungeborenen Patensohn etwa. Es könnte zwar sein, dass er sich gerade eher über einen Beißring freuen würde – und später über eine X-Box. Aber schließlich kann man in der Kindheit nicht alles haben. Und außerdem hat man auch als Patensohn Pflichten, oder? Und wenn es nur die Pflicht ist, Geschenke entgegenzunehmen, die Patenonkel Tillmann am liebsten sich selbst machen würde.

Holz oder Plastik? Das war schon in meiner Kindheit die Frage, an der sich die Spielzeugphilosophie schied. Mein erstes Plastikspielzeug war ein Telefon von Fisher Price. Es hatte rote Räder und eine Wählscheibe. Man konnte die Wählscheibe drehen, dann machte es «rrrring». Ich spielte damit nach, wie meine Eltern telefonierten. Ein Telefon war damals schließlich ein beeindruckendes Gerät. Wenn es schrillte, kamen meine Eltern sofort und verbrachten Zeit damit, redeten mit ihm. Das Telefon musste sich dafür nicht einmal auf den Boden werfen und mit den Fäusten trommeln wie ich. Mein Telefon war ein guter Gesprächspartner für mich. Es widersprach mir nie.

In Berlin-Prenzlauer Berg gibt es einen Laden, der mit gebrauchtem Fisher-Price-Spielzeug handelt. Mein altes Telefon gibt es da für 40 Euro. 40 Euro für ein abgeschabtes Plastik-Spielzeug, was für ein Wahnsinn! Hätten meine Eltern das nur nicht weggeschmissen. Ich habe meinen Eltern immer gesagt, sie sollten mein Spielzeug nicht wegwerfen. Ich habe dagegen protestiert, dass sie die Metall-Ritter und die Happy Hippos aus meinen Kinder-Überraschungseiern entsorgen. Hätten sie die mal aufbewahrt, ich müsste heute wahrscheinlich nicht arbeiten, sondern könnte den ganzen Kram auf dem Prenzlauer Berg verhökern.

Freilich schmeiße ich genauso viel Spielzeug weg. Ich kann mir einfach nicht vorstellen, dass durchsichtige Zauberstäbe, in denen Glitzer in Öl schwimmt, Plastikponys mit Filzüberzug, Minimonster mit blinkenden LCD-Augen und bunte Plastikperlengespinste irgendwann einmal etwas wert sein können. Diese Bestien und Chimären werden in Containerladungen aus China hierhergeschifft, man kann sie gar nicht so schnell in die Mülltonne schaufeln, wie sie wieder in das Kinderzimmer gekippt werden. Wo sollte man das Zeug auch lagern? Es ist so viel, dass man es vor Griechenland zu neuen Inseln aufschütten könnte. Wenn meine Kinder in der Kita sind, begebe ich mich ins Kinderzimmer auf Jagdzug. Meist landen dann allerlei kleine Feen, Glitzerringe und Einhörner in meinem Müllsack. Ich schmeiße den Kram nicht sofort weg. Ich entführe ihn nur. Wenn die Insassen des Beutels nicht binnen von zwei Wochen vermisst werden, sieht es schlecht für sie aus. Und wenn es doch einmal vermisst wird, dann helfe ich natürlich suchen. Zufällig bin ich es natürlich, der das potthässliche Gummimonster mit den zerzausten Haaren und dem Knautschekopf dann findet. Meine Töchter freuen sich wie blöd und erklären mich zum Helden, weil ich einfach alles wiederfinde.

Ich würde allerdings niemals ein Spielzeug aus Holz wegschmeißen. Holz ist immer etwas Höherwertiges. Wir haben unseren Kindern einen Bauernhof aus Holz geschenkt. Alles an ihm ist geleimt. Was leider auch bedeutet, dass alles aus dem Leim geht. Die Pferdeboxen lösen sich, die Dachplanken fallen. Aber immerhin: Es ist aus Holz. Es ließe sich reparieren. Und wenn es sich nicht mehr reparieren lässt, dann könnte ich es in die Komposttonne werfen und damit die Umwelt retten. Das ginge mit einem Bauernhof aus Plastik nicht. Denn Plastik, das verrottet nicht, haben wir schon als Kinder gelernt. So einen Plastikbauernhof, den wird man noch in hundert Jahren ausgraben können, und dann wird er noch genauso aussehen wie jetzt. Wahrscheinlich wird er dann für Millionen in einem Geschäft im Prenzlauer Berg angeboten.

In meiner Kindheit gab es Holzkinder und Plastikkinder. Die Plastikkinder waren Lego-Playmobil, die Holzkinder Haba-Ostheimer. Als Plastikkind erkannte man sofort, wenn man bei einem Holzkind zu Besuch war, eigentlich erkannte man das Holzkind schon, wenn man zur Haustür eintrat. Bei den Holzkindern roch es anders. Es lag wohl an dem Mangel an parfümierten Waschmitteln, gepaart mit dem Einsatz von Deokristallen anstatt von Bac. Irgendwo stand immer eine Obstschale mit schrumpelnden Bio-Äpfeln, eine selbstgezogene Bienenwachskerze brannte, und im Kühlschrank war ein Tofu-Brotaufstrich von Demeter. Am Kinderzimmer hing immer ein Schild mit dem Namen des Kindes – mit einem Lötkolben in eine Baumscheibe eingebrannt.

Dann wusste man auch schon, was sich hinter der Tür befand: Spielzeug von Ostheimer. Ostheimer-Figuren sind aus Holz, in zurückhaltenden Tönen bemalt, sind nicht lackiert und haben keine Gesichter. Das ist ganz wichtig, denn das Kind soll sich den Gesichtsausdruck der Figur selbst vorstellen. Holzkinder hatten ansonsten Bauklötze, oft waren das geschnittene Astscheiben mit Rinde, aus denen man nicht viel anderes zusammensetzen konnte als wiederum Äste. Das war nicht so tragisch. Das Traurige nur war: Man würde bei einem Holzkind niemals so etwas finden wie eine Strax-Bahn. Das sind Straßen aus vielen bunten Einzelteilen, die man aneinandersetzte wie Wirbel. Und schon gar nicht würde es etwas besitzen mit einer Batterie im Bauch, das blinkt, Geräusche macht und sich bewegt, eine Fernbedienung hat und «Omnibot 2000» heißt. Kindern, die mit Holz spielen mussten, galt unser ganzes Mitleid. Das waren nämlich auch die Kinder, die Geige oder Blockflöte lernen mussten. Das waren die, mit denen die Eltern «Spitz, pass auf!» spielten, ein Gesellschaftsspiel, bei dem man mit einem Würfelbecher aus Leder kleine Spielsteinchen (aus Holz) einfangen musste.

Dabei hatten alle interessanten Gesellschaftsspiele einen hohen Plastikanteil, erst der machte sie interessant:

- **«Sagaland»:** Man marschiert durch einen Märchenwald, in dem grüne Plastikbäume stehen, unter denen sich hübsche Märchensymbole verbergen. Das war so schön, dass man schon gar keine Spielhandlung mehr brauchte.
- Bei **«Scotland Yard»** ging es darum, einen Spieler, den feindlichen «Mr. X», über den Stadtplan von London zu jagen. Dabei nutzte man Taxi, U-Bahn, Bus und Fähre. Mr. X war unsichtbar, deswegen musste er seine Spielzüge auf einer Plastiktafel dokumentieren – schon deswegen wollte man gerne Mr. X sein.
- **«Denk Fix»** bestand aus Fragekarten und einer Drehscheibe, die gleich einem Glücksrad Buchstaben anzeigte. Wem dann zuerst ein Haustier mit «K» einfiel, der hatte gewonnen.
- Bei **«Mastermind»** drehte sich alles um eine Kombination von kleinen, farbigen Stiften, die ein Spieler vorgab und der andere erraten musste. In der Regel erriet man den Code nicht. Wären die Stecker nicht so schön gewesen, hätte das niemand spielen wollen.
- **«Vier gewinnt»:** Man musste in ein blaues Gestell abwechselnd

gelbe und rote Plastiksteine einfüllen – sodass sich eine Viererreihe ergab. Das Schöne an diesem Spiel war, dass jeder die Regeln verstand, das Schlimme war, dass sich die Welt teilte in Menschen, die immer bei «Vier gewinnt» gewannen, und solche, die immer verloren. Die beiden Gruppen waren miteinander leider nicht mehr vereinbar.

- **«Das Spiel des Lebens»:** ein Brettspiel, bei dem es spannend war, all die erforderlichen Plastik-Aufbauten auf dem Spielfeld aufzustecken und die große Rouletteschreibe zu drehen, die darüber entschied, ob man Abi macht, einen Topjob bekommt oder in Altersarmut dahinsiecht. Der Rest war ungemein langweilig.
- **Dr. Bibber»:** ein Geschicklichkeitsspiel, bei dem mit einer Pinzette Gummiorgane aus dem Bauch eines Patienten gefischt werden mussten. Wenn man danebengriff, macht es laut «DDDRRZZZ», und die Nase des Patienten leuchtete rot. Das war näher an tatsächlichen Operationen, als man damals gedacht hätte.

Angenehm hingegen, war, dass die Holzkinder meist sehr aufmerksame Eltern hatten, die den Kindern Tee kochten, viel fragten und sichtlich bemüht waren, dass man sich wohl fühlte. Es war, als fürchteten sie, man würde sonst nicht wiederkommen wollen, wegen des langweiligen Spielzeugs.

Playbig

Meine Welt hingegen war aus Plastik, aus buntem Plastik. Ob ein Spielzeug einen Spielwert besaß, errechnete sich für mich daraus, wie viel Kunststoff darin verarbeitet war. Das Plastik konnte auch in bunten Kästen verpackt sein. Die tollsten waren von Kosmos. Es gibt sie heute noch. Man kann aus einem Beutel bunte Salzkristalle züchten, die allerdings nie zu der beeindruckenden Kristallrose wurden, die vorne abgebildet war. Sie lagerten sich einfach wieder als buntes Salz am Boden des Plastikbechers ab, in dem man die Schätze zu ziehen gedachte. Jedes Kind hatte auch einen Zauberkasten, mit dem man tatsächlich ein paar Tricks machen konnte, die aber wenig Lust machten, denn wir wollten ja alle das Zauberset wegen des Kaninchens haben, das der Junge auf dem Foto auf der Verpackung aus dem Zylinder zog. Nur beides – Kaninchen und Zylinder – waren nicht im Lieferumfang enthalten. Das war ein Etikettenschwindel, an den man sich eben gewöhnen musste. Schließlich waren auch die Urzeit-Krebse, die im Yps-Heft angepriesen wurden, in der Realität keineswegs so beeindruckend wie auf dem Cover abgebildet. Es waren eher zuckelnde Wasserflöhe, die zudem nach zwei Tagen tot waren und ihr nasses Grab im Klo fanden. Wieder und wieder.

Selbstverständlich versuchte man auch etwas für die Kreativität zu tun. Dafür gab es die Ministeck-Kästen, mit bunten Plastiksteinchen, die man auf einer Platte zu bunten Mosaiken zusammensteckte. Das war nicht aufregender als «Malen nach Zahlen», aber mit viel Mühe erhielt man ein buntes Plastikbild, meist ein Löwen- oder Pferdekopf. Es sah so pixelig aus, wie von einer Atari gemalt. Wenn man aber nicht genau der Vorlage folgte, endete alles in der Verzweiflung.

Im Zentrum unserer Plastikkinder-Welt stand Playmobil. Als ich anfing, mit Playmobil zu spielen, gab es eigentlich nur Indianer und Cowboys. Und Ritter. Und Piraten. Die Playmobil-Welt war von Männern und ihren Heldentaten bestimmt. Männer überfielen Postkutschen, Männer duellierten sich mit Colts. Männer stürmten Burgfriede, Männer enterten Barkassen. Frauen kamen in dieser Welt eigentlich nur vor, um den von ihrem Kriegspfad heimkehrenden Männern eine Suppe zu kochen oder um entführt zu werden. Dabei sahen Frauen bei Playmobil auch nicht aus wie Frauen. Sie hatten nicht etwa Busen oder so, sondern trugen eine Tunika, die vorne leicht nach oben schwang, man wusste nicht, ob ein Windhauch von unten dafür verantwortlich war oder eine Schwangerschaft.

Es gab einen Konkurrenten von Playmobil, den die Firma Big anbot: Playbig. Bei Playbig hatten die Frauen Ansätze von Brüsten. Die Playbig-Figuren waren außerdem größer als die von Playmobil. Ihre Beine ließen sich einzeln bewegen und ihre Hände auch. Ihre Proportionen waren eher am menschlichen Körper orientiert. Und sie lächelten nicht so nett. Playbig-Figuren saßen meist in Fahrzeugen, sie fuhren Lastwagen und so. Und sie hatten Berufe. Vielleicht mochte ich sie deswegen nicht. Man merkte ihnen instinktiv an, dass sie nicht cool waren. Sie waren in Plastik gegossene Erwachsene. Die kleinen Kollegen von Playmobil hingegen waren wie Kinder. Playmobil-Männchen konnten Krieg gegeneinander führen und einander erschießen und mit dem Schwert bekämpfen, aber das war nichts Schlimmes. Sie lächelten dabei. Sie standen danach wieder auf und gingen in ihre Spielkiste. Sie ließen sich sogar anmalen. Es gab Sets mit weißen Playmobil-Figuren, denen man Kostüme mit mitgelieferten Filzstiften aufmalen konnte, das war schön bunt, und außerdem konnte man damit alles mögliche andere anmalen, es ging nie wieder ab. Den Playbig-Männchen dagegen stand der Ernst des Lebens ins Gesicht geschrieben. Sie erinnerten mich daran, dass der Spaß irgendwann ein Ende haben würde. Es war auch unmöglich, Playmobil und Playbig zu kombinieren. Der Playmobil-Ritter konnte bestens gegen den Playmobil-Seeräuber ins Gefecht ziehen. Aber der Playmobil-Polizist hatte mit dem Playbig-Polizisten gar nichts gemeinsam. Playbig-Männchen sahen in der Playmobil-Welt aus wie traurige Riesen. Allen Kindern ging es so. Playmobil und Playbig waren inkompatibel, sie hatten unterschiedliche Philosophien. Sie waren unvereinbar wie Homo sapiens und Neandertaler. Und so kam es, dass die Playbig-Männchen irgendwann wieder verschwanden. Und niemand versuchte mehr, der Playmobil-Horde etwas entgegenzusetzen. Bei Big konzentrierte man sich dann darauf, Bobby Cars zu bauen.

Ich war ein Plastikkind – aber ich bin ein Holzvater. Wenn ich in einem Kinderladen bin, der so einen Namen wie «Siebenschön» hat oder «Sönneken», nehme ich verträumt ein Holzschwert in die Hand. Oder überlege, ob ich nicht ein hölzernes Piratenschiff für meinen Patensohn kaufen soll. Warum tue ich das? Ich weiß doch ganz genau, dass ICH damals ein Plastikschwert viel anregender gefunden hätte. Und ich hätte mich geärgert, wenn ich statt der neuen Seeräuber-Schaluppe von Playmobil ein Modell aus Birkenholz bekommen hätte. Bauklötze waren bei mir und meinen Freunden vor allem als Wurfgeschosse beliebt.

Als ich ein Geschenk für einen Kollegen suche, der Nachwuchs bekommen hat, greife ich im Spielwarenhandel nach einer Aufsteckpyramide aus Holz. Ich weiß genau, dass der Kleine eine aus Plastik genauso gerne annehmen würde, vielleicht sogar lieber, denn die Plastik-Pyramide ist leichter und kann Melodien spielen. Aber man kauft Holzspielzeug eben nicht für die Kinder, sondern für die Eltern. Holz bedeutet: Ihr habt etwas Besseres verdient. Ihr habt es geschafft. Bei euch gibt es Spielzeug mit Brennwert.

Ein paar Regale weiter stoße ich auf einen alten Bekannten: das Fisher-Price-Telefon. Das gibt es immer noch, sogar mit Wählscheibe. Man kann leider nicht mehr damit telefonieren, weil die Ringelschnur aus Sicherheitsgründen sehr kurz ist. Haben sich meinerzeit die Kinder damit tatsächlich stranguliert? Bin ich ein Überlebender? Das Telefon heißt heute «Plapperfon». Es plappert nämlich, wenn man es hinter sich herzieht. Das wäre mein Albtraum. Ein quatschendes Telefon, das mich verfolgt. Ich kaufe lieber ein Plastik-Handy für meine Kinder, bei dem die Tasten tuten. Als ich es meinen Töchtern mitbringe, probieren sie es aus. Dann fragt Johanna mich, wo denn die SIM-Card sei.

Legoland

Eine Freundin schickte uns ein Familienticket für das Legoland in Berlin. Legoland, das war für mich als Kind ein fernes Reich. Es lag im dänischen Billund. Dort waren der Eiffelturm und der Big Ben, nachgebaut aus Legosteinen. Ich hatte keine Illusion, dass meine Eltern gewiss nie den Weg ins ferne Billund finden würden. Sie waren nicht für Freizeitparks. Sie sagten, Freizeitparks seien schlecht für die Phantasie. Ich verstand das nicht. In meiner Phantasie war ich ständig in Freizeitparks unterwegs. Meine Eltern bevorzugten Freilichtmuseen. Freilichtmuseen bestanden aus alten Hütten, die irgendwo herumstanden und nicht aus Legosteinen gebaut waren. Was daran besser sein sollte, wollte mir nicht einfallen. In den Freilichtmuseen, sagten meine Eltern, könne man erleben, wie Menschen einmal gelebt haben, als es noch kein Auto gab, ja nicht einmal Beton. Dafür, so fand ich, könne man in den Freizeitparks gut sehen, wie die Welt wäre, gäbe es statt Autos Achterbahnen und statt Beton bunte Steinchen. Das Geräusch, wenn man die große Kiste mit Legosteinen auf den Fußboden kippte, es machte «krrrschhhhh», war mit keinem Geräusch auf der Welt vergleichbar. Und das Geräusch, wenn mein Vater sich über den Plastikhaufen auf dem Boden aufregte, auch nicht. Es war aber leider unumgänglich, diese Kisten auszuleeren, denn anders ließen sich leider nicht die Bausteine finden, die man gerade dringend brauchte. Ein roter Stein mit vier Noppen, ein grauer mit acht Noppen. Stets wusste man, dass es irgendwo sein musste, das Teil, mit dem man die Mauer oder den Turm komplettieren würde – nur wo?

Lego und ich, wir entwickelten uns antiproportional zueinander. Während ich wuchs, wurden die Legosteine immer kleiner. Am Anfang bekam man riesige Duplo-Klötze geschenkt, oft mit dümmlich grinsenden Gesichtern. Schon als Kleinkind fand ich das ein bisschen too much. Das Problem war, dass man die dicken

Duplo-Steine auch schlecht mit den kleineren Lego-Elementen kombinieren konnte, die man kurz darauf geschenkt bekam. Die normalen Legosteine erschienen einem dann bald aber auch seltsam plump. Denn wenig später kam die Welt von Lego-Autos und Lego-Raumschiffen auf mich zu. Das Universum, das von kleinen Lego-Männchen bevölkert wurde, die leider oft ihre Köpfe verloren und dann wie der enthauptete Störtebeker herumliefen. In dieser Welt war alles filigran. Man konnte die Männchen in Düsenjets, Raumgleiter, Mondfahrzeuge jeglicher Art stecken. Sie kamen in kleinen Packungen mit ziemlich detaillierten Aufbauanleitungen daher. Bis man sie zusammengebastelt hatte, vergingen Stunden, vor allem weil man mehrmals vor Entnervung heulen musste, weil ganz am Anfang ein kleines Teil falsch eingebaut worden war, dessentwegen ganz am Schluss nichts mehr zusammenpasste (ein Gefühl, das erst bei Ikea wiederkommen sollte). Es war alles für diesen einen Moment, bis die Lego-Konstruktion endlich stand. Danach zerfiel sie gleich wieder, Lego ist nämlich sehr fragil. Bald löste sie sich auf in den riesigen, rauschenden Teilchensee in meiner Lego-Kiste – um aus dieser Ursuppe in neuen Formen wiederaufzuerstehen. So gesehen war Lego sehr dialektisch.

Irgendwann bekam ich dann Lego Technik geschenkt. Dann sollte man aus Teilchen, die seltsamerweise kaum kombinierbar waren mit dem restlichen Lego, Bagger und Kräne mit komplizierten hydraulischen Systemen und Winden bauen. Das habe ich nicht mehr kapiert. Lego Technik war das sichere Zeichen, dass der Spaß ein Ende hatte.

Nun also erfahre ich, dass es auch ein Legoland in Berlin gibt, am Potsdamer Platz nämlich. Und wenn man es genau nimmt, eher unter dem Potsdamer Platz. Mit unseren Tageskarten steigen wir in einen Aufzug, der uns in eine große Lego-Kiste befördert. Das Berliner Legoland Discovery Center ist ein sogenannter Indoor-

Park. So nennt man es, wenn man eine Halle mit Kinderklettergerüsten und Ähnlichem ausstattet und das Ganze mit dem Geschrei von etwa 1000 Stimmchen versieht. Im Discovery Center ist es so voll wie in einem Luftschutzbunker. Die Mitarbeiter dort müssten Ohrenschützer wie ein Presslufthammer-Straßenarbeiter tragen. Sie haben aber nur gelbe T-Shirts an. Ich stelle mich mit meinen Kindern in einer Schlange an, es ist immer das Allerbeste, sich in Schlangen einzureihen, das habe ich gelernt. Da, wo keine Menschen warten, wo niemand an den Armen der Eltern zerrt, wo niemand quengelt, dort gibt es auch nichts zu sehen und schon gar nichts zu erleben. Man muss sich heute in Schlangen stellen, bevor man weiß, um was es eigentlich geht, denn die besten Schlangen beginnen, weit bevor das Ziel in Sichtweite ist. Am Ende solch einer Schlange gibt es dann vielleicht ein neues iPad oder den allerletzten Harry-Potter-Band. Am Ende unserer Schlange jedoch ist ein Raum mit einem großen Wasserbecken, in dem Lego-Piratenschiffe kreuzen. Meine Kinder können eines der schuhkartongroßen Plastikschiffe mit einer Fernsteuerung lenken. Sie verstehen aber nicht so recht, wie das geht, und überlassen mir das Ruder – nur um zu beobachten, wie ich noch viel weniger vermag, diese Schaluppe durch die Lego-Karibik zu bugsieren. Ständig werden wir gerammt von anderen Bälgern, die die Seefahrt mit Autoscooter verwechseln. (Autoscooter konnte ich als Kind übrigens auch nicht lenken, immer fuhr ich rückwärts irgendwo gegen. Wie später beim Einparken, das konnte ich leider ebenfalls nicht.) Nach ein paar Minuten ist es ohnehin vorbei, dann ist das nächste Kind dran, mit dem nächsten scharf dreinblickenden Vater, der auch das Ziel hat, hier in diesem Keller den maximalen Spaß für seine Kinder herauszuholen.

Ist das Legoland, das Land meiner Kindheitsträume? Ein Spielekeller, in dem man zum Spielen keine Zeit hat? Langsam verstehe ich meine Eltern, warum sie nie mit mir nach Billund gingen. Sie wollten mir die Vorstellung einer geheimnisvollen, fernen Welt erhalten. Sie wollten nicht, dass mich die Wirklichkeit enttäuscht. In einem Raum ist tatsächlich ein «Miniland Berlin» aufgebaut. Man kann den Berliner Dom als Modell betrachten, den Hacke'schen Markt oder den Fernsehturm am Alexanderplatz. «Guckt mal, der Fernsehturm und der Berliner Dom!», sage ich zu meinen Kindern. Aber sie schauen gar nicht hin. Sie wollen die Fahrt in die «Drachenburg» machen. «Das ist aber eine Geisterbahn, Kinder.» – «Aber Geisterbahn ist doch nicht schlimm, das kennen wir doch von meinem Geburtstag.» Leider merken wir zu spät, dass Legoland doch anders ist als unser Keller. Der Wagen zuckelt durch dunkle Gänge, während eine Stimme aus dem Lautsprecher brüllt: «O nein, nicht in den Keller, bitte nicht!» Nun heulen meine Töchter. Am Schluss der Fahrt, als ein aus Legosteinen gebauter Drache Rauch spuckt, heulen sie immer noch. Eine automatische Kamera macht ein Foto davon. Ich kaufe es am Ausgang. Man hat ja sonst kaum Fotos von heulenden Kindern.

Nach zwei Stunden Adventure verlassen wir Legoland. Ich habe Kopfschmerzen. Der Ausgang führt durch einen Lego-Shop, wie sollte das auch anders sein? So sieht die Lego-Welt also heute aus. Es gibt Star-Wars-Lego, und es gibt Harry-Potter-Lego. Es ist jeweils eine Themenwelt, in der man alle Figuren erwerben muss, um damit eine Filmhandlung nachzuspielen. So wie wir damals mit den gruseligen, muskelbepackten «He-Man»-Figuren spielten. Der Unterschied ist aber immer noch, dass Lego-Figuren sich bald in ihre Einzelteile zerlegen. Und dann passt nichts mehr zu gar nichts. «Papa, kaufst du uns das?» Frida zeigt auf eine Packung. «Lego Mindstorm». Darauf ist ein Roboter zu sehen mit einem Lego-Mikrochip. Man muss ihn zusammenbauen und selbst programmieren. Ich schiebe meine Kinder schnell weiter, raus aus Legoland. Der Roboter wäre mir ganz sicher über gewesen. Womöglich baut der mich auseinander und anders wieder zusammen. Oder er hätte mich versklavt und mich gezwungen, die Steine der Lego-Kiste meiner Kinder nach Farben und Größen zu sortieren. Das will ich uns allen ersparen.

Märklin

Wenn es für den kleinen Hans keinen Bagger geben wird, bin ich mir sicher, dann wird es für ihn doch eine Eisenbahn geben. Jeder Junge braucht eine Eisenbahn, Eisenbahnen begleiten einen das ganze Leben. Erst spielt man mit ihnen, später – wenn man so alt ist wie ich – wird man selbst zum Spielball der Bahn. Die Bahn schickt einen dann mit Verweis auf einen Gleiswechsel von der einen Seite des Bahnhofs zur anderen. Oder sie lässt einen stundenlang auf irgendeinem Gleis stehen, bis es irgendwohin weitergeht – oder die Klimaanlage ausfällt.

Aber so weit ist mein Patensohn ja noch nicht, er muss erst einmal auf die Welt kommen. Aber wenn er mal so weit ist, sei ihm das Gefühl gegönnt, diese Welt zu beherrschen. Und am besten beginnt man das mit einer eigenen Bahnanlage.

Es gibt so etwas wie eine Eisenbahn-Evolution. Sie fängt mit Brio an. Brio-Bahnen laufen auf Holzschienen, die ineinandergesteckt werden. Die Wagen werden mit Magneten aneinandergekoppelt. Das macht die ganze Sache etwas begrenzt. Ich erinnere mich, dass ich zwar weitläufige Schienensysteme mit meiner Brio-Eisenbahn zusammensetzen konnte. Aber fahren konnte die Bahn deswegen noch nicht. Man musste die Lok schieben und dabei «Tschtschtschtsch» sagen. Während man neben dem Zug herkroch, riss man für gewöhnlich mit den Füßen die Häuser ein, die man aus Bauklötzen daneben gebaut hat. Die Wagen ließen sich auch nicht beliebig reihen, wenn man Pech hatte, stießen die Magneten einander ab. Wenn man zu lange Züge baute, waren die Magneten zu schwach, um alle Wagen zu halten. Und entgleist ist die Brio-Bahn ohnehin immer.

Wenn das Kind also von Brio hinreichend frustriert war, gab es eine Bahn von Playmobil. Die hatte große Schienen, und in die Lok konnte man Playmobil-Männchen setzen. Die Playmobil-Bahnen verfügten über einen richtigen Trafo und ordentlich Schub. Jeder vernünftige Junge wollte die Western-Lok haben, mit der man auf den Gleisen festgebundene Cowboys überfahren konnte. Endlich konnten Räuber Züge überfallen, endlich konnte man mit den Steiff-Kätzchen Tiertransporte durch ganz Europa veranstalten. Natürlich ist das mit der Spielerei irgendwann etwas peinlich, was dann zur nächsten Stufe führte, nämlich der H0-Bahn. Es gab sie von Märklin oder Fleischmann. Man musste sich entscheiden. Denn es gab von dieser Systemwahl kein Zurück. Wer einmal ein Schienen-Anfangsset von Märklin bekommen hatte, der musste auf diesen Schienen weiterfahren bis ans Ende der Welt. Denn Märklin-Schienen ließen sich nicht an Fleischmann-Schienen andocken. Es waren Systemunterschiede. Fleischmann-Loks nahmen den Strom über die Räder an, Märklin-Loks hatten einen Stromabnehmer in der Mitte. Den physischen Gesetzen entsprechend, die man in der Schule erst später lernen und nicht verstehen sollte, konnte man mit Märklin komplexere Schienenkreise legen, die Fleischmann-Loks fuhren aber schöner. Denn wenn eine Märklin-Bahn die Richtung wechseln sollte, musste man den Fahrtregler bis zum Nullpunkt herunterdrehen und dann einen kleinen Widerstand überwinden. Sodann summte die Lok laut, und die Leuchten blitzten auf, als hätte das arme Ding mit den Fingern in die Steckdose gefasst. Märklin oder Fleischmann: Das war die erste Richtungsentscheidung im Leben, die erste Systemfrage. Es sollte dann immer so weitergehen, Adidas oder Puma, Duran Duran oder A-ha, DOS oder Macintosh, BlackBerry oder iPhone.

Glücklicherweise wird diese erste Weichenstellung im Leben in der Regel vom Vater übernommen. Meinem Vater gefielen die Elektroschock-Märklin-Loks nicht, also kaufte er mir ein Fleischmann-Anfangsset. Es hat schon einen Sinn, dass die Väter so etwas bestimmen, schließlich sind sie auch die Einzigen, die mit den Modellbahnen spielen. Sie bauen die Schienenkreise, sie nageln sie vorsichtig auf Tischlerplatten, verlegen Modellbaurasen, bauen Tunnel, basteln Häuser von Faller, verlegen Lichtleitungen. Sie tun das bis in den späten Abend hinein, sie hören nicht auf damit, wenn der Sohn sich längst nicht mehr dafür interessiert. Denn in Wahrheit gibt es nichts Langweiligeres für Kinder als im Kreis fahrende Modellbahnen. Die Söhne beschäftigen sich erst wieder mit Loks, wenn sie selber Söhne bekommen. Oder wenigstens Patensöhne.

Die schwedische Firma Brio war inzwischen in große Schwierigkeiten geraten, seit ich nicht mehr mit ihr spielte. Nun versucht man den Verkauf mit neuen Produkten anzukurbeln, stellte ich fest, als ich in einer Spielwarenabteilung war. «Railway Desaster Bridge» stand da. Wow, denke ich, Brio stellt jetzt Brücken her, die zusammenbrechen und den Zug abstürzen lassen, wenn er drüberfährt. Die Brio-Loks haben jetzt Batterie-Antrieb und Lichter. Manche machen echte Eisenbahn-Geräusche. Es gibt sogar einen Zug mit Fernsteuerung, den man über die Gleise lenken kann. Brio verkauft Bahnstationen, auf denen «New York» steht. Warum erst jetzt, warum gab es das nicht schon zu meiner Kindheit?

Als ich nach Hause komme, habe ich natürlich ein Brio-Anfängerset dabei. Ich probiere es sofort aus, schließlich muss ich ja wissen, wie es funktioniert, bevor ich meinen Patensohn damit beglücken kann. Als ich es endlich geschafft habe, die Batterie einzusetzen, zuckelt der Zug los. Die Gummiräder haben alle Mühen, die Lok in der Spur zu halten. Als der Zug über eine Steigung fahren muss, bleibt er stecken, der kleine Motor kann die Wagen nicht ziehen, technische Störung. Die kleine Brio-Bahn hat schon verdächtig viele Gemeinsamkeiten mit der echten Bahn. Ich befreie die Lok von der Hälfte der Wagenlast. Jetzt endlich schafft sie es den Berg hoch, oben auf der Brücke aber entgleist sie und stürzt ab – ganz ohne «Railway Desaster Bridge». Ich mache die Brio-Bahn erst mal aus. Vielleicht sollte ich mir überlegen, so etwas zu verschenken. Vielleicht ist es besser, wenn der Kleine nicht so früh mit Eisenbahnen in Berührung kommt. Sonst sitze ich eines Tages im Keller und nagle mit winzigen Nägeln Schienen auf eine Platte. Und die klitzekleine Schraube zu lösen, um die blöde Batterie in die Brio-Bahn zu setzen, war mir schon kompliziert genug.

Playmobil-Ritter

Johanna hat eine Einladung zum Kindergeburtstag bekommen. Es ist schon der vierte in diesem Jahr. Immer wenn ein Kind sich feiern lässt, werde ich losgeschickt, um ein Geschenk zu besorgen. Es soll bitte etwas sehr Schönes sein. Aber nicht zu teuer. Und vernünftig, schließlich schauen auch die Eltern der Kinder darauf. Vor denen will man sich ja nicht blamieren – und brüskieren möchte man sie noch viel weniger. Also darf es keinen Zeigefinger-Effekt haben, der den Eltern bedeutet, dass man selbst besser wisse, was für ihr Kind gut ist, als sie. Es ist leider kaum möglich, ein Spielzeug zu besorgen, das im gleichen Maße günstig, berauschend, vernünftig, pädagogisch und zurückhaltend ist. Wohl deswegen werde ich losgeschickt, um es zu besorgen, dann habe nur ich dieses Problem.

Allerdings meine ich, wenn Johanna auf Oskars Party geht, soll sie auch mitkommen zum Einkaufen. Das soll ja nicht mein Geschenk, sondern ihres sein. Als wir in der Spielwarenabteilung des Kaufhofes am Alexanderplatz hinter übergroßen Steiff-Bären die Playmobil-Abteilung entdecken, bin ich erstaunt.

Bei Playmobil gibt es nun Schlösser im Zuckerbäckerstil. Und Playmobil-Prinzessinen und Playmobil-Reiterinnen. Und Playmobil-Mamis mit Kinderwagen. Die Cowboys wurden verdrängt. Die Welt von Playmobil ist den Männern entrissen worden. Sie haben nichts mehr zu sagen. Was ist nur geschehen? Vielleicht liegt es daran, dass die Jungs längst vor Computerspielen hängen, während die Mädchen noch zu Rollenspielen fähig sind? Ich sehe Schulklassenzimmer von Playmobil und Wohnmobile und Reiterhöfe. Es ist alles so vernünftig geworden. Playmobil ist zu Playbig geworden, finde ich.

«Was meinst du, Johanna, was sollen wir kaufen?» Sie zeigt in eine Ecke. «Das da!» Sie hat schwarz-rote Packungen entdeckt, auf denen «Playmobil Future Planet» steht. Die Packungen enthalten Endzeit-Science-Fiction-Spielzeug von Playmobil. Die Sachen sind ganz anders als der übrige Kram. Sie heißen «Darkster Tower Base» und «E-Rangers Collectobot» und sehen aus, als wären sie dem Film «Mad Max» entliehen. Johanna will ein Fahrzeug mit Fernsteuerung und Infrarot-Kanonen. Wow, denke ich, das ist alles Kram, den ich selbst gerne gehabt hätte. «Das ist aber als Geburtstagsmitbringsel zu teuer.» – «Papa, das will ICH haben.» – «Warum denn DU, du spielst doch mit Elfen.» – «Nee, ich brauch was Gefährliches, damit Oskar immer zu mir zum Spielen kommt und mich dann heiratet.»

Ach, selbst Weltraum-Roboter und Infrarot-Kanonen sind heute dazu da, Frauen bei ihren jeweiligen Projekten zu helfen, der Sache der Frau zu dienen. Vielleicht ist für uns Jungs das Spiel einfach aus.

Hans bekommt jedenfalls statt der Brio-Bahn einen Löwen von Steiff. Es ist ein vernünftiges Geschenk. Der Löwe wird neben seinem Bettchen wachen und darauf warten, bis der Kleine groß geworden ist. Mit einem Steiff-Tier kann man nichts falsch machen. Hans wird mir einmal nicht vorwerfen, dass ich ihm zu wenig Beachtung geschenkt habe. Er wird den Knopf im Ohr sehen und sofort wissen, dass sein Patenonkel von Beginn an kein Mittel gescheut hat, um seinem Anvertrauten einen guten Start ins Leben zu ermöglichen.

Allerdings gibt es im Geschäft auch einen Bagger. Einen von Lego Duplo. Er ist gelb. Und er ist bald in meiner Einkaufstüte.

Ich habe schon wahrgenommen, dass Frida sich für Baumaschinen interessiert. Immer wenn wir an einer Umzäunung vorbeikommen, wo wieder einmal eine Baulücke geschlossen wird, sagt sie: «Guck mal, ein Bagger!» Wenn das kein förderungswürdiges Interesse ist, weiß ich auch nicht.

Frida ist sofort entflammt für den Bagger-Bausatz. Anna findet, ich sollte nicht so viel Zeug kaufen. Aber wozu hat man denn sonst Kinder? Zusammen mit Frida baue ich den Bagger zusammen. «Ab 5 Jahre» steht auf der Schachtel, und ich will nicht, dass meine Tochter versehentlich ein Teil verschluckt. Und natürlich will ich auch nicht, dass sie den ganzen Spaß alleine hat. Stolz überreiche ich Frida das Gefährt. Sie spielt tatsächlich damit. Sie macht «brummbrumm» wie ein Junge. Ich bin so glücklich, ich muss nicht warten, bis mein Patensohn groß geworden ist, ich kann gleich jetzt mit Jungsspielen anfangen. Dann sagt Frida: «Komm, lieber Bagger, du bist ja ganz müde.» Sie bringt ihn zu den Puppen ins Bett.

Ich bin geschlagen.

Als Frida am nächsten Morgen aufwacht, hat ihr Bagger eine Windel an. Und ihr Vater hat auch das Auto, den Spielzeug-Kran, die Kasse des Kinder-Kaufladens, den Stoff-Tiger und sogar die Thermoskanne aus der Küche gewindelt. Frida ist begeistert. «Ganz viele Babys», sagt sie. «Ja», sage ich. «Babys kann man ja nie genug haben.»

Space Invaders

Wie ich lesen konnte, sind die Spielwarenhersteller in der Krise. Märklin sucht nach Investoren, Brio ist fast pleite, die Baby-Born-Puppe von Zapf Creation leidet Not. Die Spielzeugumgebung, in der ich aufgewachsen bin, löst sich auf, die Computerspiele übernehmen alles. Kinder in einem Alter, in dem ich noch Dominobahnen aufgestellt habe (die immer schon zusammenbrachen, kurz bevor man den letzten Stein aufgestellt hatte) oder meine Schwester ihren Plastik-Schminkkopf bemalte (und ihm leider auch die Haare schnitt), bauen sich nun ihre Avatare in Fantasy-Spielen zusammen oder liefern sich Rennen mit Super Mario Bros. Warum sollte es meinen Kindern da denn einmal anders ergehen? Ich merke schon jetzt, wie selbstverständlich ihre Finger über den Bildschirm des iPads meiner Frau gleiten. Meine Kinder sind die Einzigen, die mit all den Fernbedienungen in unserem Haus umgehen können.

Vielleicht sind die Mitglieder meiner Generation die letzten Grobmotoriker. Die letzten, die noch wissen, wie es war, mit durchgedrückten Daumen eine Play-Taste bei einem Nordmende-Kassettenrekorder zu drücken (um auch gleichzeitig noch die Rec-Taste für Aufnahmen zu betätigen, brauchte man schon beide Finger). Heute werden kaum mehr Berührungen gebraucht, um etwas zu betätigen. Ein Klappern auf einer Tastatur ist schon die heftigste körperliche Anstrengung, die einem beim Spielen abverlangt wird, alles andere kann virtuell stattfinden. In meiner Kindheit waren nur die ersten Vorreiter angekommen. Manche Freunde hatten eine Atari-2600-Spielkonsole zu Hause. Sie war flach wie ein Radio und hatte eine verschämte Holz-Furnier-Zierleiste an der Front, die sie wohl nach Wohnzimmermöbel aussehen lassen sollte. Man konnte das Gerät an den Fernseher anschließen und dann Computerspiele spielen, die aussahen, als wären sie aus Legosteinen zusammengebaut. Die Hüllen der Spiele waren stets aufregend gestaltet: Riesenaffen (Donkey Kong), Monsterspinnen (Spider Attack) oder angreifende Ufos (Space Invaders). Auf dem Bildschirm zu sehen waren für mich aber nur umherschwirrende Quadrate. Den Alien-Angriff musste ich mir im Kopf ausmalen, während ich verzweifelt an einem Joystick rührte und per Knopfdruck Pixel auf Objekte schoss, die aussahen wie umherschwirrende Big Macs.

Ich selbst besaß nur ein kleines blaues Computerspiel mit Flüssigkristall-Anzeige, bei dem man durch Drücken zweier Knöpfe einen Gorilla von links nach rechts durch den Dschungel steuern musste, um ihn davor zu bewahren, Kokosnüsse auf den Kopf zu bekommen, die von Flugsauriern abgeworfen wurden. Das war in etwa so spannend, wie auf der Casio-Digitaluhr meines Vaters das Datum einzustellen. Meine Eltern weigerten sich, eine Spielkonsole anzuschaffen, sie sagten, Videospiele machten die Phantasie kaputt. Davon spürte ich aber nichts. Im Gegenteil: Die Spielkonsolen breiteten sich so stark aus, dass meine Imaginationskraft immer mehr gefordert war. Denn in der Schule sprachen die Jungs immer mehr über neue Spiele. Nach den Konsolen kamen die Homecomputer, alle um mich herum hatten eine Commodore 64, dann einen Commodore 128, dann einen Amiga 500. Und sie redeten über «Summer Games», «Winter Games», «Bundesliga Manager» – und ich musste mitreden. Bald war ich nicht schlecht darin, ein paar Fetzen eines Dialoges aufzuschnappen und hernach einen Kommentar abzugeben, der meinen Mitschülern den Eindruck geben konnte, ich hätte auch einen Computer zu Hause stehen. Bestimmt war das eine gute Vorbereitung auf den Beruf des Journalisten. Meine Schulkameraden von damals, die von ihren Eltern frühzeitig Computer geschenkt bekommen haben, sind übrigens Informatiker und Mathematikprofessoren geworden und jetzt alle reich (aber daraus mache ich niemandem einen Vorwurf).

Ich jedenfalls möchte mir diesen Vorwurf eines Tages nicht machen müssen. Wenn Videospiele für Kinder heute einen Spielwert haben, sage ich mir, will ich den auch kennengelernt haben. Ein Kollege von mir hat bei sich eine «Wii»-Spielkonsole zu Hause. Die könne er mir gerne einmal ausleihen, sagt er, mit der werde zu

Hause kaum noch gespielt. Meine Kinder sind hell begeistert, als ich den Kasten in die Wohnung bringe. «Spielen und fernsehen gleichzeitig», jubelt Johanna. Allerdings dauert der Aufbau so lange, dass es für meine Töchter schon wieder zu langweilig ist. Nachdem ich sämtliche Sensoren aufgestellt und alle «Gamecontroller» eingerichtet habe, könnte man jetzt eigentlich anfangen zu spielen, denke ich. Aber Johanna und Frida ist das alles nicht geheuer. «Ich mache es euch vor», sage ich und gehe in Position. Bei dem Spiel «Just Dance», das mein Kollege mir beigelegt hat, geht es darum, sich rhythmisch zu Teeny-Hits zu bewegen. «Meine Moves» sollen auf den Bildschirm übertragen werden. «Womanizer, Womanizer, Womanizer», quäkt es mir entgegen, und ich versuche mich zu bewegen. Zum Glück aber sieht das keiner, denke ich – und liege damit leider falsch. Anna hat es mit ihrem Handy mitgefilmt. Auf dem Video sieht man die vor Lachen fast kollabierenden Kinder und mich, der sich wie ein Kaninchen unter einem Defibrillator bewegt, während im Hintergrund aus der Konsole tönt: «Baby, you got all the puppets with their strings up / fakin' like a good one / but I call 'em like I see 'em, / I know what you are, what you are, baby …» Und an jedem Abend, wenn wir Gäste haben und die Stimmung nach dem Dessert etwas in die Knie geht, zeigt Anna auf ihrem Handy zur allgemeinen Erheiterung ihr Musikvideo. Zumindest das stimmt: Videospiele sind Spaß für die ganze Familie. Außer für mich vielleicht.

6. Kapitel:
Juni – Fußball zum Abziehen

➡ Wie man Töchtern die Frauen-WM näherbringt und warum Panini-Bildchen-Sammeln auch richtiger Sport ist.

Stielike

Ich erinnere mich noch an den Sommer 1982, als mein Vater an die Decke sprang. Wir waren im Urlaub auf Sylt. Meine Eltern waren nicht ganz zufrieden, weil wir in einem umgebauten Stall untergebracht waren, das war recht dunkel und auch teuer wohl, obwohl ich damals nicht so recht wusste, was «teuer» bedeutete. Es war jedenfalls das einzige Mal, dass wir Urlaub auf Sylt machten. Und als ich mehrere Jahrzehnte später einmal selbst dort ein Wochenende verbrachte, erkannte ich auch, was meine Eltern gemeint hatten.

Das war aber nicht der Grund, warum mein Vater an die Decke gesprungen war. Über dem Urlaub lag die Weltmeisterschaft in Spanien. Jeden Abend saß unsere Familie vor dem Grundig-Fernseher in Furnierholzoptik und guckte zu, wie die Deutschen sich durch das Turnier wurschtelten. Es war die Zeit von Toni Schumacher und Karl-Heinz Rummenigge, von Pierre Littbarski und Ulrich Stielike.

Die Weltmeisterschaft kannte ich vor allem von den Maskottchen her. «Tip und Tap», die Glücksbringer der WM 1974 in Deutschland, hatte ich nur auf Aufklebern gesehen, die im Fahrerbereich unseres Schulbusses klebten. Sie sahen aus, als wären Ernie und Bert auf einem Trimm-dich-Pfad unterwegs. Das Trimm-dich-Männchen, das überall in Deutschland mit hochgestrecktem Daumen auf jene Fitness-Hindernis-Läufe hinwies, hatte übrigens einige Ähnlichkeit mit «Gauchito», dem Maskottchen der WM 1978 in Argentinien. Dieses Männlein trug neben dem blau-weißen Nationaltrikot einen Gaucho-Hut und eine Reitgerte – unklar, wozu es die beim Fußball brauchte. Die WM in Spanien stand unter dem Zeichen einer Fußball spielenden Apfelsine, die «Naranjito» hieß, gefolgt von einer Sombrero tragenden Chilischote namens «Pique», welche die WM in Mexiko repräsentierte. Danach war die Phase der vegetarischen Maskottchen allerdings vorbei.

Dass Fußball etwas ganz besonders Tolles sein sollte, ließ sich im Fernsehen schwer erkennen. Fußballer waren Männer mit Frisuren wie Staubwedel und mit großen Schnauzern, die in viel zu kurzen Hosen über das Feld trabten. Sie waren auf dem Bildschirm nur als Däumlinge zu erkennen, zwischen denen ein weißer Stecknadelkopf herumsprang. Die Kamera schwenkte fast meditativ immer von links nach rechts über das Feld. Ich kannte Uli Stielike. Stielike kannte ich, weil er einen dünnen Schnurrbart hatte und immer ein wenig betroffen aussah. Vor allem aber war sein Konterfei immer als Sticker in den Duplo-Schokoriegeln. Nie jemand anderes, immer Stielike. Wenn ich gefragt wurde, wer mein Lieblingsspieler war, sagte ich: «Stielike» – nicht, weil ich etwas über ihn gewusst hätte, er war der Einzige, den ich kannte. Die Jungs in der Klasse tauschten die Bilder miteinander, und zwar mit Eifer. Sie hatten Alben zum Einkleben. Ich hatte auch ein solches Panini-Album, aber in meinem klebte nur das Stielike-Bild. Die vielen anderen Stielike-Bilder aus meinem Fundus ließen sich schlecht tauschen. Alle fragten immer nur nach Rummenigge-Bildern.

Ich war nicht für den Fußball geboren, überhaupt war Sport nicht so mein Ding. Der Rest der Welt war auch dieser Meinung. Wenn in der Schulsportstunde die Mannschaften gewählt wurden, war ich stets der letzte Junge, der aufgerufen wurde, noch nach manchem Mädchen. Fußball hieß für mich, den Platz auf und ab zu traben und nie den Ball abzubekommen. Wenn der Ball doch mal in meine Richtung kullerte, versuchte ich ihn schnell wieder wegzutreten. Leider meist zu Spielern der gegnerischen Mannschaft. Ein einziges Mal erzielte ich ein Tor. Aus einem Gestochere im Strafraum heraus, dem ich eher als Schaulustiger beiwohnte, kullerte der Ball plötzlich vor meine Füße. Ich gab ihm einen kleinen Schubs, und er hoppelte ins Tor. Klaus, der zwischen den Pfosten stand, hatte mich nicht gesehen, er hatte wohl nicht damit gerechnet, dass ich eine Gefahr darstellen könnte. Wäre diese Szene Teil einer amerikanische Kinderserie nach Zuschnitt von «Die Bären sind los» gewesen (auch hier war Tommi Ohrner eine Synchronstimme), dann hätte meine Sportkarriere an diesem Punkt eine steile Wende erfahren. Die anderen Kinder hätten mich umarmt und eine Runde durch das Stadion getragen und vielleicht auch dreimal in die Luft geworfen und «Tillmann, Till-mann» skandiert. Sonja mit den langen schwarzbraunen Haaren hätte mich endlich mal vom Spielfeldrand aus angelächelt, und in den darauffolgenden Spielen hätte ich mich zu einem gefährlichen Torjäger entwickelt, einem Knipser. Aber da das Leben leider keine TV-Serie ist, passierte gar nichts. Mein Treffer wurde kaum registriert. Den anderen Jungs aus meinem Team war es sogar unangenehm. Sie hätten das Tor viel lieber selbst gemacht. Und der verteidigenden Mannschaft, vor allem dem Torwart Klaus, der mich in der Schulpause immer haute, war die Sache ohnehin sehr peinlich. Er haute mich dafür an diesem Tag umso doller. Sonja hatte gar nichts gesehen. So beschränkte ich mich weiterhin darauf, den Platz auf und ab zu laufen.

Schade, denn ich hätte offenbar das Zeug zu einem ganz Großen gehabt. Denn als ich nun mit meinem Vater vor dem Fernseher saß, sah ich, dass die meisten Mitglieder der deutschen Mannschaft ganz genau so Fußball spielten wie ich. Die liefen eher unbeteiligt auf Ballhöhe das grüne Feld auf und ab, und wenn ihnen der Ball mal zukam, dann spielten die ihn dem Gegner in den Lauf. Wo war Stielike? Auf dem kleinen Fernsehschirm konnte ich seinen Oberlippenbart nirgends erkennen.

Pierre Littbarski brachte die deutsche Mannschaft in Führung. Dann schossen die Franzosen ein Tor, und das war es eigentlich. Mir kam das Spiel endlos vor. Die Schnittchen aus mittelaltem Gouda und Fleischwurst mit einem Klecks süßen Senfs, die meine Mutter bereitet hatte, waren längst aufgegessen – bis auf die Oliven mit Paprikafüllung, die ich nicht mochte. Einmal schlug der

Torwart Toni Schumacher einen Stürmer der Franzosen bewusstlos, mehr passierte nicht. Man sah den Spielern an, dass es anstrengend war, so viel zu laufen. Dann wurde auch noch nachgespielt, und die Franzosen schossen zwei Tore. Wo war Stielike? Wo war mein Oberlippenbart?

Rummenigge wurde eingewechselt, Rummenigge, der Panini-Alben-König. Rummenigge, dessen Balltricks hinten auf der Rückseite der Kellogg's-Frosties-Packung erklärt wurden. Und Rummenigge schoss das Befreiungstor. Aus meinem Vater drang ein Urschrei. Ich hatte noch nie so einen Laut aus dem Hals meines Vaters gehört. Aber auch ich hatte die Fäuste hochgerissen. Fäuste, das war sonst gar nicht so meine Art. Dann, ein paar Minuten später, der Ausgleichstreffer von Klaus Fischer. Jetzt versuchte ich auch einen Urschrei – und musste feststellen, dass kleine Jungs keine Urschreie machen können, es klingt dann eher wie das Krächzen eines Krähenkükens nach seinen Eltern.

Es kam zum Elfmeterschießen. Mein Vater stand in Flammen. Und auf dem Fernsehschirm folgten lauter Namen, die ich nicht kannte. Manfred Kaltz traf, Paul Breitner traf. Und dann, dann endlich trat mein Held vor den Ball. Stielike schoss, aber war das ein Schuss? Das Ding hüpfte dem französischen Torwart quasi in die Arme, wie ein Pudel, der sein Herrchen begrüßt.

Stielike wandte sich ab und klappte zusammen, und synchron fiel mein Vater, der die ganze Zeit gestanden hatte, in den Sessel zurück. Als habe beide derselbe Blitz getroffen. Mein Idol hatte versagt. Und die Last der Schuld war so urplötzlich über ihn hereingebrochen, dass er sofort zu Boden ging. Die Kamera hing fest am Gesicht des Mannes, dessen einzige Großtat es zu sein schien, seine Mannschaft aus dem Turnier gekickt zu haben. Das Bild des um Fassung ringenden Stielike war so ergreifend, dass es die Regie verpasste, rechtzeitig auf Schumachers Tor umzuschalten, wo der Nationaltorwart gerade einen Elfmeter pariert hatte. Deutschland war wieder im Spiel, und mein Vater stieg wie eine Rakete in die

Höhe. Er hatte eine Haltung angenommen wie Superman beim Start, und seine Faust stieg scheppernd in den Bleikristall-Lüster, der über seinem Sessel hing. Schließlich hielt Schumacher noch einmal, Deutschland war im Finale, und ich rannte jubelnd auf die Straße, der Himmel über mir schien zu kreiseln. Und ich dachte nicht mehr an Stielike.

Ein paar Tage später wurde Deutschland im Finale von Italien mit 1:3 zusammengeschossen. Vielleicht wurde mir in diesen Tagen die Anlage zur Heldenverehrung genommen. Vielleicht kann ich mich seitdem immer nur mit denen gemein fühlen, die auf der Verliererseite stehen und schwer unter der Angst leiden, alles, alles durch einen einzigen falschen Tritt kaputt zu machen. Erst viele Jahre später stellte ich mir die Frage, was eigentlich aus Stielike geworden war. Er blieb noch zwei Jahre in der Nationalmannschaft, war später mal Assistent vom glücklosen Nationaltrainer Erich Ribbeck, wurde aber nach zwei Jahren entlassen. Er wurde Trainer des Teams der Elfenbeinküste, dem damals amtierenden Afrika-Meister. Durch eine schwere Krankheit verlor er seinen Sohn, die Elfenbeinküste verlor die Afrika-Meisterschaft, und Stielike verlor seinen Job. Als Trainer des Schweizer Clubs FC Sion wurde er schon nach ein paar Monaten wieder freigestellt. Nun ist er Trainer in Katar. Von einer Mannschaft, die im unteren Drittel der Liga spielt. In einem Land, das nur 1,7 Millionen Einwohner hat. Auf Wikipedia steht, er sei der einzige Nationalspieler, der in einem WM-Turnier einen Elfmeter verschoss. Stielike und ich, wir haben uns von diesem Sommer 1982 nie mehr ganz erholt.

Rollerskates

Vielleicht resultiert daraus eine gewisse Fußballschwäche, an der ich leide. Mir wurde gesagt, eine normale Reaktion, wenn einem ein Ball zugespielt wird, sei, dass man ihn mit dem Fuß aufnehme und irgendwohin spiele. Das kann ich nicht für mich bestätigen. Wenn ein Ball auf mich zukullert, hoffe ich, dass er an mir vorbeikullert und irgendjemand anderem vor den Fuß springt.

Aber auf diese Empfindlichkeiten nimmt die Welt eben wenig Rücksicht. Sie fordert Sport – und wer seinen Kindern ein einigermaßen guter Vater sein will, der soll sich um ihre Ertüchtigung kümmern. Meine Eltern haben das ebenso gehandhabt. Sie haben mich mit acht Jahren beim Judo angemeldet. Judo, glaube ich, ist eine Sportart, die ausschließlich von Achtjährigen betrieben wird. Beim Judo soll man lernen, quasi ohne Kraftaufwand Gegner, die viel stärker sind, auf die Matte zu legen, mit kühnen Würfen und galanten Bein-Fegern. Leider hat man es auch sehr oft mit wesentlich schwereren Gegnern zu tun, diese ließen sich einfach auf mich drauffallen und lagen dann auf mir auf der Matte, während ich versuchte, mich zwischen ihren Fettpolstern hervorzuarbeiten. Ich beschloss also bald, dass Sport für mich zu gesundheitsschädlich sei.

Wer Kinder auf der Welt hat, soll ihnen aber ein Vorbild sein. Also versuche ich zaghaft, ihnen Bälle zuzuwerfen und mit ihnen Purzelbäume zu schlagen.

Ich könnte natürlich auch Folgendes tun: mit den Kindern turnen, klettern oder Inlineskates fahren gehen. So wie mein Vater damals versucht hat, mich auf «Rollerskates» zu stellen. Das waren diese eleganten weißen Rollschuhe mit weichen Rollen, die man sich nicht mehr um die Sohlen schnallen musste. (Was ist eigentlich aus all den Rollerskate-Diskos geworden, die es damals gab, wo man immer im Kreis fuhr?) Ich könnte mit meinen Kindern auch Radtouren machen und Bahnen schwimmen. Ich könnte mit ihnen segeln. Ich habe Väter in meinem Bekanntenkreis, die jeden Tag mit anderen Vätern besprechen, was man mit den Kindern schon machen kann und was leider noch nicht. Wann so ein Mädchen denn Handball spielen darf und ab wann

Golf Sinn macht. Diese Väter können gar nicht früh genug aus ihren Kindern Sportler machen. Sie wollen mit ihren Kindern etwas unternehmen, wie sie mit ihren Kumpels etwas unternehmen. Wenn man zusammen Sport treibt, ist man nicht alleine, aber muss auch nicht ungemein viel kommunizieren. Alles, was es zu sagen gibt, beschränkt sich auf Anweisungen, die die Taktik betreffen. Auf diese Weise können zwei Männer einen super Nachmittag miteinander verbringen, ohne ein einziges Mal darüber gesprochen zu haben, wie es eigentlich so geht und was man denn so macht. Sie schweigen über Stunden wie die Bäume und haben trotzdem das Gefühl, sich bestens unterhalten zu haben.

Pädagogen empfehlen eine Stunde sportliche Bewegung am Tag. Sportwissenschaftler fordern täglichen Schulsport. Als Kind wäre das für mich kaum zu ertragen gewesen – jeden Tag den muffigen Geruch von Jungenschweiß in der Umkleide? Allerdings ist der Schulsport nicht mehr der alte. An den Grundschulen wird die Hälfte des Sportunterrichts nicht mehr von dazu ausgebildeten Lehrkräften gegeben, und ein Viertel der Sportstunden fällt aus. Der Sportwissenschaftler Wolf-Dietrich Brettschneider hat sogar ermittelt, dass die Bewegungsfähigkeit der Kinder in den vergangenen 25 Jahren um zehn bis fünfzehn Prozent zurückgegangen ist. Mehr als die Hälfte schafft die von mir damals so gehasste Rumpfbeuge nicht mehr, bei der man bei gestreckten Knien im Stand die Zehen berühren muss. Wegen der Bewegungsunfähigkeit der Kinder ist beispielsweise der Kopfstand vielfach aus dem Unterrichtsprogramm genommen worden. An manchen Schulen wird nun Golf unterrichtet – weil es weniger körperlich anstrengend ist. Ich war damals also als Schulsportler einfach meiner Zeit voraus.

    Meine Frau ist wesentlich sportlicher als ich. Sie hat sämtliche Sportabzeichen, sie ist athletisch. Sie meint, wir sollten die Kinder in einem Sportverein anmelden. Ich pflichte ihr bei. Aber in welchem? Die einzige Sportart, die ich in den vergangenen Jahren betrieben habe, war Kindertragen. Und das nicht einmal freiwillig. Ich muss Kinder auf Schultern und Rücken schleppen, weil sie sich weigern zu laufen. Und ein bisschen kann ich sie leider verstehen. Ich bin meinen Kindern kein gutes Vorbild. Ich sollte es aber sein.

Dagegen treiben meine Töchter MICH manchmal zu Sport an: «Papa, können wir Fußball spielen?», fragt Frida. Wer hat ihr gegenüber schon einmal über Fußball gesprochen? Ich? Was weiß eine Vierjährige darüber? Und woher? Das sagt sie mir selbst: «Der Emil spielt auch mit seinem Papa Fußball.» Da gibt es also kein Zurück, merke ich. Frida möchte auch einen Papa haben, der mir ihr Fußball spielt. Und wenn ihr Papa das nicht mitträgt, dann hat Emil eben den besseren Papa, und Frida wird sich diesem zuwenden.

«Natürlich können wir Fußball spielen», sage ich also. «Das macht ganz viel Spaß.» Ich nehme zwei Schemel im Wohnzimmer und einen Ball, von denen etliche im Kinderzimmer herumliegen. «Pass auf, wir spielen jetzt Elfmeterschießen», erkläre ich. «Hier ist das Tor, und da musst du den Ball hineintreten. Und ich versuche, ihn festzuhalten.» Frida hat verstanden, sie tritt mit aller ihr zur Verfügung stehenden Kraft gegen den Ball, er springt auf mich zu. Was jetzt tun? Lasse ich den Ball nicht hindurchkullern, sorge ich für ein Misserfolgserlebnis meiner Tochter. Sie wird dann vielleicht traurig sein. Sie wird das Gefühl haben, dass ihr übermächtiger Vater ihr Talent erstickt, sie immer wieder in die Schranken weist. Ihr Vater, der in der Torwarthaltung mit gebeugt wippenden Knien vor ihr steht – ihr quasi im Leben im Weg steht, könnte das nicht zu einem Sinnbild werden? Andererseits könnte es ja auch sein, dass ich gerade jetzt den Ball halten muss. Damit ich meinem Kind zeige, dass ich es als ernstzunehmendes Gegenüber akzeptiere. Geht es nicht darum im Sport? Wenn der Ball bei mir durch die Beine kullerte, könnte es auch sein, dass sie ihren Vater für einen Schwächling hält und glaubt, ich sei schlicht nicht fähig, einen Kinderball zu halten. Oder es könnte sein, dass mein Kind sich selbst für einen Superstar hielte, fälschlicherweise meinte, alles im Leben wäre so einfach – und dann an der ersten kleinen Hürde scheitern würde. Zum Glück ist der Ball so lange unterwegs, dass ich genügend Zeit zum Überlegen habe. Ich entscheide mich für den Mittelweg. Ich stürze mich mit Gebrüll auf das runde Ding, tue so, als bekäme ich es gerade noch so zu greifen und könnte das energetische Geschoss nur mit äußerster Kraft festhalten. «Wow, WAS für ein Schuss!», lobe ich. «Fast unhaltbar!» Frida stampft auf. «Mensch, Papa! Du sollst den Ball nicht immer festhalten, sonst geht er gar nicht ins Tor!», schimpft sie.

«Na, dann gehst du jetzt mal ins Tor», sage ich und schieße. Als ich gegen den Ball trete, fällt mir schon ein, was immer das Problem beim Fußball war. Ich trete mit der Spitze gegen den Ball. Mit der Spitze, das sieht aber nicht nur blöd aus, man trifft den Ball auch leider schlecht. Auch ich nun. Der Ball dotzt an Frida und dem Tor vorbei und scheppert in ein großes Windlicht, das meine Frau gerade von ihrer Mutter geschenkt bekommen hat, glücklicherweise ist nichts kaputt gegangen.

«Du musst auf das Tor schießen, Papa», berät mich meine Tochter. Klar, mach ich. Nun weiß ich wieder, wie man schießt: mit dem Rist. Ich nehme etwas Schwung und treffe den Ball genau. Superfußballpapa!, denke ich noch, dann höre ich einen dumpfen Aufprall und das Weinen Fridas. Sie hält sich die Stirn. Um Himmels willen, ich stürze zu meinem Kind und nehme es auf den Arm, abwechselnd Entschuldigungs- und Trostformeln sprechend. «Was ist denn da los?», ruft Anna vom Balkon. «Nichts – Frida hat einen Ball gehalten», rufe ich.

Panini

Ich halte es für besser, wenn ich und die Kinder uns dem Sport erst einmal auf theoretischer Ebene nähern. Das kann ja auch sehr schön sein. Ich zum Beispiel beschäftige mich sehr viel mit Fußball, indem ich ihn mir im Fernsehen angucke. Auch das kann sehr anstrengend sein. Jedenfalls wenn man Fan von Eintracht Frankfurt ist. Es ist aber nicht so gefährlich wie echtes Fußballspielen. Auf der Suche nach einer kindgerechten Form der Fußballbeschäftigung fallen mir die Panini-Alben ein. Die gibt es immer noch. Man kann dort viele Bilder einkleben und dabei jeden Spieler kennenlernen. Und manchen auch zehnmal. Oder vielleicht lieber Spielerinnen? Gibt es nicht auch die Frauen-WM?

Ich schaffe ein Album der FIFA-Frauen-WM 2011 an. Es kostet zwei Euro. Die Bilder gibt es in kleinen Briefchen am Kiosk. Johanna will in das Album hineinmalen. «Nein», sage ich, «reinmalen darf man da nicht, da darf man nur hineinkleben.» Johanna motzt etwas, dann kommt sie zurück mit einer Tube Uhu. «Dann kleb ich eben da was rein.»

«So geht das aber auch nicht», sage ich, «man kann da nicht einfach irgendwas reinkleben, man muss ein Bild von Birgit Prinz reinkleben.» – «Wer ist denn Birgit Prinz?»

«Das ist so etwas wie Lothar Matthäus, aber in weiblich.» Johanna guckt mich an, als würden mir gerade Kuhhörner wachsen. Was erzähle ich meinem Kind auch für einen Quatsch? «Die kann ganz, ganz toll Fußball spielen», erkläre ich.

«Mama kann auch Fußball spielen.»

«Was, Mama spielt Fußball?»

«Ja, ich habe mit Mama gestern im Hof Fußball gespielt, und Mama stand im Tor, da hat sie richtig gut gehalten.» Ich war der Meinung, es sei eine Vateraufgabe, die Kinder an das Ballspiel zu gewöhnen, was ist das eigentlich für eine Anmaßung? «Ich will ein Bild von Mama da reinkleben.»

«Neinneinnein, das ist kein Album für Bilder von Mama, das ist für richtige Fußballfrauen.» Jetzt läuft Johanna heulend davon.

«Mama, der Papa lässt mich kein Bild von dir einkleben, weil du kein Fußball spielen kannst.»

«Wer sagt, ich könne keinen Fußball spielen?», ruft Anna aus dem Bad. Ich fürchte, die Situation gerät außer Kontrolle. Ich werfe mir schnell einen Mantel über und eile zum Kiosk am Ende der Straße. Ich kaufe ein weiteres Album und bringe es Johanna. «Hier, meine Kleine, hier hast du ein Album, in das du Bilder von Mama reinkleben kannst, und reinmalen kannst du auch. Und Bilder von Papa darfst du auch reinkleben.»

«Du kannst aber gar nicht Fußball spielen, Papa!», sagt Johanna. Sie muss lachen, greift sich das Album und verschwindet im Kinderzimmer.

Ich greife mir das andere Album und verschwinde im Arbeitszimmer. Leider ist in keinem der Briefchen, die ich aufreiße, ein Bild von einer deutschen Nationalspielerin, schon gar nicht Birgit Prinz oder die Hübsche mit den krausen Locken, deren Name ich nicht kenne. Ich habe aber Brasilianerinnen, Holländerinnen und Koreanerinnen eingeklebt, auch eine Japanerin war dabei.

Wo bekomme ich jetzt Bilder der Nationalmannschaft her? Ich schaue auf die Website von Panini. Sie haben eigentlich Alben zu allem, was man auf Bildchen drucken kann. American Football, Bundesliga, die italienische Serie A. Alles aus jedem Jahrgang. Auch die Frauen-WM in Deutschland 2011. Es gibt das Ganze sogar als Komplett-Satz zu kaufen, Album plus alle Sticker. Für 50 Euro. Das kommt mir teuer vor. Aber das ist vielleicht noch günstiger, als alle kleinen Bildchen in Briefchen zu kaufen. Dann entdecke ich einen kleinen Satz: Man darf das Album nicht kaufen, wenn man in folgendem Land lebt: Deutschland. Was ist das nur für eine Diskriminierung? Ist das überhaupt mit dem EU-Recht vereinbar? Dass Bürger bestimmter Nationen so einfach ausgeschlossen werden? Ich überlege kurz, eine Eingabe in Brüssel zu machen, entscheide mich aber dann doch dagegen. Das Panini-Prinzip ist nun einmal, dass du umso mehr Geld ausgibst, je näher du vermeintlich deinem Ziel kommst. Am Anfang lassen sich viele der kleinen Rechtecke mit Stickern bekleben. Dann mehren sich die Dopplungen. Am Ende fehlen einem nur noch ein oder zwei Bilder, es wird aber aussichtslos, die durch Zufall zu bekommen. Dann, erst dann zeigt sich Panini gnädig mit dem Süchtigen: Man darf eine Handvoll ausgesuchter Bilder nachbestellen. Sie sind dann natürlich ziemlich teuer. Aber Geld spielt zu diesem Zeitpunkt längst keine Rolle mehr. Ich habe mal gelesen, dass man der Wahrscheinlichkeitsrechnung gemäß einige hundert Euro investieren muss, bevor man ein Panini-Album vollständig hat. Und so, wie ich mich kenne, wird genau das höchstwahrscheinlich eintreffen. Ich will das Frauen-WM-Album vollständig haben. Und nichts wird mich dabei aufhalten. Schon gar nicht meine Kinder, die nicht mitmachen.

Johanna kommt wieder. Sie hat tatsächlich ein Bild von Anna ins Album geklebt. Dort, wo das Bild von Babett Peter hingehört. In andere freie Kästchen hat sie lächelnde Gesichter gemalt. Und noch ganz viele Glitzerbildchen und Blumen hineingeklebt. Es sieht wirklich schön aus. Aber mit Schönheit, glaube ich zu wissen, hat deutscher Fußball nichts zu tun.

Falsche Nummer

Precious Dede, Faith Ikidi, Aroon Clansey, Rachel Yankey, Sara Thunebro, Ra Un Sim, Kaylyn Kyle, Emily Zurrer, Candace Chapman, Sandra Sepulveda, Jong Pok Sim, Sophie Schmidt, Caroline Pizzala, Kim Un Ju, Laura Bassett, Ellen White, Yuli Muñoz, Glory Iroka, Kirsty Yallop, Abby Erceg, Hannah Wilkinson, Rubi Sandoval, Juana Lopez, Luz del Rosario Saucedo, Cecilia Santiago, Katerin Castro, Natalie Vinti, Azusa Iwashimizu, Megumi Kamionobe, Shinobu Ohno, Babett Peter, Simone Laudehr, Ursula Holl, Charlotte Rohlin, Lisa Dahlkvist, Jon Hong Yon ...

Das sind die Damen, mit denen ich mich nun beschäftige. Sie kommen ungeordnet auf kleinen Stickern über mich. Sie gucken alle, als würden sie im Passbild-Automaten ein biometrisches Foto machen wollen. Manche lächeln ein wenig, andere starren in die Kamera, als wollten sie einem sofort ins Gesicht beißen. Besonders das nordkoreanische Team ist in dieser Hinsicht beeindruckend: Choe Mi Gyong möchte man nicht an einem ihrer schlechten Tage begegnen, und Ri Ye Gyong sieht so aus, als wäre das Foto aus einer Fahndungskartei.

Es kommt mir komisch vor, mich plötzlich mit Namen auseinanderzusetzen, die ich nie zuvor gehört habe. Für manche dieser Damen dürfte es der Höhepunkt der Karriere sein, auf einem Panini-Bildchen abgebildet zu sein, zum Beispiel für Yao, die Spielerin aus Äquatorial-Guinea: Sie hat im Leben kein Länderspieltor geschossen, die spielt nicht einmal in einem Verein. Yao – was für ein schöner Name. Überhaupt gefallen mir die Namen der Äquatorial-Guineerinnen am besten. Sie haben nur Vornamen, heißen Vania, Fatoumata, Dulcia.

Andere Spielerinnen aus meinem Album haben Namen, die eine Laufbahn im Damenfußball eigentlich schon vorgeben. Was soll man anderes machen, wenn man Marie Hammarström, Nayeli Rangel oder Sonia Bompastor heißt?

Aber in der Panini-Welt gelten Namen nicht. Längst bin ich ins Tauschgeschäft eingestiegen. Und auf den Tauschbörsen im Internet herrschen Zahlen: «Mir fehlen noch: 7, 20, 21, 46, 47, 61, 67, 102, 122, 155, 172, 176, 178, 189, 197, 214, 215, 216, 224, 225, 235, 268, 278, 279, 284, 297, 299, 300, 301, 302, 306, 318, 324, 328, 330, 331», heißt es da oder: «Biete: 224, 226, 331. Suche: 00, 8, 9, 16, 18, 19, 22, 23, 24, 30, 32, 33, 35, 36, 38, 40, 41, 42, 43, 44, 48, 49, 50, 51, 55, 59, 66, 71, 72, 74, 75, 76, 78, 81, 83, 84, 85, 87, 88, 89, 91, 94, 95, 96, 98, 99, 100, 101, 103, 105, 108, 110, 111, 112, 115, 117, 118, 120, 123,

127, 130, 132, 134, 135, 137, 141, 147, 148, 150, 151, 153, 160, 162, 165, 167, 169, 170, 172, 179, 180, 182, 183, 185, 187, 190, 191, 193, 194, 196, 198, 199, 201, 203, 204, 206, 207, 208, 210, 211, 212, 217, 220, 221, 228, 231, 233, 236, 237, 239, 241, 242, 243, 244, 245, 247, 248, 251, 253, 255, 257, 258, 259, 260, 261, 265, 268, 279, 280, 281, 284, 286, 287, 288, 291, 296, 298, 300, 302, 303, 304, 309, 314, 315, 317, 318, 319, 321, 325, 326, 327, 328.»

Es sind endlose Reihen, die sich durch das Internet ergießen, wie beim Bingo. Ich erinnere mich, als es noch den Ostblock gab. Damals instruierten die jeweiligen Geheimdienste ihre Spione über Kurzwellensender. Mein Vater hatte einen Weltempfänger, und manchmal, wenn man sich durch die Frequenzen schraubte, hörte man eine tonlose Frauenstimme, die Nummernkolonnen vorlas. Ich stellte mir dann vor, wie Agenten in aller Welt diese Codes eifrig mitschrieben und daraus ihre verschwörerischen Aufträge destillierten. Manchmal schrieb ich sie selbst mit. Und stellte mir vor, gerade die chiffrierte Aufforderung zur Liquidierung Ronald Reagens diktiert zu bekommen. Vielleicht ist das ja auch heute noch so. Vielleicht wird in den Panini-Tauschbörsen gar nicht mit klebrigen Bildchen gehandelt, sondern ein Heer von Geheimdienstmitarbeitern geführt, die ja heute alle keine Weltempfänger mehr haben. Es wäre ja viel zu auffällig, einem knarzenden und pfeifenden Radio zu lauschen. Aber ein Panini-Album ist die perfekte Tarnung. Denn ein Panini-Album haben alle. Jedenfalls alle Väter. Das Sammeln bunter Sticker, so ist mir inzwischen klar, ist keineswegs ein Hobby von Jungs oder Mädchen. Es sind wir, die Erzieher, die den Aufwand betreiben, Hunderte Bilder aufzutreiben, bis zum Letzten um jeden Sticker zu kämpfen – um jeden Preis. Kinder könnten das gar nicht, Kinder denken ja, das Leben sei ein Spiel. Ich tippe ein: «Suche: 2, 33, 36, 39, 40, 43, 62, 72, 74, 74, 78, 82, 86, 86, 87, 98, 100, 113, 130, 136, 138, 138, 145, 165, 180, 180, 180, 182, 183, 184, 187, 194, 195, 243, 255, 259, 259, 269, 270, 296, 309, 310, 325, 326, 326, 327.» Und stelle mir vor, dass in Moskau jetzt jemand verdutzt vor dem Bildschirm sitzt und denkt: «Gillfxmfrheigzauxmeriguouxgu: Tolles Wort – ich kann's nur leider nicht verstehen.»

Aus, aus, das Spiel ist aus!

Es hätte folgendermaßen sein sollen: Ich und meine Kinder, noch besser meine Kinder und ich, sammeln Panini-Bilder der weltweiten Fußballerinnen. Und mit diesem Album in der Hand verfolgen wir gebannt Achtelfinale und Viertelfinale. Im Halbfinale kommt es nach einem 3:3 gegen die Französinnen zum Elfmeterschießen. Wir kleben wie elektrisiert vor dem Fernseher, wissend, dass wir eine der besten Torhüterinnen der Welt haben. Jede Mannschaft trifft zweimal – dann passiert es. Inka Grings verschießt. Ein ganz schwach geschossener Ball geht der französischen Torfrau direkt in die Arme. Ich brülle laut auf und schlage mir die Hände vor das Gesicht. Aber dann: Nadine Angerer hält, sie hält. Ich brülle wieder, diesmal aber vor Freude. Und dann: Die Französin Laure Boulleau drischt meterweit am Tor vorbei. Ich röhre wie ein Auerochse, die Kinder reißen die Fäuste in die Luft. Wir liegen uns in den Armen. Jetzt muss nur noch Birgit Prinz treffen. Und Birgit Prinz lässt sich die Gelegenheit nicht nehmen, die versenkt den Ball im rechten Eck. Jetzt ist kein Halten mehr. Anna, ich und die Kinder stürmen die Treppen herunter auf die Straße und lassen in Ermangelung eines Autos die Fahrradklingeln schrillen. So hätte ich mir das vorgestellt. So eine schöne Kindheitserinnerung.

Aber leider stolpern die deutschen Frauen aus dem Wettbewerb heraus, müssen sang- und klanglos das Feld räumen. Noch bevor eine Fußballeuphorie überhaupt losgegangen wäre, noch bevor die Kinder überhaupt richtig etwas von der Weltmeisterschaft mitbekommen hätten. Und vor allem: noch bevor mein

Fußballalbum nur im Ansatz voll gewesen wäre. Gerade einmal die Mannschaft von Neuseeland ist vollständig. Irgendwie fehlt mir nun der Ehrgeiz, Hunderte Euro zu investieren, um die letzten Bilder zu bekommen. Im Grunde hatte ich darauf gesetzt, dass die deutschen Frauen Weltmeister würden. Dann nämlich wäre dieses Panini-Album vielleicht einmal Geld wert. Ich hätte es in den Keller gepackt, zwanzig Jahre gewartet und es dann für so viel Kohle an fanatische Sammler abgegeben, dass wir mit einem Schlag alle Kredite bezahlen könnten. Dann hätte Anna gesagt: «Tillmann, was habe ich dir Unrecht getan, als ich dich scholt, du solltest nicht all unser Geld für Panini-Bildchen ausgeben.»

Aber das hat sich nun wohl erledigt. Kein Schwein wird ein Album haben wollen, das an die bitterste Niederlage des deutschen Frauenfußballs erinnert. Nicht einmal ich. Ich blättere ein letztes Mal die Seiten auf, dann gehe ich mit meinem Album ins Kinderzimmer. «Könnt ihr mir helfen, die fehlenden Bilder auszumalen?» Natürlich können sie. Sie malen in viele Kästchen, dort, wo die Spielerinnern der USA und Kanadas kleben sollten, Bilder von Mama. Und dann Bilder von Johanna. Und Frida. Und, ja, auch ein paar Bilder von Papa. Papa, wie er gegen einen mächtigen Fußball tritt. So schlecht finde ich das Album jetzt gar nicht mehr.

Ausritt

Am Wochenende besuchen wir Christine und Michael in ihrem Schwedenhäuschen mit dem neuen Pony, das vor der Tür grast. Das Tier kommt von einem Gnadenhof, ist sehr alt und fast blind. Die Romantik ist nun perfekt, ein Kinderparadies. Es ist wie Ferien auf dem Bauernhof. Die Kinder sind erst im Garten, hüpfen dann auf dem großen Trampolin, oder sie klettern in das Baumhaus, oder sie buddeln in diesem riesigen Sandkasten.

Es ist immer nett bei Christine und Michael, und wie immer

denke ich mir: Wäre das nicht alles so einfach? Man wohnt auf dem Lande, man sitzt vor dem Haus, das Leben hat einen Rhythmus, man muss nicht durch die Großstadt hetzen und Kulturprogramme abfeiern. Es gibt keinen Film im Kino, den man unbedingt sehen muss, es gibt kein Theater, wo eine Inszenierung von wem auch immer eine ganz, ganz große Sache ist – die man immer verpasst. Es gibt nur dieses Feld und den Bauern nebenan. Abends bringt man die Kinder ins Bett und schaut danach der Sonne beim Untergehen zu, da ganz in der Ferne verläuft ein Bahngleis, da fährt der Zug von Hamburg nach Bremen – aber das ist so weit weg, man wird dort niemals vorbeikommen.

Gerade will ich auf der Terrasse in meinen Schlummer fallen, da sagt Michael: «Tillmann, kommst du mit abäppeln?» – «Wie 'n, was?» – «Wir gehen auf die Koppel und sammeln die Pferdeäpfel ein.» Genia ist zwar sehr alt und nicht sehr groß, aber Kleinvieh macht auch Mist, und zwar gewaltig. Und Michael muss jeden Tag die Hinterlassenschaften aufklauben. Sie fabriziert eine Menge Scheiß. Es gibt in Berlin diese Hundehalter, die hinter ihren Tieren herumstochern und mit Akribie den Kot einsammeln. Wenn man diese Hundehalter anguckt, dann fällt es einem schwer zu sagen, wer eigentlich Herr ist und wer Hund. Bei den Pferden ist das hingegen klar. Man ist eindeutig ihr Diener. Man hat nichts zu melden, darf froh sein, wenn sie einen nicht treten, wenn man ihren Mist wegkratzt. Es ist beeindruckend viel. Wir schieben eine randvolle Schubkarre von der Wiese herunter. Aber wohin damit? Hinter dem Haus hat Michael Komposthaufen angelegt. Dort kommt der Pferdemist drauf und stinkt vor sich hin. «Das riecht natürlich etwas», sagt Michael. «Aber es wird ziemlich schnell Erde daraus – und die kippe ich dann auf die Rosen.»

«Aha.» Ich wusste nicht, dass diese schönen Rosen sich aus dem After eines alten Ponys ernähren.

«Ach – und Tillmann, es wäre doch eine super Gelegenheit, wenn wir beide heute die Koppel fertig ziehen würden.» – «Eine

Koppel ziehen, was ...?» – «Ja, das Meiste ist schon gemacht, wir müssen nur noch ein paar Pfähle einschlagen und Haken bohren, und ...» – «Eine Koppel ziehen?» – «Es macht großen Spaß, du wirst sehen!»

Eine Koppel zu ziehen beinhaltet alle Arbeiten, die jemand wie ich nicht gut machen kann. Man muss etwa tiefe Löcher graben und in diese einen Pfahl, der aus einem gevierteilten Baumstamm besteht, hineinrammen. Dann mit einer Bohrmaschine schwere Haken hineindrehen. Und an denen dann einen Draht spannen. Natürlich müssen wir auch jede Menge Gestrüpp wegharken und auch noch Unkraut rupfen, das den Pferdemägen nicht so gut tun würde. Es ist eine Arbeit, die man nicht mit einem Strahlen auf dem Gesicht macht. Es ist harte Bauernarbeit. Wegen solcher Arbeiten haben Väter ihre Söhne getrieben zu studieren. Damit sie es einmal besser haben würden. Nun schwingen die studierten Urenkel wieder die Hämmer und finden, dass das nun einmal eine «richtige Arbeit» sei.

Es ist eine richtige Arbeit. Nach vier Stunden haben wir unzählige Haken gedreht, Drähte gespannt. Es sieht tatsächlich aus wie eine Koppel. Michael und ich haben schweigend geschuftet. Schweigend gespürt, wie sich der Schweiß in unseren Augenbrauen sammelte und die Schwielen wuchsen. Bei solchen Arbeiten ist schnell gesagt, um was es geht. Die Mission ist einfach, aber der Weg ist lang und beschwerlich. Das wissen beide, dazu muss man nichts sagen. Es ist halt so. Wir können reden, wenn der Abend dräut. Nun ist alles hinter uns – die Koppel ist gezogen. Michael schleppt den schweren Transformator an, der dem Pony mit Elektroschocks Respekt vor dem Zaun geben soll. Alles ist bereitet, der Apparat brummt leise vor sich hin. «Und jetzt? Funktioniert er?» Uns wird klar, dass es nur einen Weg gibt, das herauszufinden. Wie auf ein unsichtbares Zeichen greifen wir beide in den Draht. Ich spüre etwas, als ob sich mein Gehirn in einer Mikrowelle dreht und gleichzeitig eine Wildschweinrotte über mich rollt. Ja, sage ich. Es funktioniert wohl. Michael sagt nichts. Aber gleich wird auch er wieder aufstehen.

Gips

Als das Pony auf der Koppel steht, sind unsere Mädchen wie hypnotisiert. Sie streicheln das riesige Tier, gerade so, als ob es sich um ein großes Plüschtier handeln würde. Vertrauensselig klopft Johanna Genia an den Hals. Obwohl dieses Tier so groß ist, dass es meine Tochter mit einem Tritt ins Jenseits befördern kann, ist Johanna zutraulich und zärtlich.

Genia war mal bei einer Reitschule untergebracht. Aber in ihrem hohen Alter kann sie langsam keine Kinder mehr auf dem Rücken tragen. Ein fast blindes Pony ist ein Risiko für eine Reitschule. Für Genia wäre nur der Schlachthof geblieben. Und damit aus Genia kein Hundefutter wird, darf sie nunmehr auf Christines Wiese stehen. Ich bewundere das an Christine. Was hat sie davon, diesen alten Klepper zu pflegen? Sie hätte sich stattdessen auch ein junges, gesundes Pony auf die Wiese stellen können. Aber Christine hat eben ein Herz für die Schwachen. Vielleicht mag sie deswegen auch mich. In Christines Vorstellung darf die Welt nicht so sein, dass man aufgegessen wird, nur weil die Leistung nicht mehr stimmt. Einem Pony muss Gerechtigkeit widerfahren. Wie schade, denke ich, dass so ein Pony nicht klug genug ist, dass es sein Glück auch nur ahnen könnte.

Vielleicht, denke ich, wäre es für die Kinder wirklich besser, sie würden auf dem Land aufwachsen. Dort, wo die Natur vor der Tür ist. Wo man als Haustier kein Kaninchen, sondern ein Pferd hat. Wo man vor die Tür kann, ohne von einem Auto überrollt zu werden. Vielleicht bringen wir unsere Kinder um die Kindheit.

Als ich selbst klein war, waren wir jeden Tag draußen und trieben uns in den Wäldern herum. Wir haben Banden gebildet und Geheimverstecke gehabt. Wenn Kinder heute in einer Stadt wie Berlin Banden bilden und geheime Depots anlegen, finden das Eltern und Polizisten eher nicht gut.

Unsere Eltern haben sich wenig darum geschert, was wir da draußen anstellen. Und wir haben allerlei angestellt. Mein Bruder hat sogar mal einen Wiesenbrand verursacht, weil er mit seinen Freunde mit Streichhölzern gespielt hat.

Heute will ich meine Kinder die ganze Zeit beaufsichtigen, weil ich mir Sorgen mache, dass ihnen etwas passieren könnte. Aber uns ist damals doch auch nichts passiert, oder?

Johanna will mit Genia einen Ausritt machen. Christine findet das eine großartige Idee. Anna macht sich Sorgen, weil das Kind keinen Helm hat. «Wir halten das Pferd ja und gehen ganz langsam», beruhige ich sie. Christine setzt Johanna auf Genias Rücken. Es gibt einen wunderschönen Waldweg, sagt sie. Wir machen einen Ausflug, als wären wir in einer Hanni-und-Nanni-Verfilmung. Christine führt Johanna. Das Kind ist überglücklich. Ich gehe mit Michael hinterher. Er erklärt mir gerade, wie man in Zukunft mit Lichtbestrahlung Moleküle wird bauen können. Da rauscht ein Auto an uns vorbei. Genia macht ein paar verwirrte Schritte zur Seite. Johanna verliert das Gleichgewicht. Sie rutscht seitlich herunter, kommt mit dem Arm auf und schreit. Christine versucht, das Pferd unter Kontrolle zu bringen. Johanna schreit weiter. Als Vater kann man einen Schmerzensschrei von einem Schreckensschrei unterscheiden. Es ist Schmerz. Anna und ich rennen zu Johanna. Ich nehme sie hoch, sie schreit und schreit. «Der Arm ist gebrochen», brülle ich. «Wo kriegen wir in diesem Kaff einen Krankenwagen her?»

7. Kapitel:
Juli – Urlaubsmythen

➥ Warum alle Eltern dringend abschalten wollen, aber es dann doch nicht tun. Und was es verändert, wenn man nicht mehr überall mit dem Auto hinfährt.

Grünholz

Im Krankenhaus ist der Bruch schnell diagnostiziert. Ein «Grünholzbruch» sei das, sagt die Ärztin. So nenne man es, wenn der Knochen zwar durchgebrochen sei, die Bruchenden aber von der Knochenhaut weiter zusammengehalten würden. So etwas heile meist relativ schnell, man müsse gar nicht operieren. Johanna bekommt einen roten Plastik-Gips. Weiße Gips-Gipse gibt es nicht mehr, warum auch immer, schade, da konnten alle Freunde was draufschreiben, es war das erste Poesiealbum, was man so hatte. Johanna läuft nun herum, als wäre ihr Arm Teil einer Spielzeug-Puppe. Sie ist von der Handwurzel bis zur Schulter verschalt. Damit wird sie es jetzt wohl sechs Wochen aushalten. Im Krankenhaus hat man uns für Idioten erklärt, weil wir unser Kind auf ein Pferd gesetzt haben. «Sie sollten mal hier ein Wochenende verbringen, wie viele verunglückte Reiter hier eingeliefert werden. Was meinen Sie, der wievielte Pferdesturz Sie schon sind!» In Krankenhäusern haben sie die unangenehme Angewohnheit, die Patienten mit ihren Verletzungen anzusprechen. Man ist nicht vom Pferd gestürzt, man ist ein Pferdesturz. Ich überlege schon, wie es sein mag, wenn einmal Krankenpfleger über mich sagen wird: «Geh doch mal zu dem Schlaganfall auf Station 8a.»

Johanna ist jetzt also ein «Pferdesturz». Und wir sind daran schuld. Wie kommt das eigentlich, dass wir unser Kind schützen und hegen, vor jedweder Gefahr bewahren, die von einer chemisch gespritzten Birne ausgehen könnte – aber ohne Umstände auf ein Pferd setzen, das ihm ganz leicht den Hals beziehungsweise den Arm brechen kann? Ein Blick in die Unfallstatistik lässt einem angst und bang werden. 17 Prozent aller Sportunfälle gehen auf Pferde zurück, viel mehr als auf Fußballfouls oder Boxkämpfe. 30 000 Unfälle passieren nach Angaben der Bundesanstalt für Arbeitsschutz und Arbeitsmedizin jedes Jahr im Reitsport. Besonders gefährdet sind junge Reiterinnen: Mädchen unter 14 Jahren machen etwa 17,5 Prozent der organisierten Reiterinnen in Deutschland aus, doch sind sie bei 40 Prozent aller Reitunfälle betroffen. Bei einem nächtlichen Ausritt in Niedersachsen sind einmal sogar 44 Kinder verletzt worden, weil 100 Pferde, die sich erschreckt hatten, durchgegangen waren, die Kinder abwarfen und über sie hinweggaloppierten. Was tun wir den Kindern nur an? Kleine Kinder reiten zu lassen ist vergleichbar damit, sie auf ein Motorrad zu setzen. Aber es gibt einen offensichtlichen Unterschied: Würde ein Kind vom Motorrad fallen und sich etwas brechen, würde man das verdammte Ding in die Hölle wünschen und verschrotten. Dem Pferd jedoch verzeiht man das. Christine ruft an, erkundigt sich sorgenvoll nach dem Wohlergehen von Johanna, und ich erkundige mich sorgenvoll nach Genia, ob die den Stress verwunden habe. Wenn es um Pferde geht, scheinen die normalen Kriterien menschlicher Vernunft außer Kraft gesetzt zu sein. Wir wünschen uns einfach zu sehr, dass Pferde eben keine schreckhaften Biester sind, sondern Freunde unserer Kinder.

Und selbstverständlich bin auch ich unbelehrbar. Damit das Kind aus der Erfahrung seines Pferdesturzes keine bleibenden Schäden behält, gehe ich mit den Töchtern ein paar Tage später einen Pferdestall besuchen. Den, wo auch Genia als Schulpferd gehalten worden war. Johanna hantiert mit ihrem roten Plastikarm und einer Mistgabel herum. Frida schiebt etwas Stroh zusammen. Ich schaue zufrieden zu, als ich einen Schmerz in der Schulter spüre. Als ich mich umdrehe, schaut mich ein Pferd an. Ich frage den Stallmeister, ob das Tier zufällig bissig sei. «Ach», sagt der Stallmeister, ja, das Pferd habe ein Aggressionsproblem gehabt. Der Pferdepsychologe habe da aber gute Arbeit geleistet. Es gehe dem Gaul jetzt viel besser. Ich halte meine Schulter und denke mir, dass das arme Tier wohl gerade einen Rückschlag erlitten hat, als es mich gesehen hat.

Abends vor dem Spiegel ziehe ich mein T-Shirt aus. «Hast du

da einen Knutschfleck?», fragt Anna erschrocken. Ich betrachte die rote Stelle, ich sehe sie ja selbst zum ersten Mal: «Ach nein, da hat mich nur ein Pferd gebissen», sage ich. Und überlege, ob sich das nach einer guten Ausrede anhört.

Der Cowboy Jim aus Texas

Nicht nur der Knochen in Johannas Arm hat einen Knacks, sondern auch der Familienfrieden. Ich bin sauer auf das Pferd, das meine Tochter abgeworfen hat, aber noch wütender auf mich selbst, dass ich mein Kind auf dieses Pferd gesetzt habe. Anna ist sauer auf sich selbst, dass sie es zugelassen hat, dass ich das Kind auf das Pferd gesetzt habe, aber noch mehr sauer auf mich, dass ich das Kind auf das Pferd gesetzt habe. Nur Johanna ist nicht sauer auf irgendjemanden. Johanna hat einfach ihren Arm im Gips.

Vielleicht, denke ich, ist es eine gute Idee, etwas gemeinsam zu unternehmen. Etwa in ein Konzert zu gehen. Nach kurzem Studium der Veranstaltungskalender weiß ich auch, in welches: «Hey, wir gehen auf ein Fredrik-Vahle-Konzert», sage ich. Johanna und Frida gucken mich an, als hätte ich ihnen verkündet, wir würden nun eine Ziege auf dem Balkon halten, um sie dort zu melken. «Wer ist Fredrick Wale?» – «Na, das ist der, der Rolf Zuckowski hätte werden können.» – «Wer ist Rolf Zuchowki?» – «Ach, Kinder, ihr versteht ja gar nichts von Musik!»

Ich habe keine Ahnung, wer heute Lieder für Kinder dichtet. Es gibt Robert Metcalf, der macht Lieder über Zahlen, und den unvermeidlichen Detlev Jöcker mit seinem «1, 2, 3 im Sauseschritt». Es scheint heute schon zu genügen, dass man Kinder irgendwie dazu bringt zu tanzen. Früher sollte Musik jedoch eine Botschaft haben. Und je nachdem, welche Message man zwischen den Takten in die kleinen Gehirne hämmern wollte, wählte man den Liedermacher. Und eigentlich gab es nur die Auswahl zwischen

Fredrik Vahle und Rolf Zuckowski. Die beiden verhielten sich zueinander wie die Rolling Stones und die Beatles. Man konnte nicht Fan von beiden sein.

Rolf-Zuckowski-Songs gehen so: «Rollt der Ball auf die Straße, lass ihn laufen, so 'nen Ball kann man immer wieder kaufen.» Oder er besingt den Platz, den man im Auto einnehmen soll. «Mein Platz im Auto ist hinten, hinten, ja hinten könnt ihr mich finden.» Zuckowski ist die Stimme der Vernunft. Wenn du dein Dasein so eingerichtet hast, wie Rolf Zuckowski es dir vorträgt, wirst du Gott gefallen oder wenigstens deinen Eltern oder zumindest von keinem Auto überfahren. Rolf Zuckowski trat auch immer mit einer ganzen Schar Kinder auf, die zusammen mit ihm sangen. Ich fragte mich, wo er die nur immer herbekam. Hatte er sie aus dem Kinderheim, so wie man kleine Hunde aus dem Tierheim holt? Ich erinnere mich gut an eine «Wetten, dass ...?»-Sendung, wo er «Du da im Radio» sang und «... und ganz doll mich.» Und ein kleiner blonder Junge mit Brille sang als Refrain: «Schwabiduschwabschwabischwabidu.» Meine Eltern waren unglaublich entzückt, und ich dachte mir grimmig: Das ist also die Art Sohn, die sie gerne hätten – jemand mit Brille.

Das wäre für mich hinzunehmen gewesen. Aber es gab ein Ereignis, das einen Keil zwischen mich und Rolf Zuckowski trieb. Sein Album «Die Vogelhochzeit». Die Lieder handeln davon, wie zwei Vögel sich ineinander verlieben und Nachwuchs bekommen. Sie flattern gewissermaßen von Lied zu Lied, bis das Vögelchen endlich geschlüpft ist. Es geht darum, wie schwer es ist, Futter anzuschleppen, ein Ei auszubrüten, oder es handelt vom Genuss, gemeinsam im Baum zu singen, trallala. Als ich Grundschüler war, wurde es zu einer Unart an jeder Schule, mit den Kindern die «Vogelhochzeit» einzustudieren. Auch ich wurde gezwungen, mit albernen Federkostümen aufzutreten, die wir aus den in Streifen geschnittenen Seiten von Illustrierten basteln mussten. Meine einzigen Erinnerungen an Musikunterricht in der Grundschule sind endlose Tanzübungen mit einem albernen Pappschnabel vor der Nase. Unendlich viele Kinder in meinem Alter mussten zu «Ja so ein Baum, das ist ne Wucht / Wenn man sich ein Plätzchen sucht / doch am schönsten ist es heut / auf einem Baum zu zweit» die Arme schwenken oder Klanghölzchen gegeneinanderschlagen. Ich hatte viel später tatsächlich einmal die Gelegenheit, ein kurzes Interview mit Rolf Zuckowski zu führen. Ich fragte ihn, ob ihm bewusst gewesen war, welche Not er verbreitet hat. Er verteidigte sich, seine Vogelhochzeit sei niemals als Singspiel für Schulen geplant gewesen. Er habe einfach ein schönes Bild, auf dem die Vogelfamilie abgebildet war, vertonen wollen. Die Schulen hätten das von selber in ihr Programm aufgenommen. Ich wusste nicht, ob ich ihm glauben sollte, nachher will es ja immer niemand gewesen sein. Vielleicht sollte ich dankbar sein, dass Rolf Zuckowski kein Bild von Hieronymus Bosch vertont hat.

Ich mochte als Kind Fredrik Vahle lieber. Er war für mich ein Anti-Zuckowski. Von Vahle kommen Lieder wie «Der Cowboy Jim aus Texas / der tags auf seinem Pferd saß / hat einen Hut aus Stroh / und darin saß ein Floh». Der Refrain war «Yippiey, Yippieyey, Yippieyeyey». Nicht «Schwappschwappischubidu».

Vahle-Lieder waren immer ein bisschen ungekämmt, in seinen Songs kamen wenige Kinder und Eltern vor, dafür aber Immobilienspekulanten, Gastarbeiter und säbelrasselnde Kaiser. So gesehen, war Vahle das «Ton, Steine, Scherben» meiner Kindheit.

Ich stelle mir gerne vor, dass Vahle und Zuckowski einander gehasst haben, dass der eine dem anderen bei den Liedernachmittagen gerne den warmen Kakao ins Gesicht geschüttet hätte. Vahles bekannteste Platte war «Die Rübe». Ein Song darauf handelte von Igeln, die sich zusammentun, um den arroganten Hasen Augustin beim Wettrennen auszubooten. Das Lied allerdings, das mir meine Eltern am häufigsten vorgespielt haben, handelte vom

«Fisch Fasch mit seinem weißen Asch». Der Fisch Fasch ist nämlich stinkfaul und arbeitet nicht mit, wenn die anderen kräftig zupacken. Nur wenn es ans Essen geht, setzt er sich an den Tisch und löffelt mit. Als Gegenleistung zeigt er ihnen nur seinen «weißen Asch» – bis die «Leute» irgendwann die Nase voll von ihm haben und ihm seinen weißen Asch verprügeln. Ich denke, Mutter spielte mir das Lied vor, um mir zu bedeuten, ich solle im Haushalt mehr mitarbeiten und mich nicht immer nur an den gedeckten Tisch setzen. Ich aber schreibe dem Hören dieses Songs meine frühe kritische Haltung zum Faschismus zu.

«Ton, Steine, Scherben» gibt es nicht mehr, Vahle aber schon. Er tritt noch immer auf. Und diesmal haben wir Karten. Der Saal ist voll, irgendwo stromern die Kinder herum, man sieht sie kaum, viel präsenter sind ihre Eltern. Sie sind alle so alt wie ich, sie haben dieselben Platten gehört. Und da vorne auf der Bühne steht der Mann, der ihre Kindheit symbolisiert. Fredrik Vahle hat ein verwaschenes rotes Hemd an, das er vermutlich seit 1974 trägt. Es hängt etwas nonkonformistisch über die Hose. Er hat sehr graue Haare, schließlich ist er fast 70. Er sieht etwas müde aus.

Mannomann, denke ich, das letzte Mal war ich in dieser Veranstaltungshalle vor sieben Jahren. Damals hörte ich mit meiner Freundin ein «Lambchop»-Konzert an. Nun sind wir verheiratet und gehen gemeinsam mit unseren Kindern auf Konzerte. Wo sind Johanna und Frida eigentlich? Sie haben sich in den Bereich vor die Bühne verkrümelt, dort, wo Matratzen ausgelegt sind.

Also sitzen wir in den hinteren Reihen alleine, es ist ganz genauso wie bei Lambchop, außer dass dort auf der Bühne ein Mann mit rotem Hemd auf einer Ukulele klimpert. Ich hole mir ein Bier. Ich weiß nicht, ob ich wirklich Lust auf ein Bier habe. Aber bei einem Konzert trinke ich immer Bier – soll ich jetzt auf Apfelschorle umsteigen oder Früchtetee? So wie all die anderen Eltern hier? Fredrik Vahle würde wollen, dass ich Bier trinke, versichere ich mir. Leider spielt er kein einziges Lied, das ich kenne. So ist das ja immer auf Konzerten: Man will die alten Sachen hören, große Gefühle haben – aber der da vorne will nur seine neue Platte verkaufen. Mein Bier ist plötzlich ganz leer, ich hole mir noch eines. Anna will keines. Die meisten Lieder, die Vahle singt, haben gar keinen richtigen Text – es sind bloße Silben- und Laut-Aneinanderreihungen. Er tut so, als sei seine Ukulele ein Handy, das finden die Kinder lustig. Und einmal tut er so, als würde er während eines Songs einschlafen, dann johlen die Kinder vergnügt, um ihn zu wecken. Vahle weiß, wie er sein Publikum unterhält, er weiß es seit 40 Jahren. Und er wendet sich eben an die Kinder, nicht an mich. Ich bin egal. Er ist weiter gezogen und hat mich auf der letzten Bank sitzengelassen. Jetzt endlich erkenne ich einen Song, den «Katzentanz»: «Und die Katze tanzt allein, tanzt und tanzt auf einem Bein.» Ich springe auf, ich will jetzt mit meinen Töchtern tanzen – wozu sind wir sonst hier? Mir wird kurz schwarz vor Augen – verdammtes Bier –, ich stolpere zum Matratzenlager, aber meine Kinder ignorieren mich hartnäckig, gucken wie gebannt auf Vahle. Ich nehme ihre Hände, aber sie ziehen sie weg von mir. Es ist ihnen unangenehm. Ich schleppe mich zurück auf meinen Platz. Es war fast der letzte Song. Vahle klimpert ein «Auf Wiedersehen»-Lied und ist von der Bühne. Er gibt keine Zugabe. Er hat wohl die Nase voll von den Zugabe-Zugabe-Eltern, die ihre Kindheit hören wollen.

Ich stelle mich am CD-Tisch an und kaufe eine CD, «Die Rübe». Es ist das letzte Exemplar. Wahrscheinlich noch immer der Bestseller. Dann sehe ich Vahle, wie er unschlüssig herumsteht, wahrscheinlich wartet er auf jemanden. Ich gehe zu ihm, bedanke mich für das Konzert. Er nickt höflich, wendet sich schnell ab und geht. «Wann spielen Sie denn wieder mal den Cowboy Jim aus Texas?», rufe ich ihm hinterher. Aber das hört er nicht mehr. Oder will es nicht hören.

Als wir zu Hause ankommen, lege ich die CD ein. Meine Kinder hören sie mit derselben Ungerührtheit, wie sie auch «Dschungelbuch» und «Conny» gehört haben. Beim Abendessen aber singt Johanna plötzlich: «Ich bin der Fisch Fasch mit dem weißen Asch, hihi.» Ich lächle in mich hinein. Kind, denke ich, wenn du dereinst auf der Straße stehst und «Antifa, Antifa!» skandierst – dann weiß ich, was dich darauf gebracht hat.

Endlich Urlaub

Unser Italienurlaub kommt gerade noch rechtzeitig. In den vergangenen Wochen war die Stimmung so gereizt, wie sie unter Menschen, die sich eigentlich nicht streiten wollen, nur gereizt sein kann. Eine Familie funktioniert ja nicht so, wie man das aus der Rama-Werbung kennt, mit Menschen, die ganz, ganz viel Zeit haben und sich ständig anlächeln. Mit Mamas, die dauernd überlegen, wie sie das Leben ihrer Kleinen noch ein wenig hübscher gestalten können. Wo die Sonne immer alle Räume flutet und nie eine alte Nudel auf dem Fußboden liegt.

In Wirklichkeit ist eine Familie aber ein Drei-Schicht-Betrieb mit Stechuhr, wo alles seinen Ablauf hat, wo zu festgelegten Zeiten das Haus verlassen, gehütet, geputzt werden muss, wo Kinder, die kränkeln oder gebrochene Arme haben, ein Hindernis darstellen, wo man sich ständig Klinken in die Hand gibt, wo alles nach einem Plan verläuft und jener für Unmut sorgt, der den Plan aus irgendwelchen Gründen nicht einhält.

Nach sechs Monaten ist so eine Familie völlig aufgerieben und genervt von sich selbst. Genervt von quengelnden Kindern, die morgens partout nur die eine Hose anziehen wollen, auch wenn die dreckig ist und Löcher hat. Genervt von Eltern, die morgens einen Ton von Fußballtrainern am Spielfeldrand am Leib haben, wenn es darum geht, die Kinder im Tempo zu halten auf jenem Parcours durch den Tag. Genervt von der Uhr in der Küche, die immer, immer zur Eile anhält, weil eigentlich nie Zeit ist. Nach einem halben Jahr braucht diese Firma dringend Betriebsferien.

Früher war Urlaub eine Zeit für mich, in der ich die Welt entdecken wollte. Man schnallte sich einen Rucksack um und fuhr nach Kuba oder Ungarn oder Syrien oder Südafrika. Man war die ganze Zeit unterwegs, verbrachte keine drei Tage an einem Ort und wollte so viel sehen wie möglich. Es galt die Welt zu riechen, unter den Füßen zu spüren, zu schmecken.

Heute muss ich sie nicht mehr spüren, riechen, schmecken. Die kann riechen, schmecken und sich anfühlen, wie sie will. Ich will sie dabei nicht stören, ich will nur meine Ruhe haben, ich will einfach abschalten. Vielleicht geht es beim Abschalten gar nicht so sehr um Urlaub. Vielleicht suche ich wirklich den innerlichen Aus-Knopf, der mich zusammensinken lässt wie einen deaktivierten Roboter in einem mittelklassigen Science-Fiction-Film. Man müsste die Eltern also gar nicht in den Urlaub schicken, man könnte sie genauso gut niederschlagen oder sie ins Koma legen. Das wäre auch sehr schön. Birne aus, nichts hören, nichts sehen, nur ausschlafen – so soll das Leben für mich aussehen.

Heute reden wir ständig davon, dass wir abschalten müssen, einfach mal «abschalten». Dieses Wort haben meine Eltern nie benutzt. Wir waren zweimal im Jahr im Urlaub, einmal im Sommer, einmal zu einem kürzeren Wander- oder Skiurlaub im Herbst oder Winter. Aber sie wollten nie abschalten im Urlaub.

Ich rede so vom Urlaub, als würde ich in eine Reha eingewiesen. Als sollte im Urlaub ein Pfleger neben mir stehen, der meinen Puls misst, mit mir den Diätplan durchspricht und gleich eine Qi-Gong-Übung mit mir macht. Stattdessen ist es Frida, die einen Saft haben will und sagt, sie habe Hunger. Warum haben Kinder auch im Urlaub Hunger? Warum wollen sie im Urlaub Saft? Sehen sie denn nicht, dass ich URLAUB habe? Ich habe früher immer die Mallorca-Touristen belächelt, die einfach nur mit Bier in der Sonne sitzen wollen. Jetzt habe ich ein gewisses Verständnis für sie.

Aber werde ich selbst «abschalten» im Urlaub? Selbstverständlich nicht! Und keinesfalls werde ich mich mit Bier in der Hand in den Lehnstuhl setzen. Denn aus meiner eigenen Kindheit weiß ich, dass man sich an Urlaube ein Leben lang erinnert. Und zwar vor allen Dingen an Urlaube. Die vielen Stunden, die meine Eltern an meinem Bett gesessen haben und mir Geschichten vorlasen, habe ich vergessen. Aber unsere Urlaube erinnere ich alle. Urlaub war, wenn es jeden Tag spannende Sachen gab. Als das Essen besonders gut war. Als man Freunde für 20 Tage fand. Als man jeden Abend Karten spielte. Im Grunde sind meine Kindheitserinnerungen eine Abfolge von Urlauben.

Und würde ich den Urlaub damit verbringen, betäubt im Liegestuhl zu hängen, würden meine Kinder das bestimmt auch nicht vergessen. Sie würden glauben, ihr Papa sei mit seinem Bier nie aus dieser Sonnenliege aufgestanden. All das Nette, was ich für sie getan habe, wäre vergessen, nur der narkotisierte Vater wäre präsent. Von dem würden meine Töchter dann ihrem Psychotherapeuten erzählen. So leicht will ich es dem nicht machen.

Durchfahren

Wir fahren nie mit dem Auto in den Urlaub. Wir haben nämlich kein Auto. Immer, wenn ich gefragt werde, was für einen Wagen ich eigentlich fahre, antworte ich, dass man in Berlin kein Auto braucht. Ich erkläre dann, dass ich lieber auf Mobilitätskonzepte setze als auf den Individualverkehr. Dann wundern sich die Leute, was für ein Umweltritter ich bin. Ein von Überzeugungen geprägter Mensch, der lieber eine S-Bahn-Jahreskarte in der Tasche hat als einen Autoschlüssel.

Der wahre Grund, warum ich kein Auto habe, ist, dass ich der schlechteste Autofahrer der Welt bin. Jemand, der in falscher Richtung in die Einbahnstraße fährt, der nachts vergisst, das Abblendlicht auszumachen, und beim Einparken die anderen Autos wegschiebt. Immer wenn ich in einem Auto saß, kam es fast zu einem Unfall. Es wäre Körperverletzung, wenn ich meine Kinder in ein Auto stecken würde. Und interessanterweise empfinden meine Kinder das auch so. Wenn Johanna in einem Auto sitzt, dann klagt sie, dass es darin stinkt. Und später klagt sie, dass sie von dem Auto Bauchweh bekomme. Und dann übergibt sie sich auf die Sitze. Ich habe also einen doppelten Beitrag zur Umwelt geleistet. Nicht nur, dass ich selbst nicht das Weltklima aufheize. Auch meine Töchter werden das Autofahren zeitlebens als unangenehme Erfahrung im Kopf behalten. Sie werden niemals einen Führerschein machen wollen. Es wird ihnen einfach ein Graus sein. Wenn ich einmal einen Umweltpreis dafür bekäme, würde es mir nicht übertrieben erscheinen. Aber Umweltpreise werden ja selten an die verliehen, die sie verdienen. Ich kann nur sagen, wenn alle Eltern ihre Kinder so erziehen würden, dass sie sich im Auto übergeben müssen, wäre dieser Planet ein lebenswerter Ort. Er würde nur schlechter riechen.

Für mich allerdings spielte das Auto in der Kindheit eine völlig andere Rolle. Im Auto begann der Urlaub. Meine Eltern hatten einen ganzen Tag zu tun, die schweren roten Koffer voll zu packen und in den Kofferraum zu wuchten. Unser roter Alfa Romeo Alfetta war bis zur Hutablage vollgepackt. Und hatte so schwer an den Jacken, Schwimmsachen, Grundnahrungsmitteln zu tragen, dass er förmlich in die Knie ging. Am Tag der Abfahrt wurden wir früh aus den Betten geholt, schließlich ging es darum, die Fähre in Travemünde zu erreichen. Das war immer die große Frage: Wie viele Staus sind auf der Strecke, wie oft müssen wir anhalten, wer muss wann aufs Klo? Stets warteten wir im Auto, und unsere Mutter war noch im Haus. Sie guckte, ob alle Türen verrammelt waren, die Blumen gegossen, die Rollläden heruntergelassen, das Wasser abgedreht. Dann kam sie heraus, schloss die Tür und ging zum Auto. Als sie schon die Hand am Türgriff hatte, drehte sie sich stets noch einmal um. Sie eilte ins Haus zurück, um noch einmal auf die Toilette zu gehen. Ich weiß nicht, ob noch einmal das Wasser aufgedreht werden musste, um auf die Toilette zu gehen. Dann kam sie wieder heraus, stieg ein, und es ging endlich los. Kurz vor der Autobahn rief meine Mutter dann: «Ich habe vergessen, den Herd auszumachen!» Mein Vater fragte dann mehrmals nach, ob sie sich denn ganz sicher sei, dass der Herd noch an sei. Man habe doch gar nichts gekocht. Meine Mutter war sich aber ganz sicher. Also kehrten wir um nach Hause, meine Mutter stürmte ins Haus. Kurz darauf kam sie zum Auto zurück mit der Nachricht, der Herd sei doch aus gewesen. Meinen Vater schien das nicht zu überraschen. Und dann ging es endlich wirklich los. Und zwar mit Tempo, denn die Fähre in Travemünde war ja praktisch schon weg.

Wir saßen stets unangeschnallt auf dem Rücksitz und stritten. Unsere Eltern versuchten, uns mit Spielen zu unterhalten. Städteraten auf dem Kennzeichen, rote Autos zählen, und wer zuerst ein Nummernschild sah, aus dem sich ein Wort bilden ließ, hatte gewonnen (DA-CH, M-IR, HA-SS). Mein Vater fuhr stets auf der linken Spur, so schnell wie möglich, die Autobahnen waren ja noch nicht alle paar Kilometer geschwindigkeitsbeschränkt. Und immer wieder musste er scharf bremsen, weil wir in heftige Staus gerieten. Vater redete über die Fähre in Travemünde, die jetzt dann wohl definitiv weg sei, Mutter kurbelte im Autoradio mit lautem Rauschen die Sender durch, auf der Suche nach einer Verkehrsinformation. Und ich harrte in Vorfreude auf einen großen Haufen Blech, den wir passieren würden, wenn wir die Unfallstelle erreichen würden. Es waren aber meist nur Baustellen.

Die Fähre nach Travemünde war dann doch nicht weg. Wenn wir das Terminal erreichten, war es schon spätnachts. Jedenfalls kam es mir stets so vor, als sei es spätnachts. Es war dunkel, und von all den Schiffen, die am Fährterminal kreuzten, waren nur noch Positionslichter und Deckbeleuchtungen zu sehen. Es kam mir vor wie eine fremde Welt, in der wunderliche, illuminierte Gefährte unterwegs waren. Im Dunkeln konnte man ja nicht einmal erkennen, ob die Schiffe im Wasser flogen oder fuhren. Man musste am Kai lange in der Warteschlange stehen. Und es schien mir, als sei bis zuletzt nicht klar, ob wir es nun zur Fähre schaffen würden oder nicht. Das Schiff war riesengroß, und in seinem Rumpf öffnete sich ein unglaubliches Maul, durch das man in seinen Bauch kam, es verschluckte Hunderte von Autos wie der Wal Monstro aus der Geschichte «Pinocchio».

Als wir in der Fähre waren, aus dem Auto gestiegen waren und uns zwischen den anderen Autos hindurchgeschlängelt hatten, eröffnete sich eine noch wundersamere Welt: das Schiffscasino. Die Europäische Union gab es noch nicht, sie hieß noch EG, es gab noch Wirtschaftsgrenzen, man zahlte nicht für die Schuldenprobleme anderer Länder, und das Meer war eine zollfreie Zone. Auf dem Wasser verwandelten sich die Schiffe in Spiel- und Vergnügungshöllen. Sobald der Kahn aus deutschen Hoheitsgewässern herausgeschippert war, bezogen Croupiers an den Spieltischen Stellung. Plötzlich drehten sich überall Rouletteschalen, und Karten flatterten an Black-Jack-Tischen, in sich zusammengesunkene Gestalten saßen an einarmigen Banditen. Meine Eltern freilich waren nicht auf Glücksspiel aus. Sie gingen in den Bordshop und kauften sich Martini und Campari. Martini und Campari, sagten sie, tranken sie gerne im Urlaub. In Schweden sei der aber sehr, sehr teuer. In Schweden seien Schnapsläden gesichert wie Juweliergeschäfte. Auf der Fähre aber sei der Schnaps so billig wie nirgends auf der Welt, weil es hier keinen Zoll gäbe. Das Schiff schien mir eine Art Zwischenwelt zu sein. Eine Welt, in der alles gut und billig ist, in der man alles tun und lassen durfte, was man wollte, und sich an nichts halten musste, was auf festem Boden galt. Es gab gar keinen Grund, wieder anzulegen.

Wahrscheinlich hätte ich auch meine Hose ausziehen und mit nacktem Hintern zwischen den Black-Jack-Tischen hindurchflitschen können und das wäre völlig okay gewesen. Ich machte das aber nicht. Mit wurde nur klar, warum Menschen so gerne Piraten geworden waren, warum es sie auf das Meer hinausgetrieben hatte, wo sie Abenteuer und Schnaps suchten. Mein Vater hatte mir oft erzählt, dass er früher selbst Seeräuber gewesen sei. Er hatte eine Kiste im Keller, in der alle Beweisstücke lagen. Eine kleine Kanone, die zwar nur so groß war, dass man kleine Feuerwerkskörper hineinstecken konnte, aber angeblich völlig ausgereicht hätte, um kleinere Schaluppen zu beschießen. In der Kiste war auch ein Taschenmesser, um die Schiffe zu entern, und ein Totenkopf mit glitzernden Augen. Es waren wirklich überzeugende Requisiten. Wenn mein Vater mir diese Artefakte zeigte, sah er immer sehr verträumt aus. Das seien noch Zeiten gewesen damals, als er Pirat gewesen sei, schwärmte er. Aber irgendwann habe sich die Seeräuberei nicht mehr gelohnt, zu viel Polizei auf dem Wasser, da hätte er auf Zahnarzt umgeschult – und das sei er ja heute noch.

Nun aber war mein Vater zurück auf See. Und meine Eltern gingen mit uns in die Bar. In der Bar auf der Fähre spielte eine Band. Eine Frau sang, und sie trug ein rotes, glitzerndes Kleid und kam mir vor wie die schönste Frau der Welt. Mutter sagte zu Vater: «Komm, lass uns eine Bloody Mary trinken.» Dass Mutter eine Bloody Mary trank, war das Verruchteste, was ich je gesehen habe. Wir bekamen eine Fanta. Wenn ich nachher in der Koje lag und draußen die Leuchtfeuer der Leuchttürme vorbeiziehen sah, war mir klar: Ich werde auch Pirat. Und am nächsten Morgen spuckte uns die Fähre schon wieder an Land, und draußen war Urlaub.

Ferienflieger

Wenn wir heute in den Urlaub fahren, dann fliegen wir. Wir würden niemals einen Kofferraum vollpacken, bis nichts mehr hineingeht, und in Richtung Freiheit starten wie Auswanderer. Wir packen stattdessen für das Flugzeug. Und achten genau darauf, die Gewichtsbeschränkungen von easyJet einzuhalten. Das bedeutet, dass vieles, was man damals mit in den Urlaub mitgenommen hätte, heute zu Hause bleiben muss. So etwas wie das feuerrote Segelboot, das ich als Kind gebastelt hatte und mit in den Urlaub nahm. Oder die große Luftmatratze mit den Ausmaßen eines kleinen Floßes. Solche Dinge, die mit der Vorfreude, die sie verbreiteten, den Urlaub schon vorwegnahmen, wären heute Übergepäck.

Wir wecken die Kinder bei Dunkelheit, denn die Billigflieger heben frühmorgens ab, bevor die Geschäftsflieger ihren Dienst aufnehmen. Das Taxi bringt uns direkt zur Warteschlange am easyJet-Check-in. Eine easyJet-Warteschlange zeichnet sich durch ihre außergewöhnliche Länge aus. Eine normale Airline würde dafür sorgen, dass die Leute schneller abgefertigt würden. Sie würden mehrere Schalter öffnen beispielsweise. Eine Billig-Airline muss ihren Kunden stets das Gefühl geben, dass man ihnen wirklich nur ein Minimum an Service zukommen lässt. Ansonsten hätten sie das Gefühl, es sei nicht so billig wie möglich.

Wir warten eine Stunde oder zwei in der Schlange. Als Kind quengelte ich immer: «Papa, wie lange dauert es denn noch?», und meinte: bis zum Zielort. Meine Kinder quengeln auch, meinen aber den Check-in-Schalter. Dort angekommen, müssen wir die Koffer noch einmal öffnen, weil wir trotz aller Umsicht dennoch etwas Übergepäck haben, das einem easyJet mit mehreren hundert Euro in Rechnung stellen würde, wenn man es nicht ins Handgepäck umlagert. Dann warten wir in einer weiteren Schlange auf die Sicherheitskontrolle, wo wir dem Personal erklären, warum wir so viel Schuhe im Handgepäck haben. Dann geht es zum Gate. Früher waren Flughäfen einmal repräsentative Gebäude, die Visitenkarte der Stadt sozusagen. Deshalb wollte man, dass die Menschen ein erhebendes Gefühl haben, wenn sie in Richtung der Flugzeuge schreiten. Nun will man sie nicht erheben, sondern ausquetschen. Sie sollen auf jeden Fall noch etwas konsumieren – in einem Labyrinth von Last-Minute-Geschäften und Cafés und Bars. Im Flughafen Berlin-Schönefeld werden wir im easyJet-Terminal sogar mitten durch eine Burger-King-Filiale geleitet und anschließend durch einen Pub. Bei Burger King finden sich morgens um sechs interessanterweise weniger Hamburger-Esser als im Pub Biertrinker.

Nachdem wir eine weitere Stunde am Gate verbracht haben, eingepfercht wie Rinder auf dem Weg zum Markt, werden wir ins Flugzeug getrieben und suchen dort schnell einen Platz. Als die Kinder noch ganz klein waren, wusste man, dass sie bald nach dem Start anfangen würden zu weinen, weil sie den Ohrendruck unangenehm fanden oder die Enge auf den Sitzen. Das war unglaublich unangenehm vor den anderen Passagieren. Nun weiß ich: Kindergeschrei ist Musik in den Ohren – wenn es nicht die eigenen Kinder sind. Nach zwei Stunden, in denen wir verzweifelt versucht haben, auf kleinen, klappernden Flugzeugtischen über zwei Reihen hinweg Uno zu spielen, landet das Flugzeug – in einem Land, das genauso aussieht wie zu Hause, jedenfalls aus einem Flugzeugfenster betrachtet. Sich einem Land von oben zu nähern fand ich schon immer enttäuschend. Alles sieht ähnlich aus, überall auf der Welt. Überall Felder, Seen, Wälder, Straßen, Häuser. Auch die Flughäfen sehen so aus, als hätte man gleich zu Hause bleiben können. Erst als wir aus dem Terminal treten und sehen, dass der versprochene Shuttlebus zur Mietwagenstation nicht da ist und auch niemand sagen kann, wo er zu finden ist, erkennen wir: «Aaah, Italien!» Und dann fällt uns noch etwas auf: die Sonne.

Sonnenmilch

Als ich klein war, erzählten meine Eltern, als sie selbst noch jung gewesen seien, habe es gar keinen Sonnenschutz gegeben. Man habe sich gegen die Sonne einfach Nivea-Creme aufgetragen. Allerdings habe Nivea-Creme keinerlei Schutzfaktor. Aber das habe damals auch nicht so sehr interessiert. Das berichtete meine Mutter, lachte und cremte uns mit Sonnenmilch mit Faktor vier ein. Faktor vier, das hieß, man konnte viermal so lange in der Sonne bleiben! Also sich praktisch den ganzen Tag sonnen, dachten wir. Es gab auch Sonnencreme mit Faktor sechs und für quasimedizinische Fälle welche mit Faktor acht. Die hätte aber niemand im Ernst zur Anwendung gebracht, denn das hätte doch bedeutet, man würde gar nicht braun. Und Sonnencremes vermarkteten sich damals nicht als Sonnenschutz, sondern als Bräunungsmittel. Eine der beliebtesten Marken war «Piz Buin», die anhand ihrer tiefbraunen Tube keinerlei Zweifel daran aufkommen ließ, in welchem Zustand man aus dem Urlaub wiederkommen würde. Das nämlich war entscheidend. Ein Urlaub, aus dem man nicht wie ein Wienerwald-Hähnchen zurückkehrte, war praktisch kein Urlaub. Es war die Zeit der «Teutonengrills». Bei Rimini und Riccione in Italien reihten sich die deutschen Touristen am Strand, lagen dort wie die Thüringer Würstchen und ließen ihre Haut bestrahlen. Manche hatten sich sogar Folienspiegel zugelegt, die bewirkten, dass ihre Haut auch dort mit UV-Strahlung versorgt wurde, wo eigentlich Schatten gewesen wäre. Das wollten meine Eltern natürlich nicht. Sie lasen die Geschichten über den Bräunungswahn im «Stern» und schüttelten den Kopf darüber. Das verherrlichende Verhältnis zur Sonne pflegten aber auch sie. Wenn der Urlaub begann, so stimmte man sich mit einem etwas höheren Lichtschutzfaktor ein. Vielleicht sechs. Dann ließ man die Sonne kräftig auf die Haut niederkommen. Und je mehr Zeit man in der Sonne verbracht hatte, desto eher fühlte man sich als Südländer, der im Grunde keinen Lichtschutzfaktor mehr brauchte. Man reduzierte den Schutz also entsprechend, nahm einen minimalen Lichtschutzfaktor, etwa zwei, und folgerichtig holte man sich einen Sonnenbrand. Das sah man aber keinesfalls als Verbrennung an. Eher war es der Beginn einer Verpuppung. Wenn die Haut einmal verbrannt war, dann würde sie sich pellen. Und unter dieser sich abschälenden Haut würde die neue, die braune Haut hervorschimmern.

Wir machten uns einen Spaß daraus, uns gegenseitig die Haut von den Armen zu ziehen. Mein kleiner Bruder, dessen Haut besonders empfindlich war, verbrannte und schälte sich ständig. Meine Mutter nannte ihn liebevoll «meine kleine Pellkartoffel». Heute würde man eine Mutter wahrscheinlich anzeigen, die so etwas zuließe. Dabei hatten wir es noch ziemlich gut erwischt. Meine Eltern pflegten in Schweden und Dänemark Urlaub zu machen, wo die Sonne niemals so gnadenlos zuschlug wie im Süden. Das Südlichste, was meine Eltern im Leben angesteuert haben, ist Tirol. Ein Freund von mir aber war mit seiner Familie regelmäßig in Spanien. Und dort ging es freilich mittags schon zum Strand. Es war nicht üblich, die Kinder übermäßig einzucremen, schließlich galt Sonne ja als etwas Gesundes. Am Strand, sagte mein Freund, gab es keinerlei Schatten, geschweige denn einen Sonnenschirm. Er habe immer versucht, sich hinter irgendwelche Steine zu ducken, um Linderung zu finden. Einer Freundin bestätigte ein Arzt kürzlich eine frühkindliche Hautschädigung, derentwegen sie sich nun regelmäßig auf Hautkrebs untersuchen lassen muss. Heute finde ich schon gar keine Produkte mehr, die einen einstelligen Lichtschutzfaktor haben. Es hat sozusagen eine Sonnenschutz-Inflation gegeben. Das Niedrigste ist Faktor zehn – und das darf schon als Proletencreme gelten. Ansonsten kauft man Faktor 50 – und hat ein schlechtes Gewissen, wenn sich trotzdem am Ende des Urlaubs der Badeanzug am Rücken abzeichnet. Früher hieß das mal «Bräune» – jetzt nennen wir es «Lichtschaden».

Beach Ball

Nachdem wir zwei Stunden über italienische Landstraßen gefahren sind, erreichen wir unseren Urlaubsort. Es ist traumhaft. Wir wohnen in einem Haus an einem See. Es gibt kaum Bebauung um uns herum, keine anderen Touristen, nur Büffelherden, denen Mozzarella abgerungen wird, den man dann wieder zu Spottpreisen in einem kleinen Laden im Dorf kaufen kann. Ich sitze auf der Terrasse, ich schaue auf den See. Ich lese ein Buch. Ich trinke Tomatensaft, dann essen wir Salat. Eigentlich ist nicht mehr zu tun. Wenn das Licht etwas goldener wird, stecke ich ein Maiskorn an einen Angelhaken und halte ihn ins Wasser. Eine Stunde lang passiert gar nichts. Dann frisst irgendein Fisch den Köder ab. Dann passiert wieder gar nichts. Abends essen wir Nudeln in einem Restaurant, wo sonst nur Einheimische speisen. Die Kinder essen immer Makkaroni mit Butter. Nichts anderes als Makkaroni mit Butter.

So soll es also im Paradies sein. Die Mädchen haben entdeckt, dass ein paar Häuser weiter eine Hundefamilie Quartier bezogen hat. Dorthin gehen sie nun immer zum Spielen. Während ich in meinem Lehnstuhl hänge und lese. Ich denke, ich könnte auch etwas Kanu fahren – aber war nicht ein Ausflug zum zehn Kilometer entfernten Strand geplant in Kürze? Lohnt es sich da überhaupt aufzustehen? Wollte ich nicht abschalten?

«Johanna, Frida, lasst uns ein Borkenboot schnitzen und es auf dem See fahren lassen!», rufe ich. Aber die Kinder hören mich nicht. Die versuchen gerade, den Welpen Leinen aus Wollfäden anzulegen. Träge stemme ich mich aus meinem Stuhl. «Ich suche schon mal Borke», rufe ich und trotte aus der Toreinfahrt heraus. Herrje, wo finde ich einen Baum mit Borke? Gibt es so etwas in Italien nicht? Ich stochere mit den Füßen im Unterholz eines Gebüsches. Auch kein Borkenholz. Mir fällt auf, wie heiß die Sonne brennt. Ich beschließe, dass morgen auch noch ein Tag ist. Und übermorgen auch noch. Es ist eben die italienische Art, Probleme anzupacken.

Anna war ohnehin gerade dabei, die Badetücher für den Strand zusammenzupacken, und drängt zur Abfahrt. Wir machen uns auf den Weg zum Meer, fahren durch Weiden und Felder, bis das obligatorische, längs der Straße aufgebaute Spalier von Schwimmtieren davon kündet, dass die Brandung jetzt ganz nah ist. Ich bin kein sehr guter Strandlieger. Schon als Kind habe ich mich beschwert, dass man am Strand überall mit Sand konfrontiert ist. Man hat den Sand in der Poritze; und wenn man ihn dort auszutreiben versucht, hat man ihn an den Fingern. Wenn man dann weint und sich die Augen reibt, hat man ihn auch noch in den Augen. Und dann muss man ganz viel weinen, bis er da wieder draußen ist. Vielleicht mochten meine Eltern deshalb den Sandstrand auch nicht so und bevorzugten die Kiesstrände an der schwedischen Ostsee. Ich glaube, es gibt Nordurlauber und Südurlauber. Mein Geheul hat meine Eltern zu Nordurlaubern gemacht. Sie hatten auch versucht, mit uns in die Berge zu fahren, aber angesichts langer Touren auf sich endlos die Tessiner Berge hochschlängelnden Wegen war mein Heulen noch lauter. Seitdem haben sie nie mehr versucht, mich einen Berg hochzuscheuchen.

Wir fuhren also nach Dänemark und Schweden. Ich habe Süditalien als Kind nie betreten und schon gar nicht Südfrankreich, überhaupt nicht Spanien oder Portugal, an Griechenland gar nicht zu denken. Alles Jenseitige, etwa Ägypten oder Andalusien, waren schon Ziele, die meine Eltern nur vom Hörensagen kannten, denn man bereiste sie mit großen Ferienfliegern, um sich dort in einer Hotelanlage zu vergnügen. Meine Eltern sagten, dort seien überall Swimmingpools und man hänge den ganzen Tag am Beckenrand rum. Außerdem esse man jeden Abend im gleichen Restaurant aus großen Büfett-Trögen und für die Kinder gebe es eine Kinder-Disco. Kein Wunder, dass mir Antalya wie ein fernes Wunderland schien.

Für uns hingegen war Åland vorgesehen. Oder Gotland oder irgendwas, über das Selma Lagerlöf auch schon mal geschrieben hatte. Dort war es an guten Tagen 25 Grad, an schlechten Tagen gab es Starkregen und Sturm. Was aber für mich auch ganz interessant war, denn dann konnte man tags darauf am Strand all die toten Tiere einsammeln, die angeschwemmt worden waren. Ich hatte eine große Sammlung von Möwenskeletten. Mieses Wetter sahen meine Eltern nie als Problem an, denn man konnte sich ja so viel angucken. Meine Mutter hatte eine Schwäche für alte Landkirchen, mein Vater war Fan von kleinen Fischerdörfern. Ich sah eine Menge davon.

Anna kennt den Nordurlaub nicht. Anna hat allerdings nie Skandinavien gesehen, es spielt auf ihrer inneren Landkarte gar keine Rolle. Dort leben Elche und Wildgänse, dort muss sie nicht hin. Jedenfalls nicht, um dort Sommerurlaub zu machen. Der Mercedes 230 ihres Vaters brummte stets in Richtung Griechenland. Und zwar ebenfalls über die Landstrecke. Zwei lange Tage fuhren sie dorthin. Eine Reise, die mir heute nicht mehr vorstellbar scheint, wie konnte man Kinder nur dazu bringen, zwei Tage im Auto zu sitzen? Es ist ja heute schon ein kühner Akt, sie zwei Stunden im Flugzeug ruhig zu halten. Annas Eltern verbrachten den Urlaub am Mittelmeerstrand und in griechischen Klöstern und Fischerdörfern. Irgendwie ähnelt sich doch alles.

Ich schließe mich meiner Frau gerne an und folge ihr in den Süden. Schließlich habe ich auch lieber gutes Wetter als schlechtes. Und sitze am Strand von Italien und stelle fest, dass ich noch immer Sand in die Poritze bekomme.

Sandburg

Was macht man an Strand? Beachball spielen, mit Strandverkäufern aus Bangladesch über den Preis von Freundschaftsbändchen diskutieren («Five Euro, good price, just for you today!»). Oder man kauft ein Eis. Oder man hüpft in die Wellen und lässt sich an den Strand zurückspülen.

Oder man baut eine Sandburg. «Johanna, Frida, kommt, wir bauen eine Sandburg!» – «Au ja.» Eine Sandburg besteht aus einem ringförmigen Wall, den man gemeinsam mit den Kindern aushebt. Und aus einem Graben drumherum. Das ist Arbeit, die Vätern und Töchtern Spaß machen kann. Dann muss sie mit Muscheln gespickt werden. Johanna geht am Strand Herzmuscheln sammeln, Frida geht schon wieder in die Wellen. Johanna kommt mir einer Hand voll Muscheln zurück. Das reicht leider nicht einmal, um die Zinnen zu schmücken. «Da musst du noch einmal los!», sage ich. «Wir brauchen viel mehr Muscheln.» Johanna kehrt von der Expedition nicht zurück, sie planscht mit ihrer Schwester im Wasser. Also suche ich die Muscheln selbst. Mit vollen Händen trage ich Schalentierschalen herbei, um damit die Burg zu pflastern. Man darf nicht mittendrin aufhören, eine Burg zu bauen, man muss die Dinge zu Ende bringen. Meine Kinder werden sehr stolz auch mich sein, denke ich, wenn sie sehen, was für eine tolle Burg ihr Vater ihnen errichtet hat. Leider gibt es am Strand nicht so viele Muscheln, wie ich gehofft hatte. Während ich den Strand entlangwandere, überlege ich, ob es hier auch Möwenskelette zum Verzieren gibt. Aber ich sehe keine. Ach, das Mittelmeer, denke ich, es ist doch im Vergleich zur Ostsee immer etwas enttäuschend.

Als ich zurückkomme, die Hände voller Miesmuscheln, packt meine Familie gerade zusammen. «Komm, mein Schatz, wir wollen zurück zum Haus.» – «Och Menno», motze ich, «gerade baue ich mit den Kindern eine so schöne Sandburg!»

8. Kapitel:
August – ABC-Alarm

➥ Von Zuckertüten und Tintenkillern und warum die Schulmilch das Land retten kann (die Rechtschreibung aber nicht).

Schulwahl

Unser Kind soll auf die Schule gehen. In-die-Schule-Gehen ging einmal so, dass ein Kind den Schulranzen schulterte und aus der Tür ging. Die Schule war etwa zehn Minuten Fußweg entfernt, und man konnte als Kind dorthin laufen. Man musste auch dorthin laufen. Es hätte uns niemand hingebracht, weil es selbstverständlich war, einen Schulweg zu haben, den man zu Fuß bestritt.

Als wir uns Gedanken machten, welche Grundschule gut für Johanna sein würde, haben wir gar nicht mehr in Betracht gezogen, dass sie fußläufig erreichbar sein könnte. Man würde das Kind ohnehin nicht mehr alleine auf den Schulweg schicken, jedenfalls nicht, bevor es 18 ist. Also kommt jede Schule im Stadtgebiet in Betracht. Vielleicht eine, auf der die Unterrichtssprache Französisch ist. Oder die mit der besonderen Leistungssportförderung. Oder jene, die Arabisch ab der ersten Klasse anbietet. Auf die Schulwahl wird besonderen Wert gelegt, so als könne man die Bildungskarriere des Kindes schon in den ersten Jahren ruinieren. Die Schule scheint wie ein Gleis zu sein, auf dem der Nachwuchs dann Richtung Zukunft rollt – und wenn es einmal in die falsche Richtung geht, lässt sich nichts mehr machen, man kann seinem Kind nur noch hinterherwinken. Und es steigt nicht an der Endstation Stanford aus, sondern, sagen wir mal, in Chemnitz.

Diese Gedanken beschäftigen alle Eltern unseres Bekanntenkreises, und sie bereiten sich auf verschiedenste Weise darauf vor. Manche gründen Lobbygruppen, um gemeinsam mit anderen Eltern ihren Nachwuchs systematisch an den genehmen Schulen anzupreisen. Andere machen ein Geheimnis daraus, auf welche Schule sie ihr Kind schicken wollen, aus Angst, man könnte es ihnen nachmachen, auch sein Kind auf dieser oder jener Superschule anmelden und damit noch einen Platz auf der Warteliste belegen. Man kann mit dem Wettbewerb nicht früh genug anfangen.

Ansgar hat auch lange herumgedruckst, bevor er damit herausrückte, auf welcher Schule er Sophie angemeldet hat: auf einer für Hochbegabte nämlich. Sophie, sagt er, müsse außerordentlich gefördert werden, und das sei auf einer normalen Schule nicht zu machen. Auf der Schule, die sie besuchen wird, hat jedes Kind einen persönlichen Mentor und ab der ersten Klasse fünf Sprachen, darunter Chinesisch. Die Kinder bekommen Kunst- und Computerförderung und lernen ein Musikinstrument. Dort verplempert man keine Zeit mit «spielerischem Lernen», es ist ein Drillinstitut. Sophie wird dort zu einer Kampfmaschine im Bildungswettstreit ausgebildet. Sie wird Johanna einmal fertigmachen. Das sagt Ansgar nicht, aber ich weiß, dass er es denkt.

Natürlich muss er dafür das Kind durch die halbe Stadt zum Unterricht fahren. Aber das ist mittlerweile ziemlich normal geworden. Ich glaube, es gibt in Berlin gar keinen Berufsverkehr mehr, es gibt nur den morgendlichen Elternverkehr, bei dem sich die Erziehungsberechtigten auf den Straßen gegenseitig blockieren, weil jede Menge Kinder von Norden nach Süden und von Osten nach Westen verbracht werden müssen.

Man könnte sich ungebremst in diesen Reigen werfen, wenn da nicht die Behörden wären, die ihre ganz eigene Vorstellung davon haben, wo ein Kind zur Schule gehen sollte. Nämlich in die in der Nachbarschaft. Die Schule, auf die Johanna kommen sollte, wenn es nach dem Willen des Schulamtes ginge, ist ein Bau, der im Kalten Krieg im Mauerbereich hochgezogen wurde. Seitdem ist dort nichts mehr verändert worden, sogar die Lehrer sind noch die alten. Wie auf allen Schulen in Kreuzberg ist der Ausländeranteil sehr hoch und der Anteil von Kindern aus Hartz-IV-Familien auch. Selbstverständlich haben wir nichts gegen Ausländer und Hartz IV. Wir waren sogar beim Einführungsabend. Die Klassenlehrerin versuchte, den Eltern nahezubringen, was alles in den Schulranzen gehört, wie man ein Mäppchen öffnet und wie ein Schulheft aussieht. Die Eltern lümmelten gelangweilt auf ihren

Stühlen, machten Witze und schwätzten miteinander. Es sah dort so aus, als würde eine Doku-Soap für RTL2 gedreht. Natürlich schätzen wir den etwas angekratzten Charme von Kreuzberg. Aber ebenso natürlich ist es uns ein Graus, uns vorzustellen, dass unsere Tochter auf diesem trostlosen Pausenhof spielen wird und nach der Schule mit Freundinnen mitgeht, deren Eltern zu Hause sitzen und Gerichtsshows gucken. Wenn Sophie im Eliteinstitut startet, soll Johanna nicht bei Hartz IV anfangen. So viel Gerechtigkeit im Leben soll sein.

Bildungsflüchtlinge

In unserem Umfeld tun Eltern alles Mögliche, um ihre Kinder nicht in die verwahrlosten Schulen im Stadtteil schicken zu müssen. Sie melden sich massenhaft in anderen Stadtteilen an, um die Berechtigung zu bekommen, ihre Kinder dort an die Schulen zu schicken. Es ist eine virtuelle Völkerwanderung. Leider macht das Amt dabei nicht immer mit. Eine Bekannte von mir hat nun Post bekommen, dass man ihr nicht glaube, dass sie ausgerechnet kurz vor der Einschulung mit den Kindern aus der gemeinsamen Wohnung auszieht, um im Prenzlauer Berg zur Untermiete zu wohnen. Nun muss sie den Behörden glaubhaft belegen, dass sie wirklich ihren Mann verlassen hat und dauerhaft woanders wohnt. Mittlerweile gibt es also nicht nur die Scheinehe, es gibt auch die Scheintrennung.

Ich möchte von Beginn an alles richtig machen und nehme mir einen Termin beim Bildungsanwalt. Ich wusste zuvor gar nicht, dass es so etwas gibt. Dass man dagegen klagen kann, wo das Kind auf die Schule kommt, konnte ich mir ja noch vorstellen – aber dass es eigene Kanzleien gibt, die sich um nichts anderes kümmern? Die Bildungsanwältin logiert in einer kühl eingerichteten Kanzlei in der Nähe des Kurfürstendamms. Sie sagt, sie habe gerade sehr viel zu tun, denn schließlich klage gerade jeder sein Kind auf irgendeiner Schule ein – das passiere ja immer zur selben Zeit im Jahr, das gehe nun mal nicht anders. Bildungsklagen sind ein Massengeschäft.

«Ein Anwalt?» Anna war skeptisch, was den Gang zum Juristen betrifft. Es sei vielleicht sinnvoller, bei der Schule, zu der man sein Kind gerne schicken würde, noch mal vorstellig zu werden. Wir hatten zwar den Bescheid bekommen, dort sei alles voll und es gebe eine lange Warteliste – aber meine Frau hofft, dass man vielleicht doch Glück haben könnte, wenn man nur recht freundlich wäre. Ich finde ihre Haltung rührend. Meine Partnerin glaubt an das Gute im Menschen! An das freundliche Wort!

«Wo im Leben ist man schon weiter gekommen mit Freundlichkeit?», frage ich sie väterlich. «Sind die Leute, die im Bundestag sitzen, solche, die man gerne zum Abendessen einladen würde? Ist ein freundlicher Mensch an der Spitze einer Großbank?» Nein, das seien sämtlich Typen, die sich Mühe geben müssen, zu lächeln, wenn sie in eine Kamera gucken. Und noch dieses Lächeln sieht aus, als könnten sie dem Fotografen jederzeit in die Linse beißen. Nein, sage ich, bei unserer Schulwahl gilt: Auge um Auge, Milchzahn um Milchzahn.

Die Bildungsanwältin hört sich meinen Fall an. Unsere Tochter Johanna darf nicht auf die Schule, die wir für sie ausgesucht haben. Wir wollen, dass sie auf eine schnuckelige Grundschule in Mitte geht, mit großen Bäumen auf dem Schulhof und Eltern, die ihre Kinder mit dänischen Cargo-Fahrrädern zum Unterricht karren. Angeblich sind aber alle Plätze schon vergeben. Die Anwältin, eine kleine, drahtige Frau mit Pagenschnitt und dem Blick einer angriffslustigen Krähe, schlägt vor, sich alle Akten der Schüler kommen zu lassen. Dann werde sie jedes Kind überprüfen, ob es wirklich rechtmäßig auf dieser Schule aufgenommen wurde oder ob es vielleicht einen Straßenzug zu weit weg wohnt. Es ist also klar: Wenn ich möchte, dass mein Kind auf diese Schule kommt, muss ich dafür sorgen, dass ein anderes von seinem Platz in der Schulbank gestoßen wird. So ist das nun einmal, die Kapazitäten sind begrenzt, die Boote sind voll, und irgendwer muss über Bord. Die Anwältin rät zur Eile. Wenn nämlich einmal das Schuljahr angefangen habe, sei es fast unmöglich, einem anderen Kind seinen Schulplatz wieder wegzunehmen. Ich versuche mir vorzustellen, wie das aussähe: Zwei Polizisten kommen in die Klasse, rufen einen Namen auf und sagen: «So, kleiner Maximilian, du kommst jetzt mit, wir bringen dich auf eine schlechtere Schule, deine Eltern hatten sich die Zukunftschancen für dich hier leider erschlichen. Und räum deinen Platz schön auf, da setzt sich jetzt die Johanna hin.»

Ich verlasse das Beratungsgespräch mit dem festen Ansinnen, meiner Tochter den Weg freizurempeln. Zu Hause empfängt mich Anna mit der Nachricht, dass sie mit der Rektorin gesprochen habe, die ihr gute Hoffnung gemacht habe, dass Johanna doch auf jene Schule gehen könnte. Man werde das schon irgendwie hinbekommen. Man habe sogar schon eine Klasse für sie ausgesucht. «Ich habe dir doch gesagt, dass man vor allem nett zu den Leuten sein muss.» – «Hm», sage ich. Es würde mir wesentlich leichter fallen zuzugeben, dass sie recht hat, wenn es nicht bedeuten würde, dass ich unrecht hatte.

Als ich die Anwältin anrufe, um ihr abzusagen, spüre ich eine leichte Enttäuschung in mir. Die Juristin aber ist bester Laune. Man sehe sich bestimmt wieder, sagt sie. Es gebe ja so viel, gegen das man klagen könne: Versetzungen, Gymnasialempfehlung, Zensuren, Studienplätze ... «Das hier ist erst der Anfang.» Ich sage ihr nicht, auf welche Schule Johanna jetzt gehen wird und wie es dazu kam. Denn ich fürchte, dass die Anwältin gleich morgen gegen den Schulplatz für Johanna klagen könnte. Im Namen anderer Eltern. Sie hat wohl recht, das ist erst der Anfang.

Scout

An meinem ersten Schultag bekam ich einen Ranzen um, der hieß Scout Ranger. Er war grün. Es gab auch «Scout Alpine», der war rot. Und «Scout Marine» in Blau oder «Scout Airborn» in Sonnengelb. Das waren die erhältlichen Scout-Ränzen. Wer so einen hatte, war gut dran. Wer einen Ranzen einer anderen Marke hatte, war ein armes Schwein. Die ärmsten Schweine hatten Leder-Mappen auf dem Rücken. Ihre Eltern waren vom ökologischen Denken erfasst worden, und das war ihnen so wichtig, dass sie ihr Kind lieber dem Spott der Mitschüler ausliefern wollten, als ihnen einen Plastikranzen zu besorgen. Die Kinder würden nach Hause kommen, heulen, und dann würde ihnen ihre Mama sagen, dass sie selbstbewusst sein müssten. Schlimmer war nur, den kastenförmigen Scout-Ranzen nicht pünktlich zum Übertritt in die fünfte Klasse loszuwerden und gegen einen lässigen Salomon-Rucksack austauschen zu können. Und später musste man diesen Salomon-Rucksack dringend gegen eine Ledertasche tauschen, die ganz ähnlich aussah wie die Mappen, derentwegen man in der ersten Klasse die anderen Kinder ausgelacht hatte. Aber das sollte erst noch kommen.

Meine Erinnerung an das Schulleben beginnt mit einer großen Papiertüte, auf der lauter kleine Marienkäfer geklebt waren. Und in Großbuchstaben «TILLI». Das konnte ich schon lesen, und mir reichte das auch vollkommen an Buchstabenkenntnis. Meine Eltern aber waren anderer Meinung, und so stand ich plötzlich da, die Schultüte in der Hand, den Scout-Ranzen auf dem Rücken, und wurde von meinen Eltern in ein Backsteingebäude gebracht: die «Ludwig-Schwamb-Schule». Ich dachte, es müsste doch eigentlich «Ludwig Schwamm» heißen, schließlich sei es ja eine Schule. Aber «Schwamb» hatte schon seine Richtigkeit. Im Pausengebäude befand sich eine Bronzebüste des Mannes. Er blickte sehr unglücklich drein. Von daher war er mir immer eher unsympathisch. Erst später sollte ich lernen, was Ludwig Schwamb für ein feiner Kerl war. Er hat als christlich motivierter Sozialdemokrat gegen Hitler gekämpft, war am Umsturzversuch 1944 beteiligt und wurde in Plötzensee ermordet. Ich fand, Schulen nach ihm zu benennen war ein lausiger Dank dafür.

Ich saß mit meinen Eltern auf Stühlen, die in der Turnhalle aufgebaut waren. Vor den Stuhlreihen gab es eine kleine Bühne. Dort standen Kinder und sangen ein Lied, das vom Lernen in der Schule handelte. Dann wurden Namen aufgerufen, auch mein Name. Meine Eltern bedeuteten mir, dass ich nun aufstehen müsste und zu der Frau gehen solle, die meinen Namen gesagt hatte. Das sei meine Lehrerin. Ich tat, was sie sagten. Die Lehrerin hieß Frau Drost. Ich folgte Frau Drost in einen flachen Pavillon. Dort mussten wir uns an Tische setzen. Gemeinsam mit Frau Drost durften wir dann in unsere Schultüten gucken. Darin war Zeitungspapier, aber auch Gummibärchen und Wachsmalkreide in Birnenform. Frau Drost sagte, wir sollten doch mal auf das Papier schöne Kringel malen. Einen nach dem anderen. Wir malten Kringel. Dann durften wir unsere Kreiden wieder einpacken, die Schule war vorüber. Draußen wartete meine Mutter, sie fragte, wie die Schule denn so gewesen sei. Ganz schön, sagte ich. Das war mein erster Schultag.

Mengenlehre

Am nächsten Morgen weckte mich meine Mutter sehr früh und sagte, ich solle wieder in die Schule gehen. Ich sagte, ich sei schon gestern da gewesen. Meine Mutter antwortete, ich müsse ab heute jeden Tag in die Schule gehen. Ab da, ab meinem zweiten Schultag, fand ich Schule nicht mehr schön. Vom ersten Schuljahr weiß ich nicht mehr allzu viel, außer dass noch viele

Kringel gemalt wurden. Wir bekamen auch kleine Plastikplättchen, sie hatten die Form von Dreiecken und Kreisen und Quadraten. Es gab sie in verschiedenen Formen und Größen. Diese Plastikchips mussten wir dann in zwei aufgemalte, einander überlappende Kreise legen und nach Eigenschaften ordnen. Wir bildeten Gesamtmengen, Teilmengen, Schnittmengen. Wir verbrachten viel Zeit mit der Mengenlehre – ich habe aber bis heute nicht verstanden, warum. Irgendwann kam Frau Drost nicht mehr in die Schule, weil sie Depressionen bekommen hatte. Wir bekamen eine neue Klassenlehrerin, die Frau Altbauer hieß. Von Frau Altbauer weiß ich nur noch, dass sie kein einziges Mal in den vier Jahren, die ich sie als Klassenlehrerin hatte, gelacht hat. Ich weiß aber nicht, ob das an Depressionen lag. Sie lebte schon in einem Reich, das jenseits davon war.

Für einen ersten Schultag braucht man eine Schultüte und einen Schulranzen. Und ein Federmäppchen. In meiner Klasse hatten manche Kinder doppelstöckige Federmäppchen. Es waren gewissermaßen die Big Macs des Unterrichtszubehörs: Eine Reihe Buntstifte, eine Reihe Filzstifte, allerdings hätte ein Doppelstock-Mäppchen kaum in die Schultüte gepasst, sie waren ja schon damals zu dick für den Ranzen. Und Filzstifte sind im Unterricht nicht erwünscht. Das steht auf dem Zettel, den uns die Schule zur Hand gegeben hat. Füller auch nicht, kein Pelikano, kein Lamy Safari, kein Parker – Geha gibt es ohnehin nicht mehr. Die Kinder sollen stattdessen mit Bleistift schreiben lernen. Was für eine Enttäuschung. Denn ohne Füller gibt es auch keinen Tintenkiller – die Lösungsmittel, die er verströmte, machten den Schulalltag leichter.

Schultüten, so lernte ich im Internet, sind eine deutsche Besonderheit. Es gibt sie erst seit Anfang des 20. Jahrhunderts, und sie haben ihren Ursprung in bunten Tüten mit Zuckergebäck, die in jüdischen Gemeinden den Kindern mit in die Schule gegeben wurden. Sie sind mithin das Einzige, was vom Judentum in Deutschland überlebt hat. Außerhalb deutschsprachiger Länder sind Schultüten unbekannt. Man kann es kaum glauben, dass es einen Konsumbrauch gibt, der nicht aus Amerika importiert wurde. Noch unglaublicher ist, dass die Süßwarenindustrie das Prinzip «Zuckertüte» noch nicht weltweit vermarktet hat.

«Wir sollten eine Schultüte basteln», sagt Anna. «So eine schöne, romantische in Altrosa, was meinst du?» Ich selbst habe daran gedacht, eine Schultüte zu kaufen. Es gibt welche von Scout, habe ich gesehen, die kosten 20 Euro. Ich denke, mit so einer Schultüte vom Marktführer kann man nichts falsch machen. «Ich habe gesehen, dass es mittlerweile sogar Schultüten von Scout gibt, abgefahren, oder?», sagt Anna. «Ich kann mir kaum vorstellen, dass jemand so phantasielos sein kann, seinen Kindern so eine zu kaufen.» – «Ah, du hast recht – wir sollten unbedingt eine basteln. Vielleicht etwas mit roten Marienkäfern, oder?»

ABC-Schützen

An Johannas Einschulung bewegen wir uns in großer Prozession auf die Schule zu. Die Großeltern sind dabei, und Onkel Frank ist auch mit seiner Freundin Helena gekommen. Als ich damals eingeschult wurde, holte mich meine Mutter von der Schule ab, zu Hause wurde eine Packung Mirácoli aufgemacht. Das war's. Heute sind Einschulungen Familienfeste wie einst die Kommunion. Anna hat Kuchen gebacken. Eine Herzchen-Torte, auf die sie mit bunter Zuckerguss-Schrift «1. Schultag» geschrieben hat. Die Nachbarn sind eingeladen, später gibt es einen Grillabend auf der Terrasse. Schule scheint ein Riesenspaß zu sein.

Als wir das Schulgelände betreten, stellen wir fest, dass unsere Delegation vergleichsweise klein ist. Andere Kinder treten mit ganzen Paraden an. Und die Schultüten erst! Manche sind so groß wie die Kinder selbst. Andere so mächtig, dass die Schüler gar nicht erst versuchen, sie selbst zu tragen. Sie lassen sie von ihren Eltern schleppen, die hinter ihren Kindern hergehen wie das Gefolge junger Prinzen, die Tüte feierlich vor sich tragend. Viele Schultüten zeigen die Motive von Disney-Märchenverfilmungen, die unvermeidliche Prinzessin Lillifee ist auch dabei, genauso ihr männliches Pendant, der ebenso aufsässige Pirat «Käpt'n Sharky». Manche Schultüten sind mit Fußball-Impressionen geschmückt. Oben aus den Behältnissen lugen die Köpfe von Stofftieren und Barbiepuppen. Einige sind so überladen, dass die Geschenke oben auf der Tüte festgebunden werden mussten, wie auf einem Dachgepäckträger. Die Eltern scheinen die Schultüte mit einer Art Mitgift zu verwechseln. Oder sie sind so unendlich dankbar dafür, dass ihr Kind die Schulreife erreicht hat, dass sie es gar nicht genug mit Gaben beladen können.

«Lass uns mal gucken, welche Tüte größer ist!» Johanna hat Leoni getroffen. Leoni und Johanna kennen sich aus der Kita. Leoni stellt ihre Tüte auf den Boden, sie überragt die unserer Tochter natürlich. «Ts, ts, jetzt geht DAS schon los, diese ewigen Größenvergleiche», grient Leonis Vater, wohl wissend, dass er diesen Größenvergleich gerade gewonnen hat. «Ich glaube aber, meine ist schwerer», sagt Johanna, hebt die Tüte ihrer Kontrahentin kurz an und sagt: «Oh, deine ist ja überhaupt nicht schwer», und geht weiter, noch bevor Leoni antworten kann. Ich glaube, mein Kind wird in der Schule schon ganz gut zurechtkommen.

In der Aula ist kaum Platz, für jedes Kind dürfen nur drei Plätze belegt werden, was bei den wenigsten Familien hinreichend ist. Ich überlasse der Verwandtschaft die Sitzplätze und geselle mich zu den anderen Vätern, die direkt vor der Bühne stehen, wo man mit der Kamera die beste Position hat, um Bilder vom eigenen Kind zu machen. Nach ein paar Ellbogenstübern habe ich einen günstigen Platz.

Es gibt eine Rede der Rektorin, die die Eltern mahnt, nicht zu vergessen, dass es die Feier ihres Kindes ist (ich habe nicht einmal gewusst, dass es überhaupt eine Feier ist). Es wird eine Art Musical aufgeführt, in dem auch ein von einem Viertklässler dargestellter Harry Potter vorkommt, der das Zauberalphabet vorsingt. Ein Kind in Volkspolizistenuniform mahnt, vorsichtig auf dem Schulweg zu sein, und die beiden Schulmaskottchen in Form von zwei als Kastanien verkleideten Kindern werden vorgestellt und singen ebenfalls. Es geht alles in einem Rausch an mir vorüber. Ich nämlich habe nur Augen für meine Tochter. Sie sitzt in der ersten Reihe und hält die Hand ihres Erziehers, den sie erst vor ein paar Minuten kennengelernt hat. Ich wusste nicht, dass Klassenlehrer an den Grundschulen heute von Erziehern unterstützt werden. Aber noch viel weniger hätte ich geahnt, dass diese Erzieher das Kreuz von Arnold Schwarzenegger und das Gesicht von Til Schweiger haben. Er sieht aus wie die Antithese zu mir. Denn ich habe nur das Kreuz und auch das Gesicht von Tillmann Prüfer. Schließlich werden die Kinder auf die Bühne gerufen. Jeder Schulanfänger bekommt eine Medaille umgehängt. Was haben die denn schon geleistet?, geht es mir durch den Kopf. Danach gehen die Kinder in die Klassen unter dem tosenden Applaus der Eltern. Johanna an der Hand des Erziehers.

Wenig später sind die Kinder zurück, wir verlassen die Schule. Johanna erzählt mir, dass der Erzieher «Herr Hartmann» heißt. «Herr Hartmann ist sehr stark, Papa.» – «Stärker als Papa?», sage ich. Johanna schweigt, als habe sie die Frage überhört. «Stärker als Papa?», frage ich noch einmal und komme mir unheimlich dämlich vor. «Papa», hebt Johanna an, «Herr Hartmann kann einen Erwachsenen hochheben.» Mehr sagt sie zu dem Thema nicht. Sie will es uns beiden ersparen.

Nachdem Anna unsere Tochter am nächsten Tag von der Schule abgeholt hat, erzählt sie, dass Herr Hartmann draußen mit den Kindern gespielt hat. «Er hat mit ihnen zusammen eine Sandburg gebaut, die war ohne Übertreibung mannshoch.» – «Was du nicht sagst», grummle ich. «Was du nicht sagst ...» Ich und Herr Hartmann, wir werden große Freunde werden.

Gummitwist

Am Einführungstag von Johannas Schule hatte der Schulchor gesungen, das Lied ging: «Schule ist wie ich. Manchmal süß und manchmal sauer – aber sie macht immer schlauer.» Über den Satz muss ich nachdenken. Ist die Schule wie ich? So habe ich das nicht empfunden. Schule war überhaupt nicht so wie ich. Ich wollte ausschlafen, die Schule wollte, dass ich aufstehe. Dass ich den Journalismus als Beruf gewählt habe, hat vor allem damit zu tun, dass es ein einfacher Weg war, spät aufzustehen. Nun muss ich trotzdem früh aufstehen, nur um mein Kind aufzuwecken, das in die Schule muss. Die nächsten dreizehn Jahre wird das so gehen. Und wenn ich endlich, endlich wieder ausschlafen darf, werde ich es nicht mehr können, weil dann die senile Bettflucht anfängt. Die Schule hat mich um den Schlaf meines Lebens betrogen. Wie soll ich ihr das jemals verzeihen? Ich habe meine Kindheit damit verbracht, benommen durch die Morgenstunden zu torkeln. Jetzt torkeln Johanna und ich jeden Morgen gemeinsam benommen durch die Küche. Johanna ist wie ich – nicht die Schule.

Was hat die Schule mich eigentlich gelehrt? Ich glaube, ich habe alles wieder vergessen. Ich kann zwar Englisch, aber schon an der Erklärung, was «present perfect» ist, scheitere ich. Mathe? Gerade eben noch kann ich schriftlich addieren, eine schriftliche Subtraktion überfordert mich. Multiplizieren und Dividieren ist fern jeder Vorstellung. Der Rest der Schulbildung kehrt bei mir vor allem in Form von Déjà-vus wieder. ZITRONENSÄUREZY-

KLUS! MEIOSE! NEUTRINIUM! WIENER KONGRESS! KATHARGO! THE CATCHER IN THE RYE! PYTHAGORAS! UNSCHÄRFERELATION! ZETTEL'S TRAUM!

Es sind nur Buzz-Words, die aus einem Dunkel der Vergangenheit auftauchen, das meine Schulzeit umfängt. Begriffe, mit denen irgendetwas zusammenhängen muss. Die mich auffordern, ihnen nachzuspüren. Aber ich habe keine Lust. Ich will nicht zurück in diese Zeit. Ich musste feststellen, dass ich auch sehr gut durch das Leben gekommen bin, ohne «De Bello Gallico» rezitieren zu können. Die Schulbildung war wie eine Last, die ich stets bis zur nächsten Klausur schleppen musste und dann von meinen Schultern gleiten ließ und vergaß. All die Vokabeln, Zusammenhänge, Zitate, Fälle – sie waren schon am nächsten Tag gelöscht, nirgends in mir hängengeblieben. Ich würde gerne behaupten, dass ich mehr weiß als jemand, der in derselben Zeit das Backen von Brötchen, das Schmieden eines Gartentores oder das Zerlegen eines Schweines erlernt hat – aber das ist nicht so. Ich kann kein Brot zubereiten, kein Vieh schlachten und bin kein Schlosser. Das, was ich als Allgemeinbildung bekommen habe, habe ich im Allgemeinen wieder verdrängt. Ich bin vollkommen abhängig von anderen Leuten, die die Schweine für mich schlachten. Ich könnte höchstens mit dem Schwein eine bisschen Small Talk auf Englisch führen.

Das Problem dabei ist, dass Kinder das überhaupt nicht ahnen. Für die sind Eltern mit Wissen bis zum Rand gefüllte Geschöpfe – wie sollte es auch anders sein nach dreizehn Jahren Schulbankdrücken?

Es gibt aber auch Sachen, die man wirklich nur auf der Schule lernt:

- **Gummitwist:** Man braucht dazu ein Stück Textilgummiband und drei Mädchen. Zwei spannen den Gummi um ihre Fesseln, eines hüpft zwischen den beiden und darf nicht auf das Gummiband treten. Schon deswegen toll, weil es die einzige Möglichkeit ist, wie drei Mädchen Freundinnen sein können.

- **Capri-Sonne-Springbrunnen:** ergibt sich, wenn man durch den Strohhalm Luft in die volle Capri-Sonne-Tüte bläst. Riesensauerei.
- **Himmel und Hölle falten:** können nur Mädchen, verstehen nur Mädchen.
- **Mit Murmeln spielen:** können nur Jungs. Verschiedene Murmeln müssen in eine Kuhle im Boden gerollt werden, wer alles einlocht, bekommt alle Murmeln. Die erste Möglichkeit im Leben, so etwas wie Privatinsolvenz zu erleben. Ausgestorben, weil es keine Murmeln mehr gibt und keine Löcher mehr im Belag von Pausenhöfen.
- **Schimpfworte:** Früher nannten wir uns gegenseitig «Spasti». Das war böse, wir wussten aber nicht genau, was ein Spastiker überhaupt ist. Jetzt nennen die Kinder sich gegenseitig: «Du Lauch!» Das ist weniger böse, aber ich fürchte, sie wissen auch nicht, was ein Lauch eigentlich ist.
- **Hüpfspiele:** Das war etwas für Mädchen. Man malte mit Kreide verschiedene Kästchen auf den Boden und hüpfte dort entweder mit einem oder zwei Beinen hinein. Dazu konnte man Schulkreide klauen (das war etwas für Jungs), besser war jedoch kräftige Straßenkreide. Die gab es allenthalben, weil man noch auf Straßen malen konnte, ohne überfahren zu werden.
- **Jo-Jo:** Kunststücke mit einem Jo-Jo waren nur mit diesen Modellen möglich, die wie zwei aneinandergeklebte Autoreifen aussahen, alle anderen Jo-Jos waren Mist – obwohl sie eigentlich weniger hässlich waren.
- **«Pfeil» basteln:** ein Papierflieger, der sich mit sieben einfachen Falzen bauen lässt. Jedes nach Spiritus riechende Matrizen-Arbeitspapier, das der Mathelehrer austeilte, konnte man so in eine Flugmaschine verwandeln. Da war es nicht so schlimm, dass sie eigentlich flugunfähig war und sich sofort im Sturzflug zu Boden senkte. Effektiver war es, einen kleinen Segelflieger mit Gumminase und Schleuder dabeizuhaben.

Damit konnte man sich auf dem Pausenhof gegenseitig abschießen.
- **Papierkugeln schießen:** Wenn man die Spitze eines Filzstiftes absägte, erhielt man ein gutes Blasrohr. Dann brauchte man nur noch gut durchgekaute Papierkügelchen und Spucke – igitt!
- **Tafel mit Zitrone einreiben, Kreide mit Nagellack bepinseln:** Beides verzögerte den Unterricht um wenige Minuten. Interessanterweise reagierten «linke» Lehrer immer am meisten beleidigt.
- **Tintenschlacht:** Durch heftiges Fuchteln mit dem Pelikan-Füller verteilte dieser seine Tinte im Raum wie ein wütender Oktopus. Eigentlicher Grund, warum der Füller in der Schule heute geächtet ist.
- **Fritzchen- und Häschen-Witze:** Fritzchen geht mit der Oma spazieren, da sieht er ein Geldstück auf dem Boden. Da sagt die Oma: «Was auf dem Boden liegt, darf man nicht aufheben.» Sie gehen weiter, da rutscht die Oma aus und fällt hin. Sie sagt: «Fritzchen, hilf mir hoch!» Da sagt Fritzchen: «Was auf dem Boden liegt, darf man nicht aufheben!» – Oder aber: Häschen geht zum Bäcker und sagt: «Haddu frische Blumen?» Der Bäcker sagt: «Nein.» Am nächsten Tag kommt Häschen wieder und fragt: «Haddu frische Blumen?» Der Bäcker sagt wieder: «Nein.» Dann denkt der Bäcker: Wenn Häschen unbedingt Blumen kaufen will, dann besorg ich eben welche. Als am nächsten Tag Häschen wieder kommt und fragt: «Haddu frische Blumen?», sagt der Bäcker: «Ja, jetzt habe ich frische Blumen!» Da sagt Häschen: «Muddu ins Wasser stellen!» Später im Leben hört man nie wieder die Worte «haddu» und «muddu» – bis einem das eigene Kind diese Witze erzählt.

Leider gab es in meiner Schulzeit das Fach «Wissen vortäuschen» nicht. Denn derlei Fertigkeit könnte ich jetzt bestens brauchen.

Johanna nimmt in der Schule gerade die Dinosaurier durch. «Papa, wann sind denn die Dinosaurier ausgestorben?» – «Papa, wer war denn der gefährlichste Dinosaurier?» – «Papa, wie viele Babys hat denn ein Dinosaurier bekommen?» – «Papa, konnten Dinosaurier auch küssen?» In Erziehungsratgebern steht, man solle sich seiner Wissenslücken nicht schämen und stattdessen sagen: Das ist eine gute Frage, das werden wir beide jetzt mal gemeinsam recherchieren! Aber das zählt für mich nicht. Zum einen habe ich keine Wissenslücke, sondern eine Wissenswüste, in der an mancher Stelle ein bizarrer Wissensberg emporragt. So war ich in meiner Jugend lange in einem Aquaristik-Verein und weiß deswegen alles über Buntbarsche und lebendgebärende Zahnkarpfen und rückenschwimmende Kongowelse. Aber meine Tochter fragt nicht danach. Nicht einmal, wenn sie vor meinem Aquarium steht, tut sie das. Dann fragt sie nur, ob ich mir nicht mal ein paar neue Fische kaufen möchte. Das seien ja immer dieselben da drin.

Wegen der Dinosaurierfragen könnte ich selbstverständlich auch mit meiner Tochter in eine Buchhandlung spazieren und dort gemeinsam ein gutes Buch über die Urzeit kaufen. Aber das werde ich nicht tun, das Kind lernt noch früh genug, dass ihr Vater kein Gott ist. Das muss ich ihr nicht beibringen. Stattdessen habe ICH mir ein Buch über Dinosaurier gekauft. Ich lese es heimlich. Schule ist eben kein Spaß. Immerhin weiß ich nun: Die Dinosaurier starben vor 65 Millionen Jahren aus, der gefährlichste war nicht der Tyrannosaurus Rex, sondern der Dromaeosaurus – und, hey, sie waren verdammt schlechte Küsser.

Aber meine Tochter kommt auch mit Fragen aus der Schule zurück, bei denen ich ihr beim besten Willen nicht weiterhelfen kann: «Papa, ich weiß jetzt, was eine Hure ist!» – «Wie bitte?» – «Ja, das hat mir die Sandra auf dem Schulhof erklärt. Das ist eine Frau, die ihre Scheide verkauft.» – «Ja, das kann man wohl so sagen...» – «Papa, was kostet so eine Scheide? Fünf Euro?»

Schulmilch

Johanna bringt einen Zettel mit nach Hause, auf dem «Schulmilch-Bestellung» steht. «Was soll das denn?», sagt Anna. «Wenn wir dem Kind Milch in die Schule mitgeben wollen, füllen wir einfach ein bisschen in eine Trinkflasche.» Ich muss mich dagegen verwehren: «Mein Schatz, Milch in der Schule trinken hat mit Schulmilch nichts zu tun, das ist etwas völlig anderes!» – «Ich sehe da vor allem, dass man mit den Schulkindern Geld verdienen will», ärgert sich meine Frau.

Na und? In meiner Schulzeit war es ganz normal, dass man uns als Einnahmequelle ansah. Es gab einen Kiosk in der Schule. Dort legte ich mein Geld in «Matschburger» an. Ein «Matschburger» waren zwei Brötchenhälften, zwischen denen ein Schokokuss zerquetscht war. Den nannten wir damals selbstverständlich noch «Mohrenkopf» oder «Negerkuss».

Es gab auch Geschäftemacher, die mit der Schulleitung paktierten. Einmal kam ein Glasbläser in die Schule. Alle Schüler wurden in der Aula versammelt, und der Glasbläser erklärte uns, wie er sein Handwerk machte. Er erhitzte Quarzsand über einem Bunsenbrenner und blies dann eine Blase. Das war sehr beeindruckend. Er erklärte, wie er mit verschiedenen Mischungen verschiedenfarbige Gläser machen konnte. Er sagte auch, dass das rote Glas am teuersten war, weil es echtes Gold enthielt. Der Glasbläser zeigte allerlei nette Tiere, die er hergestellt hatte (oder sie stammten aus China). Er hatte auch sogenannte Sonnenmühlen dabei. Das waren kleine Glasbehälter mit einem Rädchen darin, das schwarz-weiße Metallplättchen trug. Wenn Licht daraufkam, drehte es sich. Alle Jungs wollten eine Sonnenmühle haben. Sie kostete 20 Mark. Der Glasbläser baute vor der Schule einen Stand auf, wo er den vom Unterricht kommenden Kindern all seinen Tand verkaufte. Ich investierte all mein Taschengeld in einen Pinguin mit rotem Schnabel. Wegen des Goldes natürlich.

In unserer Klasse wurde auch das Magazin «Der Tierfreund» vertrieben. Lehrer orderten es ganz selbstverständlich. Ich glaube, ein Abo kostete eine Mark im Monat. Aber der Tierfreund (ein langweilig gemachtes dünnes Heftchen mit Tierfotos darin) hatte in Wahrheit einen ganz anderen Wert. Wer ihn am Monatsanfang bekam, war oben. Wessen Eltern sich keinen leisteten, war unten. Die Ankunft des Kartons mit den Tierfreund-Heften war ein großer Tag für alle Abonnenten. Wir setzten uns in der Pause zusammen und blätterten die völlig belanglosen Geschichten durch. Es war ja nur wichtig, dass die Kinder, die keinen Tierfreund bekommen hatten, uns beneideten. Das waren auch die Kinder, die sich nicht viel leisteten, wenn in der Schule alljährlich Tierpostkarten bestellt wurden. Um süße Hunde zu sehen, mussten die ihre Nasen an den Scheiben der Tierhandlungen plattdrücken. Dort durften damals noch Hunde und Katzen in winzigen Boxen gehalten werden.

Den Tierfreund gibt es auch heute noch. Seit mehr als 60 Jahren. Heute steht im Untertitel «Wissensmagazin für Kinder». Auf der Website steht: «Immer wieder zeigt sich, dass unsere Leser einen klaren Wissensvorsprung in der Schule und eine Menge Lernerfolg haben.» Das Heft hat eine Auflage von über 90 000 Exemplaren. Es gibt sogar einen Ableger: «Der kleine Tierfreund». Der Publikation scheint es also bestens zu gehen – obgleich es eine Menge Wissensmagazine für Kinder gibt. Eltern scheinen gerne zu investieren, um ihren Kindern einen «Lernvorsprung» zu verschaffen.

Wichtiger, als den Tierfreund zu beziehen, war nur der Konsum von Schulmilch. Jeder Schüler konnte täglich einen Viertelliter erhalten. Es gab normale Milch, Schoko-Milch, Vanille-Milch, Erdbeer-Milch und später auch Bananen-Milch. Banane war der Hit. Die Schulmilch musste beim Hausmeister abgeholt werden. Dafür gab es den Milchdienst. Der wurde reihum vergeben. Das war der viel begehrtere Job als der Tafeldienst, der morgens die Tafel sauber machen musste. Milchdienst war vielleicht nicht so beliebt bei den Kindern, die selbst keine Schulmilch bekamen. Die schleppten die Milch für die Besserverdiener. Man kann offenbar nicht früh genug anfangen, die sozialen Gegensätze in der Gesellschaft einzuprägen.

Gerade weil unser Kind nicht außen vor sein soll, erkläre ich Anna, braucht es dringend Schulmilch. Dass für Johannas Klasse dieser Service überhaupt angeboten wird, beruht gewissermaßen auf dem Comeback der Schulmilch. Sie war nämlich schon fast ausgestorben. In Nordrhein-Westfalen gibt es eine Kampagne der Molkereien, aus deren Titel schon alle Verzweiflung spricht: «Schulmilch – echt cool». Auf der Website ist eine Kuh abgebildet, die eine Sonnenbrille trägt. Wenn Tiere mit Sonnenbrille herangezogen werden, um ein Produkt anzupreisen, ist die Not der Hersteller gemeinhin groß. Es gibt sogar einen Schulmilch-Song, bei dem Kinder rappen: «Die Schulmilch, die Schulmilch, die sieht verdammt gut aus, die anderen Produkte nimmt keiner mit nach Haus.» In Hessen hat die Landwirtschaftsministerin einen dramatischen Appell für die Schulmilch gehalten. Der Absatz dort ist nämlich in den vergangenen zwanzig Jahren um 75 Prozent eingebrochen. Für die Molkereien ist das eine Katastrophe: Würden nämlich alle Kinder Milch trinken, könnten allein die hessischen Bauern 40 Millionen Liter Milch im Jahr mehr verkaufen – das wären fünf Prozent der gesamten hessischen Milcherzeugung. Mir war gar nicht bewusst, was für ein Wirtschaftsfaktor ich als Schuljunge war. Die Molkerei, die unsere Schulmilch bereitgestellt hatte, musste schließen – kurz nachdem ich die Schule gewechselt hatte.

An Johannas Schule hat eine Elterninitiative die Schulmilch wieder eingeführt. Nun wird die Schulmilch täglich beim Hausmeister angeliefert. Aber es obliegt den Eltern selbst, sie zu den Klassen zu tragen. Gewissermaßen ist der Milchdienst von den

Kindern auf die Erziehungsberechtigten übergegangen. Wer möchte, dass sein Kind in der Pause eine Vanillemilch trinkt, muss sich in eine Liste eintragen und eine Woche lang eine halbe Stunde vor Unterrichtsbeginn die Milchkästen tragen.

Ich habe mich bei einem Bekannten beschwert, wie selbstverständlich die Arbeitsleistung von Eltern heute in Anspruch genommen werde. Der Bekannte meinte, mit meinem Milchdienst sei ich doch noch gut dran. An der Schule seiner Tochter gebe es einen Elternarbeitstag. Zuletzt habe er zusammen mit anderen Vätern riesige Pflanzkästen zusammenschrauben müssen, um Hochbeete für den Schulgarten anzulegen. Da käme noch etwas auf mich zu, ich würde schon sehen.

Glücklicherweise können Eltern nicht zum Tafeldienst eingeteilt werden. Denn Tafeln gibt es nicht mehr an Johannas Schule. Die heißen jetzt Whiteboards und sind einfach große Computer-Bildschirme. Wie schade, denke ich, dann kann man nicht mehr die Kreide des Lehrers verstecken.

Ich habe mich selbstverständlich sofort auf die Milchdienst-Liste eingetragen. Ich möchte nicht der Vater in der Elterngemeinschaft sein, dem die Ernährung seines Kindes es nicht wert ist, ein paar Kästen zu schleppen. Das Problem ist nur, dass Johanna gar keine Milch mag. «Papa, du weißt doch, dass ich keine Milch trinke.» Sie lässt ihre Schulmilch immer stehen oder verschenkt sie. Sie hätte lieber eine Schulfanta, sagt sie. Nun muss ich leider die Schulmilch für fremde Kinder schleppen, während mein eigenes Kind die Mühen des Vaters nicht einmal bemerkt. Irgendetwas ist schiefgelaufen – aber ich weiß nicht, was.

Schreibschrift

Was lernt Johanna in der Schule so? Ich weiß es nicht. Es ist völlig anders als zu meiner Zeit. Beispielsweise lernen Kinder keine Schreibschrift mehr. Die Schreibschrift gilt als überkommen, an den Schulen wird dagegen eine vereinfachte Druckschrift gelehrt, aus der die Kinder nach Gusto selbst eine Schreibschrift zimmern dürfen. Sie ist offenbar nicht so wichtig. Schreibt denn noch wer mit der Hand? Tippen Kinder nicht ohnehin alles in SMS-Tastaturen? Mir dagegen begegnete als Kind noch jeder Buchstabe zuerst in Schreibschrift: Frau Neubauer stand vorne an der Tafel und schrieb einen Buchstaben. Etwa das G. Das große G und das kleine g. Wir trugen es in Hefte ein, die im DIN-A4-Querformat waren. Jede Zeile war dreigeteilt. Sie hatte ein oberes, ein unteres und ein mittleres Drittel, sie war sozusagen mit Dach und Keller versehen. Das brauchte man, weil Schreibschrift-Buchstaben einen Kopf, einen Rumpf und einen Schwanz hatten. Das große G etwa hatte eine Schleife im Kopf, dann einen geschwungenen Bauch und einen schleifenförmigen Schweif. Man musste die Elemente ganz genau in den dafür vorgesehenen Fächern unterbringen, man durfte aber nicht über die Linie malen. Über die Linie malen war das Allerschlimmste. Ähnlich problematisch war es, wenn die ganzen Gs, die man hintereinandersetzen musste, etwa verschieden große Bäuche und Schwänze hatten. Zwar gleichen ja auch beim Menschen kein Schwanz und kein Bauch dem anderen. Aber bei Buchstaben, lehrte mich der rote Korrekturstift meiner Lehrerin, gilt das nicht. Die sollten ganz genau gleich sein. Und so vergingen die Tage. Mit GGGGGGGGGGGGGGGGGGGGG und mmmmmmmmmmmmmmmmmm und AAAAAAAAAAAAAAAAAAAA, manchmal aber auch mit AaAaAaAaAaAaAaAaAa. Das kam durchaus vor und war eine willkommene Abwechslung. Immer wenn man ein neues Heft begann, nahm man sich vor: Dieses Heft soll ganz schön werden.

Ordentlich alles mit Lineal unterstrichen. Und die wichtigen Sachen doppelt unterstrichen – in zwei Farben. Wenn man gut war, hielt dieser Vorsatz vier Seiten lang.

So wie das Schreiben funktionierte auch das Lesen. In unserer Fibel waren Dialoge verzeichnet, die sich ausschließlich aus den gelernten Buchstaben speisten. «Ah, da Papa!», «Oh, Papa da» etwa. Es ist nicht leicht, die Intelligenz eines sechsjährigen Jungen zu unterfordern, doch diese Bücher hatten es geschafft. Zuvor hatte man es mit den Geschichten der Kinder aus Bullerbü zu tun, mit Pippi Langstrumpf, dem kleinen Wassermann und Karlsson auf dem Dach – nun waren es Geschichten, die so klangen, als würde ein Baby zu einem sprechen.

Heute ist lesen lernen anders. Viele Kinder lernen mit einer sogenannten Anlauttabelle. Das ist eine Tabelle, in der alle Laute mit einem Bild daneben abgebildet sind. Neben dem SCH ist ein Schaf abgebildet, neben dem T eine Tasse, neben dem Ei ein Eichhörnchen. Und so weiter. Ein Bilderbuch mit Einzelbuchstaben. Die Kinder können nun ein Wort in seine Laute zerteilen, diese in der Tabelle nachschauen und dann zusammenfügen. Das Ergebnis erinnert an Berichte aus der Zeit, als es noch keine Rechtschreibung gab: «Laise schbrach är mir ins Oar» zum Beispiel. Diese Sätze werden nicht korrigiert, sondern bleiben einfach so stehen. Das Kind soll nicht frustriert werden bei seiner Arbeit, sich das Schreiben beizubringen. Erst ab der dritten Klasse kümmert man sich dann um die Rechtschreibung. Vielleicht hat sich bin dahin die Rechtschreibung ja schon wieder geändert oder ist ganz abgeschafft oder durch die Word-Korrekturhilfe ersetzt worden. Wer weiß schon, was morgen ist? Odär Moargän.

Nicht nur die Schreibhefte sind abgeschafft worden, sondern auch die Schulbücher. Zu meiner Schulzeit gab es keine Hefte, es gab Bücher, Lehrbücher. Die Lehrbücher füllten den Ranzen, und man schleppte sie dann durch sein Leben, so wie Atlas die Erdkugel tragen musste. Passenderweise war das sperrigste dieser

Wälzer auch der Schulatlas von Westermann. Der Rest der Schulbücher kam aus dem Ernst-Klett-Verlag. Sie waren stets etwas abgestoßen, und ihre Seiten hingen lustlos zwischen den Buchdeckeln. So als seien diese Schinken-Bücher ihrer selbst überdrüssig. Unsere Eltern legten einen durchsichtigen Schutzumschlag um die Bücher, der einen roten Rand hatte, der im Laufe des Schuljahres immer mehr die Farbe des Spitzer- und Radiergummi-Drecks in der Schultasche annahm. Auf der ersten Seite trugen die Bücher stets einen Stempel, in den die Schüler, die das Buch zuvor durch ihr Leben tragen mussten, ihre Namen eingetragen hatten. Was mochte aus ihnen geworden sein? Waren sie noch am Leben?

In Johannas Leben hingegen haben die Lernhefte das Kommando übernommen. Sie sehen aus wie Rätselhefte zum Reinmalen. Sie machen so gar nicht den Eindruck von harter Arbeit. Und jedes Heft hat ein Maskottchen. Das Matheheft etwa heißt «Einstein». Einstein ist ein Kind mit Zaubermütze, das Johanna das Rechnen beibringt, so eine Art Lillifee für die Schulbank. Ich weiß aber nicht genau, wie, ich bekomme das Heft ja nie zu Gesicht. Die Lernhefte bleiben nämlich in der Schule. Als Elternteil bleiben einem nur ein paar einsilbige Erklärungen des Kindes, was es heute in der Schule so gemacht hat. «Geschrieben» oder «Gerechnet» oder «Weiß ich nicht mehr». In den Lernheften arbeitet jedes Kind für sich. Es gibt keinen Lehrer mehr, der Buchstaben an die Tafel kreiden würde. Der Klassenlehrer ist eher so eine Art Lernberater, jemand, den man fragen kann, wenn man das, was Einstein von einem will, nicht ganz versteht. Allerdings vermittelt das Lernheft dem Kind normalerweise ohnehin den ganzen Lernstoff. Es stellt den Buchstaben vor, zeigt Bilder von Gegenständen, in denen der entsprechende Laut vorkommt, dann gibt es ein paar Rätsel und eine Seite, die mit dem Buchstaben vollgemalt werden muss. Das war's. Nächster Buchstabe.

Ist das noch Schule? Ein stiller Raum, in dem jeder über sein Heft gebeugt mit Einstein Rätsel löst? Ich könnte mich stundenlang darüber aufregen. Allerdings: Johanna ist noch kein halbes Jahr in der Schule und kann jetzt lesen. Viel schneller, als ich damals lesen gelernt habe. Vielleicht hätte es die Erfindung des Lehrers gar nicht gebraucht. Vielleicht waren alle Schulen eine Fehlinvestition. Man hätte nur Lernhefte mit Einstein verteilen müssen. Vielleicht schaffen sie die Schulen ja bald ab – haben sie ja mit der Wehrpflicht auch schon gemacht.

Aus diesen Gedanken werde ich gerissen, weil Johanna plötzlich vor mir steht und mich mit einer Zahnlücke im Unterkiefer angrinst. «Hast du dich geprügelt?» – «Nein, mein Wackelzahn ist im Brötchen hängen geblieben.» Das Kind hatte schon länger einen Wackelzahn, fällt mir ein, nun ist er also ausgefallen. «Heute Nacht kommt die Zahnfee», freut sich meine Tochter. O Gott, die Zahnfee! Sie bringt allen Kindern, die einen Milchzahn unter ihr Kopfkissen legen, ein Geschenk. Es ist aber Samstagabend, und wenn ich nicht sofort in das einzige noch geöffnete Kaufhaus meiner Stadt stürze, kommt die Zahnfee heute Nacht nicht, und es gibt morgen Tränen. Ich mache mich sofort auf den Weg, um den guten Ruf der Zahnfee zu retten. Hoffentlich tut sie auch mal etwas für mich.

9. Kapitel:
September – Der Drachen in dir

➦ Von Trommelkursen, Schwimmkursen und Bastelversuchen, und warum neue Drachen nicht besser fliegen.

Standhafter Zinnsoldat

Immer wenn Frida ins Bett gebracht wird, bekommt sie eine Geschichte vorgelesen. Das war in meiner Kindheit auch so. Unsere Eltern haben uns alles vorgelesen, was wir wollten. Mein Vater musste für meinen kleinen Bruder wochenlang aus einem technischen Buch über Schiffe lesen. Geduldig zitierte er Rumpflängen und Bruttoregistertonnen.

Frida interessiert sich nicht für Schiffe, sie interessiert sich für Soldaten. Sie will das Märchen vom «Standhaften Zinnsoldaten» hören. Es ist eine der Geschichten in dem großen Märchenbuch, das sie zum Geburtstag bekommen hat. Eigentlich wollte ich dieses Andersen-Märchen gerne vermeiden, schließlich hat es kein Happy End: Ein Zinnsoldat, der nur ein Bein hat und schwer verliebt in eine Tänzerin aus Papier ist, muss allerlei Gefahren überstehen – und landet am Schluss trotzdem im Ofen. Was soll denn das für ein Märchen sein? Wo ist denn da die Moral? Streng dich an, dann bist du verloren?

Aber Frida fragt gar nicht nach Moral, sie fragt nach Militär: «Was ist denn ein Soldat?» Oje – wie soll ich einem Kinde den Krieg erklären? Ich bin selbst in einer Zeit aufgewachsen, als das Kriegsspielzeug geächtet war. Bei Lego gibt es keine modernen Soldaten, bei Playmobil genauso wenig. Die Rüstungsgeschichte endet bei Spielwaren im 19. Jahrhundert. Es gab natürlich Kinder, die hatten trotzdem Kriegsspielzeug. In meiner Nachbarschaft wohnte Stefan, ein Junge, der älter war als ich und eine Armee aus kleinen grauen und grünen Plastiksoldaten befehligte. Sie waren nicht größer als ein Daumennagel. Er stellte sie im Sandkasten auf und ließ ebenso kleine Plastikpanzer gegen sie anfahren. Dann sagte er: «Piu, piu, piu», und stupste die kleinen Männchen der Reihe nach um. Das, sagte er mir, sei Krieg. Als ich das meiner Mutter erzählte, war sie schockiert und verbat mir, noch mal in

Stefans Sandkasten zu spielen. Offenbar war Krieg nichts für mich.

Die einzigen Soldaten, die damals im Spielwarenhandel zu haben waren, waren Zinnsoldaten. Es gab sie in Zinngieß-Sets, in denen man seine eigenen Soldaten herstellen und bemalen konnte. Das wollten meine Eltern mir auch nicht schenken. Aber meine Eltern sind ja auch gerade nicht hier. «Weißt du, am besten erkläre ich dir das, wenn wir zusammen Zinnsoldaten gießen.» – «Mit einem oder zwei Beinen?» – «Mit so vielen Beinen, wie du willst.»

Als das Kind schläft, suche ich im Internet nach einem Zinngieß-Startset. Es ist gar nicht so einfach – heutige Kinder scheinen Zinnsoldaten nicht mehr auf ihrem Wunschzettel zu haben. Schließlich ersteigere ich einen gebrauchten alten Kasten «Zinnset Preußens Gloria».

Ersteigern wäre wohl zu viel gesagt. Ich war der einzige Bieter.

Blechtrommel

Am nächsten Tag habe ich einen Trommelkurs mit Johanna gebucht. Es gibt eine ganze Menge Kurse, die man am Kulturzentrum belegen kann. Ich hätte auch Yoga mit Johanna machen können. Aber einen Nachmittag Trommeln bauen erschien mir irgendwie besser. Trommeln mögen doch alle Kinder. Und dass Johanna Trommeln mag, weiß ich, seit ihre Tante ihr vor Jahren einmal eine Blechtrommel geschenkt hat. Blechtrommeln zählen zu dem Spielzeug, das die eigenen Kinder von Verwandten geschenkt bekommen, denen man nicht die Freundschaft kündigen kann. Eines Tages verschwand die Trommel unter unbekannten Umständen aus dem Kinderzimmer – ihr Schicksal wurde nie aufgeklärt.

Aber eine Trommel bauen ist doch etwas anderes als eine Trommel spielen – denke ich.

Das Erste, was ich im Trommelkurs aber sehe, ist – Ansgar. «Mensch, Ansgar, schön, dich zu sehen», lüge ich. Ansgars Freude, mich zu sehen, scheint aufrichtig. Ich frage Ansgar, wie es seiner Frau geht, aber Ansgar antwortet nicht darauf, er ist ganz bei den Trommeln. «Hast du auch in deiner Jugend so gerne Bongo gespielt?» Er macht mit den Händen Paddelbewegungen in der Luft, während er den Kopf leicht zurücklehnt und rhythmisch nickt. Ich wusste, dass man Luftgitarre spielen kann, aber Luftbongo? «Sag», versuche ich den Dialog zu versachlichen und auch von der Tatsache abzulenken, dass ich als Jugendlicher natürlich NICHT Bongo gespielt habe, weil Bongo etwas für die coolen Jungs war, die sich die Haare über die Schultern wachsen ließen: «Wie soll das hier denn ablaufen? Was für Trommeln werden denn gebastelt?»

Das bekommen wir von der Musiklehrerin erklärt. Eigentlich erklärt sie es nur Ansgar. Denn Ansgar hat ständig interessierte Nachfragen. Die beiden scheinen sich zu kennen, wahrscheinlich bucht er hier öfter Bastelnachmittage.

Wir beschmieren Transparentpapier mit Tapetenkleister und kleben das Ganze dann auf die Öffnung einer Papprohre, die so lang ist wie ein Unterarm. Das ist die Väteraufgabe. Die Kinderaufgabe, der Johanna und Sophie sich mit aller Akribie widmen, ist, Papier zu bunten Schnipseln zu zerschneiden und die Trommeln damit zu bekleben. «Du musst da sorgfältiger arbeiten», ermahnt mich die Kursleiterin. «In dem Papier dürfen sich keine Blasen bilden, das behindert nachher den Klang. Guck mal, wie Ansgar das alles schön glatt streicht, so ist es richtig.» Ich bemühe mich, das verkleisterte Papier glatt zu streichen, so wie Ansgar es tut, er grinst mich schmallippig an wie ein Einserschüler. Als wir damit fertig sind, ist höchstens eine Stunde vergangen. Die Trommeln sind feucht und klebrig, sie müssen ein paar Tage trocknen. Deswegen hat die Kursleiterin einen Satz schon fertige Trommeln mitgebracht. Sie hat eine tolle Spielidee: Die Kinder trommeln, die Mütter und Väter tanzen im Kreis. Wir müssen dazu unsere Oberkörper auf und ab bewegen. Das macht Ansgar leider besser, er hat wirklich Groove im Blut. «Sehr gut, Ansgar», ruft ihm die Musiklehrerin zu. Woher kennt sie eigentlich seinen Namen?

Der Zinngießkasten ist angekommen. Ich packe ihn aus, zeige die kleinen Zinnbarren den Kindern und die noch kleineren Esbit-Brennstoff-Würfel, mit denen wir sie zum Schmelzen bringen werden. Es ist eigentlich genau so wie beim Bleigießen, das es an Silvester gibt, nur dass man das flüssige Metall nicht in eine Schüssel kippt, sondern in eine Gussform. Dass sich aus dem Förmchen tatsächlich kleine silberglänzende, säbelrasselnde preußische Soldaten schälen lassen, erstaunt die Kinder dann doch. Auch ich bin ganz erstaunt, dass das so gut klappt. Nach nicht einmal einer halben Stunde haben wir einen Stoßtrupp zusammen, der für einen kleinen Privatkrieg genügen würde. «Waren das die Soldaten, die Berlin kaputt gemacht haben?», will Johanna wissen. «Nein, das waren andere. Das waren ganz schlimme Zeiten, als Berlin kaputt gemacht wurde, die Deutschen hatten den Krieg angefangen und viele Leute getötet – und dann haben die Engländer, Amerikaner und Russen zurückgeschlagen und viele Städte in Deutschland zerstört.» – «Und wer hat dann gewonnen?» – «Na, die Deutschen haben verloren, und die anderen haben gewonnen, aber richtige Gewinner gibt es nie im Krieg.» – «Aber wer waren denn die Besten?» – «Na, so richtig kann man das nicht sagen, weil Krieg ja nie gut ist.» – «Aber es gibt doch immer einen Besten.» – «Na ja ... öhm.» – «Na, wer hat denn am meisten Kriege gewonnen?» – «Kinder, die Soldaten sind jetzt ganz müde, wollen wir sie nicht ins Bett bringen?»

Drachensteigen

Am Herbst hat mir als Kind immer gefallen, dass es draußen nass und ungemütlich ist. Man konnte mit Gummistiefeln, die seltsamerweise immer gelb waren, durch die Pfützen laufen, aber das war nichts, auf das unsere Eltern sonderlich scharf waren. Insgesamt war es im Herbst völlig ausreichend, wenn man drin blieb und guckte, wie draußen der Regen gegen das Fenster prasselte, und sich von der Mutter eine heiße Ovomaltine machen ließ. Das war ein kakaohaltiges Getränk, das aber auch sehr viel Traubenzucker enthielt. Zu dieser Zeit galten Lebensmittel als sehr gesund für Kinder, wenn sehr viel «drin» war. Das konnte man Eltern, die selbst in der Nachkriegszeit aufgewachsen waren, wohl am besten verkaufen. Auch die Milchschnitte begann damals ihre Karriere. Sie besteht zwar vor allem aus geschäumtem Zucker und enthielt sogar Alkohol, aber die Werbung sprach von «viel guter Milch». Deswegen gaben unsere Eltern sie uns als Pausenbrot mit. Und auch Nutella gab angeblich dem Kind «alles, was es braucht» (ich persönlich brauchte vor allem die Sticker zum Sammeln, die es manchmal auf der Deckelinnenseite gab).

Eine Tasse Ovomaltine und ein Nutellabrot – das ist für mich der Herbst. Im Herbst konnte man allerdings auch Drachen steigen lassen.

Drachen steigen lassen gehört zu den Kindheitserinnerungen, die ich eigentlich gar nicht so richtig habe. Ich kann mich nur an den einzigen Drachen erinnern, den ich je besessen habe. Er war aus transparenter Plastikfolie. Und hatte die Form eines Adlers. Der Adler war aufgedruckt, man musste ihn mit kleinen Holzstäbchen aufspannen. Wenn man den Drachen steigen ließ, ging er erst in die Höhe, stand dann in der Luft, wackelte dann etwas und sauste kopfüber zu Boden. Ich hörte nur ein ungutes Knattern und dann einen Knall. Der Adler hing irgendwo im Gebüsch. Nach fünf Abstürzen war der Drachen kaputt, dann ging ich nach

Hause, wo ich über meiner Ovomaltine weinte. Drachen steigen lassen war auch ziemlich bald aus der Mode, eben weil sie dauernd vom Himmel fielen.

Meine Kinder sollen es besser haben als ich. Ich will mit ihnen einen Drachen bauen. Einen richtigen Drachen: einen rautenförmigen mit einem Gesicht und einem Schwanz mit Schleifen, so einen, wie ich ihn selbst nie besessen habe.

Auf diese gute Idee komme ich nicht von ungefähr. Es gibt in Berlin nämlich das Tempelhofer Feld. Dort war früher einmal ein Flughafen, der wurde dichtgemacht, nun darf man einfach über das Flugfeld spazieren und dort alles Mögliche treiben. An einem Oktobernachmittag hängt dort die Luft voller bunter Fluggeräte. Lauter glückliche Väter mit lauter glücklichen Kindern, die nichts anderes tun, als eine Schnur zu halten.

Natürlich will ich das auch. Wenn meine Kinder einmal an Drachen denken, dann soll ihnen die frische Herbstluft in die Nase steigen. Sie sollen an das grüne Tempelhofer Feld denken, den blau-goldenen Oktoberhimmel und an einen bunten Klecks hoch über ihnen: ihren eigenen Drachen.

Einen Drachen zu bauen ist nämlich sehr einfach. Man braucht zwei Leisten dazu, die man kreuzt, darüber spannt man Papier, hängt eine Schur daran – und los geht's. So lesen sich jedenfalls die Bauanleitungen im Internet. Allerdings lesen sich Internet-Anleitungen immer so. Es ist so ungemein einfach, einen Gugelhupf zu backen, einen Origami-Kranich zu falten oder eben einen Drachen zu bauen. Wenn jemand damit nicht zurechtkommt, liegt es an Unfähigkeit und händischem Unvermögen. Keinesfalls an der Materie selbst, denn die ist ja unverschämt simpel wie alles in der Welt. Manchmal denke ich, alle diese Menschen stellen ihre Anleitungen nur ins Internet, um mich zu verhöhnen.

Die Anleitung aus dem Internet verlangt genauste Präzision: «Die Leisten aus Fichtenholz sägen wir auf die exakte Länge von 83 beziehungsweise 100 Zentimetern. In die Enden der Holzleisten feilen wir eine etwa 2 Millimeter tiefe Nut. Außerdem bohren wir in die längere Leiste im Abstand von 15 Zentimetern von oben und 15 Zentimetern von unten Löcher mit 2 Millimeter Durchmesser – das sind die ‹Waagepunkte›. Ein weiteres Loch wird etwa 1,5 Zentimeter vom unteren Ende in die Längsleiste gebohrt. Hier wird später die Schwanzschnur verknotet.»

Ich habe also Holz besorgt, Kleber, Schnur und sogar gelbes Drachenpapier. Aber ich habe keine Feile, fällt mir ein. Wie soll ich eine zwei Millimeter tiefe Nut feilen? Wann wird das überhaupt von uns jemals im Leben verlangt, solche Nuten zu feilen? Was denken die von mir? «Was ist denn eine Nut, Papa?», fragt Frida. «Kann man das essen?» – «Nein, du meinst eine Nuss, mein Kind. Eine Nut kann man nicht essen. Die gehört in das Ende der Holzleiste und muss mit einer Feile gemacht werden, die ich nicht habe.» – «Mama hat doch eine Feile» – «Mama?» Stimmt, Anna hat eine Nagelfeile. Die können wir bestimmt dafür benutzen. Frida holt Mutters Nagelfeile. Diese wird sich danach sehr verändert haben, aber wenn Anna nicht da ist, um das zu verhindern, ist es auch ein bisschen ihre eigene Schuld. Und bis sie merkt, dass ihre Nagelfeile nicht mehr zur Nagelpflege taugt, vergeht etwas Zeit, und bis dahin ist mir auch eine plausible Erklärung eingefallen.

«Nun legen wir die beiden Leisten übereinander, wobei die Querleiste genau mittig auf die Längsleiste mit Holzkleber aufgeklebt wird. Zusätzlich wird die Klebestelle mit einer Schnur fest umwickelt.»

Wenn Väter basteln, stellen sie sich vor, dass die Kinder gebannt zugucken, mit übergehenden Augen, und ganz stolz darauf sind, wie ihr Vater die Sache beherrscht. Die Kinder achten auf jeden Handgriff, stellt sich der Vater vor, damit sie es mal genauso gut können. Ich hoffe, meine Kinder machen es mir einmal nicht nach, was ich so veranstalte, wenn ich versuche zu basteln. Denn ich verwandle mich dabei in einen Hooligan. Ich fluche unentwegt, ich erleide Nervenzusammenbrüche, etwa wenn die Holzleisten nicht aufeinanderkleben, wie sie sollten. Warum können die das nicht? Warum verschieben sie sich, wenn ich versuche, diese verdammte Schnur darum zu binden? Warum? Warum? Warum klebt das blöde Papier an meinen Fingern so gut. Aber nicht an der Leiste? «Papa, Scheiße sagt man nicht!» – «Papa, darf ich den Drachen jetzt bemalen?» – «Papa, ich will meinen Drachen aber selber kleben.» – «DU DARFST ABER NICHT SELBER KLEBEN! WIR BASTELN HIER ZUSAMMEN!»

«Nun spannen Sie die Drachenschnur rund um das Holzskelett, indem Sie diese in die von Ihnen gesägte oder gefeilte Nute legen, festziehen und die Schnur verknoten.»

Basteln soll ja etwas Kontemplatives haben. Aber daran kann ich mich gar nicht erinnern. Ich habe nur Fimo-Figuren in Erinnerung, denen beim Aushärten Arme und Beine abfielen, Laubsägearbeiten, bei denen das verdammte Sägeblatt riss, Anziehpuppen zum Ausschneiden aus Papierbögen, denen man versehentlich mit der Schere die Gliedmaßen kappte, und Fensterbilder aus Plastik-Granulat, bei denen beim Erhitzen im Ofen alle Farben durcheinanderflossen (die billige Version dessen war, einfach Jogurt-Becher im Ofen schmelzen zu lassen, das gab auch schöne Fensterbilder, die ähnlich zerflossen waren). Und dann waren da noch die Mosaik-Bilder, die man aus den kleinen Muggelsteinen, das waren bunte Plastik-Linsen, klebte. Die Steine blieben immer an meinen Fingern kleben, nie am Papier. Basteln hat schon immer Wutanfälle bei mir ausgelöst. «Papa, warum verschiebt sich jetzt wieder alles?», «Papa, so sieht aber kein Drachen aus. Das ist ja ganz schief.» – «Ich hol mal das Bilderbuch mit dem Herbst, dann kann Papa mal gucken, wie ein Drachen aussieht.»

«Nun muss das Gestell bespannt werden. Legen Sie also das Gestell auf das Papier und schneiden Sie dann die Bespannung zurecht – und zwar so, dass 2 bis 3 Zentimeter überstehen. Diese Zugabe schlagen Sie nun um die Spannschnur nach innen ein und verkleben sie.»

«ARRRRRGHH!!!» – «Papa, was hast du gesagt?» – «Papa, das knittert aber ganz doll da!» – «GRRRRRR!» – «Papa, da ist jetzt ein Riss drin.» – «Papa, jetzt hast du alles verknüllert.» – «Ja, so sieht ein Drachen überhaupt nicht aus.» – «Was machen wir jetzt?» – «WIR GEHEN EINEN DRACHEN KAUFEN!»

Gerade will ich mich richtig aufregen, als mein Handy eine SMS anzeigt. «Hans ist da! 3540 Gramm, 53 cm, Mutter und Kind sind gesund und wir alle sehr glücklich! Liebe Grüße, Helena und Frank.»

Als ich noch am selben Tag den Drachen-Fachhandel betrete, muss ich erkennen, dass der Drachenbau in den vergangenen Jahren nicht unerhebliche Fortschritte gemacht hat. Diese Geräte sehen aus, als seien sie gerade von der NASA zertifiziert worden oder der Area 51 entflogen. Es gibt Lenkdrachen, Doppeldecker-Drachen, Solardrachen. Was für ein bescheuertes Ansinnen, einen Retro-Drachen bauen zu wollen, denke ich mir.

Retrokoller

Warum renne ich um meine Kinder herum und umstelle sie mit den Kulissen von früher? Ist die Welt, die sie bewohnen, wirklich so trostlos, dass ich die Geister der Vergangenheit bemühen muss, um sie schöner zu machen? Die Drachen hier sehen jedenfalls gut aus.

Die Welt, die ich meinen Kindern bastle, die Märchen, die ich ihnen vorlese, das Spielzeug, das wir für wertvoll ansehen – alles bezieht sich auf die Vergangenheit. Aber wer so massiv versucht ist, die Lebenswelt seiner Kinder zu beeinflussen, kämpft möglicherweise auch um seine eigene Welt. Wenn ich meine Nichte sehe, wie sie mit ihrem Nintendo DSI im Internet surft, online mit anderen Kindern Reitturniere abhält oder in einer albernen Boutique Pixel-Kleider mit virtuellem Geld kauft, wird mir schlagartig bewusst, dass das nicht mehr meine Kindheit ist. Es ist Kram, mit dem ich nichts zu tun habe. Ich verstehe ihn nicht, ich könnte mich mit ihr gemeinsam in die Videospiele vertiefen und würde trotzdem keine nennenswerte Fertigkeit auf dem Knöpfchenklavier erreichen. Und vor allem würde ich keinen Spaß daran haben. Denn modernes Spielzeug erinnert einen vor allem daran, dass die eigene Kindheit weg ist. Die Vergangenheit wurde abgeräumt wie der Geburtstagstisch am nächsten Tag. Sie kommt nicht wieder, die Welt dreht sich weiter. Wer aufwächst, erlebt das unmittelbar. Wer Kinder hat, darf auf Aufschub hoffen. Kinder lassen sich leicht zu Adjutanten machen beim Wiederauflebenlassen der eigenen Kindheit.

Wenn ich meiner kleinen Tochter eine Carrera-Bahn kaufe, will ich, dass sie damit spielt – klar. Vor allem aber will ich selbst mitspielen. Indem ich Kinder habe, eröffne ich das eigene Kinderzimmer wieder. Und wie das so im eigenen Kinderzimmer ist: Dort wird nach meinen Regeln gespielt – und mit meinen Spielsachen. Kindheitserinnerungen sind der Kaninchenbau der Seele. Man kann sich immer dorthin zurückziehen, wenn es ungemütlich wird. Meine Mutter hat mir einmal erzählt, dass sie als Kind sehr gerne mit Puppen gespielt hat. Beim Spiel konnte sie alles vergessen, was sie sonst bedrückte. Und so erweckt der Anblick von Puppen noch heute ein Wohlgefühl bei ihr.

So ist ein ganzer Wohlfühl-Markt entstanden von Spielzeugen, die für Erwachsene sind. In Konzept-Stores in Paris können wir uns Stofftiere für Erwachsene kaufen, mit lustigen Monstergesichtern. Wir tragen lustige Pullover mit Querstreifen wie Ernie in der Sesamstraße. Es gibt Kinderbücher, die für Erwachsene geschrieben wurden, die heißen etwa «Mach mal Pause, Biber!» und handeln davon, wie man keinen Burnout bekommt. Es gibt sogar Malbücher für Erwachsene und auch Retro-Süßwaren. Kurzzeitig wurden die längst abgeschafften «Treets» wieder aufgelegt: Erdnüsse mit Schokokruste. Und der Hersteller von «Twix» hat zeitweise wieder «Raider» in Deutschland auf den Markt gebracht. «Treets» und «Raider» gab es nicht etwa in den Süßwarenregalen der Supermärkte, vor denen Kinder ihre Eltern anquengeln. Man fand sie mit kräftigem Aufpreis in Delikatessengeschäften, wo man sonst Reisgebäck aus Paris kaufen kann.

Die Retro-Kindheit erscheint uns als die beste. Wir laden sogar «Hipstamatic»-Apps auf das iPhone, die unseren Familienfotos die kruden Farben und Körnungen der siebziger Jahre verleihen. Sodass die Kindheit unseres Nachwuchses aussieht, als habe sie vor 30 Jahren stattgefunden. Vielleicht wenden wir uns heute so gerne der Vergangenheit zu, weil wir von der Gegenwart nichts Gutes denken – geschweige denn von der Zukunft.

Das ist vielleicht das eigentlich Neue an unserer Generation. Seit der Mensch sich als ein Geschichte machendes Wesen versteht, war die Vorstellung vom Guten immer die Vorstellung vom Morgen. Man war überzeugt, dass man morgen weniger arbeiten muss, dass man morgen mehr Krankheiten heilen kann, dass es morgen weniger Kriege auf der Welt gibt. Der Mensch produzierte den Fortschritt, und der Fortschritt produzierte den Menschen. Ich wurde noch in der Zeit hoher Erwartungen geboren. Als meine Eltern mich zur Welt brachten, waren die Amerikaner gerade vom Mond zurück. Und es schien klar, dass sie dorthin zurückkehren würden. Sie würden Basen auf dem Mond bauen und zum Mars fliegen. Als kleiner Junge war ich mir sicher, dass in Zukunft Autos durch die Luft sausen würden. Ich wusste auch, dass es auf den Bürgersteigen der Städte Rollbänder geben würde, sodass man nicht mehr alleine laufen müsste. Wir würden von Astronautennahrung leben, uns im Vorbeigehen mal eine Tube Currywurst in den Mundwinkel drücken. Ich würde keine Bücher lesen müssen, sondern das Wissen, das darin steckt, einfach als Tablette einnehmen. Ich würde 120 Jahre alt werden, und danach würde mein Gehirn in eine Nährlösung gelegt, damit ich dort weiter vor mich hin denken könnte. In der Tagesschau war immerzu von Wachstum die Rede. Das Wachstum schien etwas Naturgegebenes zu sein. Die Wirtschaft wuchs, wie ich wuchs. Und wir beide würden einmal sehr stark und sehr groß sein. Nun ja, mein Wachstum stoppte leider, als ich 16 war – und der Fortschritt kam auch nicht so recht hinterher. Der von mir dringend erwartete Haushaltsroboter, der mir den von meinen Eltern aufgetragenen Putzdienst abnehmen würde, ließ auf sich warten. Dafür aber schob sich ein Aufkleber in mein Bewusstsein, der an immer mehr Autos der Marke Renault R4 klebte: Es waren Worte aus einer Prophezeiung des kanadischen Indianerstammes der Cree: «Erst wenn der letzte Baum gerodet, der letzte Fluss vergiftet, der letzte Fisch gefangen ist, werden die Menschen feststellen, dass man Geld nicht essen kann.» Da war er also, der Weltuntergang. Und er ließ mich nicht mehr los, mein ganzes Leben lang. Er kam manchmal als drohender Atomkrieg daher, manchmal als Waldsterben, manchmal als Ozonloch, manchmal als saurer Regen, dann traf er mich heftig als Tschernobyl. Die Wiesen wurden nicht mehr gemäht, weil sie womöglich radioaktiv verseucht waren, mein Vater verteilte Jodtabletten, wir aßen keine Pilze mehr, weil sie radioaktiv waren, meine Eltern achteten peinlich darauf, dass alles Gemüse aus dem Gewächshaus kam. Letztlich machte die Katastrophe von Tschernobyl uns nichts. Genau wie mich keine einzige Ölkatastrophe betraf und der Treibhauseffekt schon gar nicht. Seit meiner frühen Jugend peitschen mir die Weltuntergänge um die Ohren. Klimakatastrophe, Eurokrise, Rinderwahnsinn, Schweinegrippe, Vogelgrippe, Malariamücke, Energiekrise. Wer heute Ende dreißig ist, hat mehr Katastrophen überlebt als ein Superheld in den Marvel-Comics.

Ich habe es mir in der Apokalypse ganz nett eingerichtet. Leider hat sich dabei fast unbemerkt die Einstellung in meinen Kopf geschlichen, dass alles immer nur noch schlimmer werden kann. Und wir von der Zukunft eher erwarten können, dass wir auf einem Acker Rüben und Kartoffeln ziehen, als dass wir Rundflüge ins All unternehmen. Mein Gott, was würde ein Raketenstart mit meinem CO_2-Fußabdruck anrichten!

Als ich mir eine Packung der neuaufgelegten «Treets» kaufte, war ich überrascht, wie ranzig die Schokonüsse schmeckten. War das das Aroma meiner Kindheit? Trotzdem habe ich sie meinen Töchtern mitgebracht. Sie fragten, warum ich keine «M&M's» gekauft habe. Sie wollen nicht meine Kindheit, sie wollen ihre eigene Kindheit. Wahrscheinlich brauchen sie auch gar keine weiteren Kinder neben sich, sondern Eltern, die ihnen Lust auf das Leben machen. Auch auf das, was nach der Schule kommt. Wenn sie eigene Entscheidungen treffen können – und müssen.

Mein Vater ist jemand, der sich immer auf die Zukunft gefreut hat. Er war einer der Ersten, die sich einen bunten iMac in ihr Arbeitszimmer stellten. Und er hat den Pro-Idee-Katalog abonniert. Pro-Idee ist ein Versand, der nur Dinge im Programm hat, die zukunftsweisend sind. Eine Art Manufaktum für Captain Future. Bei Pro-Idee gibt es Rasierer, die von der NASA entwickelt wurden («NASA» war einmal der Inbegriff für Zukunftstechnologie), Kugelschreiber, die man im Weltraum benutzen kann, und Luft-Ionisierer. Hier hat man nie aufgehört, sich auf morgen zu freuen. Als ich zuletzt bei meinen Eltern zu Besuch war, habe ich den Katalog im Arbeitszimmer meines Vaters liegen sehen. Ich blätterte darin, und plötzlich war es, als würde ich einen Stromschlag bekommen. Dort wurde etwas präsentiert, das wie ein notgelandetes Ufo aussah: «Der kleine Roboter, der für Sie Putzarbeiten erledigt.» Die Zukunft – sie ist also da!

Endlich. Aber wo bin ich?

Skateboards

Ich entschließe mich, moderne Drachen zu kaufen. Mit zwei zuverlässigen Modellen der Firma Günther komme ich aus dem Geschäft heraus. Einem Schmetterling und einem Drachen in Regenbogenfarben. Als wir damit am Tempelhofer Feld ankommen, sehe ich all die anderen Drachen. Sie sind nicht selbstgemacht. Aber sie sind groß, sehr groß. Es sind fast Fallschirme, die dort in der Luft hängen. An den Drachen hängen Väter, sie stehen auf Skateboards. Die Söhne laufen johlend nebenher. Väter so alt wie ich auf Skateboards. Wenigstens ist Ansgar nicht dabei. Manchmal fangen die Drachen so viel Wind, dass die Väter einen halben Meter in die Luft gehoben werden. Dann johlen die Väter, und die Söhne versuchen, die weiterrollenden Skateboards einzufangen. Ich komme mir mit meinem Mini-Drachen plötzlich sehr verloren vor. Johanna hält die Drachenschnur, ich lasse den Drachen in die Luft. Er steigt schnell, dann wackelt er und fällt. Er knallt auf den Boden, und ein Vater mit Skateboard überrollt ihn.

Ich wickle die Drachenschnur wieder auf, wir versuchen es wieder. Beim dritten Versuch drückt mir Johanna die Schnur in die Hand. Frida ist schon längst beim Blumenpflücken, Johanna tummelt sich zu ihr. Es gibt tatsächlich viele Blumen auf dem Tempelhofer Feld, fällt mir auf. Ich aber kämpfe mit dem Drachen. Ich renne, damit er an Höhe gewinnt, er fällt. Ich gebe ihm langsam Schnur, er fällt. Ich habe das Gefühl, dass ich der Einzige auf dem weiten Feld bin, der diese Probleme hat. Warum kann ein baugleicher Drachen nicht so fliegen wie alle anderen? «Sie müssen ihn besser ausbalancieren», sagt ein Vater, der meinen Drachen fast an den Kopf bekommen hätte. «Was?!», belle ich zurück. Anna reicht es jetzt: «Willst du uns unbedingt den Tag verderben, nur weil wieder etwas nicht so funktioniert, wie du es dir gewünscht hast? Sind wir alle Geiseln deiner zwanghaften Vorstellungen?» Anna dreht sich um und geht. «Papa, willst du meine Blumen halten», flötet von unten plötzlich meine Tochter Frida. «Ja, ich glaube, Blumen halten ist besser», sage ich dankbar. Später ließ Anna mit Frida ihren Schmetterling steigen. Ich glaube, er stand über dem Kind wie ein Schutzengel, während sie einfach damit spazieren ging, als wäre es ein Luftballon. Aber so genau habe ich nicht mehr hingeschaut. Ich habe die Blumen festgehalten, ganz fest. Nun jedenfalls verstehe ich, warum mein Vater mit mir nie mehr Drachen steigen ließ. Ich pflücke für meine Frau noch ein paar Blumen, damit der Strauß etwas dicker wird, mit dem ich mich gleich bei ihr entschuldigen muss.

Dass Anna mir schnell verzeihen kann, liegt wohl auch daran, dass wir noch bei Helena und Frank im Krankenhaus vorbeischauen wollen, um Hans zu begrüßen. Als wir mit einem Blumenstrauß in der Hand in Helenas Zimmer kommen, hat sie ihr Baby gerade auf dem Arm. Wenn man zum ersten Mal einem neuen Leben und seinen müden, glücklichen Eltern gegenübersteht, ist das immer ein ergreifender Augenblick. Ich schaue mir die kleine Raupe an, die in Helenas Armen schlummert, und traue mich kaum, sie zu berühren. Frank ist so ergriffen, dass er nichts sagen kann, er macht nur ständig Fotos, als wolle er aus den Hunderten Aufnahmen später ein Daumenkino machen. Das ist also ein Sohn, denke ich, sieht in den ersten Tagen eigentlich genauso aus wie eine Tochter. Ich kann eine leichte Enttäuschung nicht verhehlen. Es wird wohl eine Weile dauern, bis Hans mit mir Seifenkisten bauen kann. Beeil dich mal mit Großwerden, mein Kleiner, dein Patenonkel wird auch nicht jünger. Und irgendwann, wenn du größer geworden bist, dann wirst du auch verstehen, warum ich dir zur Geburt keinen Teddy geschenkt habe, sondern eine Blockflöte von Moeck. Weil ich glaube, verstanden zu haben, dass ein Patenonkel nicht ein Spielkamerad ist, sondern ein Begleiter für das Leben. Auch für die harten Zeiten. Und Blockflöten-Unterricht ist immer eine harte Zeit.

In den nächsten Tagen denke ich oft an die Sohn-Sache. Hätte ich einen Sohn, dann würde der nicht Blumen pflücken, während ich mit Drachen kämpfe. Er würde an meiner Seite ringen, denke ich. Aber wer sagt eigentlich, dass man Jungs-Kram nur mit Jungs machen kann? Als ich das nächste Mal in das Geschäft gehe, in dem ich die Drachen gekauft habe, komme ich nicht mit einem Plastikgespinst heraus, sondern mit einer Modell-Rakete. Sie heißt «Speedfreak» und hat richtigen Raketen-Treibstoff im Hintern. «Speadfreak» hat eine rote Nase und einen glitzernden Rumpf. Es gibt eine Startrampe dazu und sogar ein Startpult mit einem roten Knopf, auf dem «Lift Off» steht. Wenn man das Startkabel mit der Rakete verbindet und dann den Knopf drückt, so steht es in der Betriebsanleitung, schießt die Rakete mit einem Feuerschweif 70 Meter in die Höhe. Und anschließend schwebt sie an einem Fallschirm zur Erde zurück.

Johanna ist nicht sehr begeistert, als ich sie an einem Samstagnachmittag wieder auf das Tempelhofer Feld treibe. Es ist nicht windig, also ideale Vorraussetzungen für einen Raketenstart, kaum Drachen in der Luft. Johanna scheint nicht so richtig etwas mit meiner Raketenmission anfangen zu können. «Das ist doch für Jungs», sagt sie zu mir, während ich im Gras knie und versuche, den Zünddraht in den Raketenmotor zu friemeln, der aussieht wie ein etwas zu groß geratener Silvesterkracher. «Das ist nicht nur für Jungs, das ist auch für Mädchen toll!», sage ich und richte den «Speedfreak» mit Vorsicht gen Umlaufbahn aus. Johanna sagt, dass sie friert. «So, jetzt zählen wir von zehn runter auf null», sage ich. «Und bei null musst du den roten Knopf drücken.» – «Den da?» – «Nicht drücken! Erst bei null!» Ich zähle laut den Countdown runter und rufe schließlich: «Lift Off!» Johanna macht gar nichts. «Drück den Knopf, meine ich!» Johanna drückt den Knopf, und die Rakete schießt mit einem pfeifenden Geräusch in den Himmel. Ich sehe einen Rauchschweif und sonst nichts. «Boah! War das nicht toll?!», rufe ich. «Und jetzt?», fragt meine Tochter. «Jetzt kommt sie an einem Fallschirm wieder herunter.» – «Wo denn?» – «Weiß nicht.» Die Rakete ist tatsächlich nirgends zu sehen. Ich bestehe darauf, dass sie irgendwo gelandet sein muss, und beginne den Rasen abzusuchen. Johanna fragt, ob wir nach Hause gehen wollen. Eine halbe Stunde später suche ich immer noch, und Johanna pflückt schon wieder Blumen.

Schließlich machen wir uns auf den Heimweg. In der Hand halte ich einen kleinen Blumenstrauß und das verwaiste Startpult, das nie mehr einen «Speedfreak» in die Höhe schicken wird. Vielleicht, denke ich mir, ist die Rakete ja gar nicht zur Erde zurückgekehrt. Vielleicht fliegt sie jetzt schon durch das All. Fliegt weiter und weiter und wird irgendwann, Lichtjahre entfernt, von einem Außerirdischen aufgegriffen. Hoffentlich hat der wenigstens einen Sohn, der sich für Raketen interessiert.

Wassergewöhnung

Einige Tage später darf ich Anna beim Wassergewöhnungskurs von Frida im Spreewaldbad vertreten. Das soll gut fürs Bonding sein. Normalerweise macht Anna das, es ist ihr sehr wichtig, dass die Kinder früh Schwimmen lernen. Ich kann das nur bestätigen: Ich selbst habe erst in der zweiten Klasse Schwimmen gelernt. Und wenn man es so spät lernt wie ich, ist es eher ein Selbsthilfekurs im Nichtertrinken. Immerhin: Ich bin nicht ertrunken. Aber auch, weil ich selten ein Schwimmbad besuche, sondern lieber in Erlebnisbäder mit 30 Grad warmem Wasser und Abenteuer-Rutschen gehe. Man kann sich in diesen Bädern von den verschiedenen Wirbelstrom-Anlagen treiben lassen – und muss kaum eine Bewegung selbst tun. Anna nennt das «Planschbecken», aber der Vergleich hinkt. Die Planschbecken, die der Vater uns manchmal im Garten aufgestellt hat, waren unerträglich kalt.

Das Spreewaldbad in Kreuzberg könnte man nicht als Erlebnisbad bezeichnen. Es ist ein Sportschwimmbad alter Schule, gebaut in den sechziger Jahren mit Sportbecken und Kampfbahnen. Schon in der Umkleidekabine kommt es mir zugig vor. «Papa, kommst du endlich?» Frida steht in ihrem rosa Badeanzug da und scheint es nicht erwarten zu können. Ich barfüßele ihr hinterher. Zwischen all den muskulösen dunkelhäutigen Türken im Schwimmbad komme ich mir vor wie ein verirrter Molch. Bloß schnell ins Wasser! «Ach guck, da ist schon die Schwimmgruppe», rufe ich. Ich gehe mit Frida ins Kinderbecken und werde sofort von etwas angefallen, das mir wie ein Walross vorkommt, aber eine Frau ist. Sie wird offenbar vor allem noch von ihrem schwarzen Badeanzug zusammengehalten. Sie schnaubt mich an: «Das hier sind die Spree-Delfine! Wenn Sie zur Wassergewöhnung wollen, dann gehen Sie auf die andere Seite!» Es gibt offenbar strenge Reviertrennung bei den Schwimmgruppen. Verirrt man sich ins gegnerische Territorium, geht man schnell mal unter. Wer weiß, wie viele unvorsichtige Väter am Grunde des Spreewaldbades liegen, die sich nicht rechtzeitig getrollt haben? Das Spreewaldbad trägt diesen Namen übrigens völlig zu Recht, denn viel wärmer als der Fluss ist es nicht. Bei der Wassergewöhnung muss ich mich erst einmal selbst an die Wassertemperatur gewöhnen.

Im richtigen Schwimmkurs angekommen, ziehe ich Frida mit einer sogenannten Schwimmnudel durch das Wasser. Das sind große, pinkfarbene Schaumstoffwürste. Früher gab es nur Schwimmbretter, und schon mit denen sah man aus wie ein planschender Pinguin. Frida paddelt vorwärts, rückwärts, während ich den Anweisungen der Schwimmlehrerin folge. Sie dirigiert eine schweigende Menge von durchs Wasser gleitenden Müttern. Ich bin der einzige Mann im Kurs, aber ich werde nicht als solcher wahrgenommen. Es ist unmöglich, mit diesem Schaumstoffteil würdig auszusehen. Ich bin eine Schwimmnudel mit Antrieb. Nach der Schwimmstunde gehen wir wieder in die Umkleidekabine. Ich ziehe Frida an, ziehe ihr die Schuhe an. Dann ziehe ich mich an – und finde meine Schuhe nicht mehr. Sie sind weg. Dass in einem Schwimmbad im Kreuzberg geklaut wird, habe ich mir ja gedacht. Aber Schuhe, die man kurz vor der Umkleidekabine hat stehen lassen? Oder habe ich vergessen, sie einzuschließen, weil ich mich in Fridas Badeanzug verheddert hatte? Ich veranstalte mit meiner Tochter ein Schuhesuchspiel, schließlich will ich nicht, dass sie sich schon so früh Gedanken über Kriminalität in der Großstadt macht. Das soll ruhig noch Zeit haben, bis ihr Kinderfahrrad geklaut wird. Meine Schuhe bleiben verschwunden. Der Bademeister zuckt nur die Schultern, der Mann an der Kasse will auch nix davon wissen. Ich merke, wie bescheuert man sich vorkommt, wenn man außerhalb eines Schwimmbades in Mantel und Schal barfuß läuft «Wo sind denn deine Schuhe, Papa?», fragt Frida jetzt besorgt. «Ach, die sind spazieren gegangen. Komm, wir gehen jetzt auch.»

Den Heimweg tippele ich barfuß über den regennassen Asphalt hinter meinem Kind her. Ich fühle mich wie ein Fakir. Ich weiß nicht, was die Menschen über den Mann denken, der in kleinen Schritten unbesohlt hinter seiner kleinen Tochter hergeht, die ihn immer wieder fürsorglich warnt: «Papa, pass auf, hier ist 'ne Scherbe, und hier sind ganz viele!» Vermutlich sind sie schockiert über die Familienarmut in Berlin. Frida hat auf jeden Fall ihren Spaß. Und mit meiner Einschätzung, dass das Spreewaldbad kein Erlebnisbad sei, lag ich auch falsch.

Als ich mit meiner Tochter zu Hause ankomme, schaut Anna gar nicht auf meine Füße. «Schon gehört?», fragt sie. «Ansgar ist ausgezogen, sie trennen sich.» Jetzt sind meine Füße plötzlich heiß.

10. Kapitel:
Oktober – Der große Kürbis

➥ Warum Halloween ein Traditionsfest ist und wie man aus Garnrollen Panzer baut.

Kürbis

In Kreuzberg gibt es eine Markthalle, sie wurde vor 120 Jahren erbaut, in einer Zeit, als Markthallen noch die Supermärkte der Großstadt waren. Dann ging es mit der Markthalle irgendwann bergab. Es gab darin zuletzt noch einen türkischen Fischhändler und einen libanesischen Gemüsehändler. Dann hat Aldi einen Teil angemietet und schließlich auch Drospa und Kik. Damit hat sich die Kreuzberger Markthalle gewissermaßen den Ansprüchen des Stadtteils angepasst. Dort lebten ja vor allem Menschen mit geringem Einkommen und auch viele, die mit dem «Kopftuch-für-2,50-Euro»-Angebot bei Drospa etwas anfangen konnten. Die Markthalle war ein melancholischer Ort, sie stand für den Verfall Berlins, für das ergraute Gesicht der Stadt. Die Gründerzeit-Fassade, an die ein auch schon reichlich ausgeblichenes Aldi-Schild angeschraubt war, die ausgeleierten Schwingtüren aus den sechziger Jahren. Der Film «Herr Lehmann» wurde hier gedreht, so gut passt diese Markthalle zum Charme von Berlin, der Stadt, die nicht an Schönes glaubt und schon gar nicht an Freundlichkeit, wo die Ignoranz schon als Sympathiebekundung gelten muss.

Diese Markthalle nun allerdings traf eines Tages auf Menschen, denen sie nicht egal war, es war die Sorte von Menschen, die Bürgerinitiativen gründen. Eine solche Bürgerinitiative hat sich für die Renovierung der Markthalle eingesetzt und für ihre «Neubelebung». Nun kann man ja nicht sagen, dass sie nicht belebt gewesen sei: Es gab darin einen Backshop, in dem Leute morgens einen Kaffee für 90 Cent trinken, und eine Trinkhalle, in der sie am Abend für 1,80 pro Flasche ihren Kummer über den Tag ertränken können. Das ist aber nicht die Form des Lebens, die engagierte Neubürger gerne haben. Sie haben nach der Renovierung der Markthalle dort einen Wochenmarkt veranstaltet. Einen, der das Leben im Stadtteil abbilden soll, einen, der als Forum und Ort der Zusammenkunft dienen soll. Und wahrscheinlich tut er auch genau das. Er ist ein Ort geworden für Menschen wie mich, Anna und Ansgar. Jene, die in Kreuzberg 36 die Wuchermieten zahlen, nur um nicht im viel zu sauberen Prenzlauer Berg leben zu müssen. Und die dann aber doch dringend einen Ort vermissen, an dem sie Frozen Yogurt löffeln können. Und so ein Ort ist nun die Markthalle: eine Besserbürger-Mall.

In der Markthalle gibt es nun Biokäse und Biolachs. Es gibt sogar einen Stand, der nur Design-Magazine verkauft und wo man zur Antwort auf die Frage, ob es sonst noch etwas gibt, «Sorry, I don't speak German» bekommt. Überall stehen Bierbänke, es gibt Fressbuden, an denen aber nur Würstchen verkauft werden von Sattelschweinen, die freiwillig in den Tod gegangen sind und wahrscheinlich auch einen Organspendeausweis hatten. Die Menschen, die dort sitzen, ertränken vermutlich auch den Frust über ihr Leben, aber eben mit «Neumarkter Lammsbräu»-Ökobier. Ihre Kinder lümmeln sich auf einer grünen Spielmatte, wo man mit grünen Holzklötzen Blumenstängel zusammenstecken kann (und nur Blumenstängel). Dazwischen drängen sich türkische Mütter mit ihren Kindern im Schlepp, die versuchen, sich zur Aldi-Filiale am anderen Ende der Halle durchzuschlagen. In einer Ecke hängen Frauen um die vierzig schlaff auf Stühlen – mit geschlossenen Augen, nur gehalten durch die Hände junger Männer, die hinter ihnen stehen. Erst wenn man die Werbetafeln liest, erkennt man, dass es sich um eine Gratis-Aktion eines Tantra-Massage-Studios handelt. «Papa, was machen die da?», fragt Johanna, die an meiner Hand hängt, und deutet auf eine Frau, die mit halbgeöffnetem Mund ihren Kopf hängen lässt und leise stöhnt. «Die Leute werden massiert.» – «Was ist massieren?» – «Das ist, wenn man die Haut so anfasst, dass es schön ist.» – «Kannst du mich auch mal massieren?» – «Ich hab dich schon ganz viel massiert.» – «Was, wann denn?» – «Im Babymassagekurs ...» – «Was?» Ich ziehe Johanna weiter. Anna wird derweil von einem jungen Mann angesprochen. «Darf ich Ihnen eine Information über Öko-Strom geben?» Sie nimmt das Blatt zögernd entgegen: «Ja, danke.» Der Typ schiebt sich ihr etwas in den Weg. «Finden Sie Ökostrom richtig?» – «Äh, ja.» – «Und haben Sie schon einen zertifizierten Ökostrom-Anbieter?» – «Äh, nein, ich möchte aber jetzt auch keinen Vertrag abschließen.» Sie drückt sich an dem Mann vorbei. Er geht ihr hinterher, wird lauter: «Warum nehmen Sie denn mein Informationsmaterial an, wenn Sie sich offenbar gar nicht für nachhaltigen Strom interessieren?» Bloß weg, bevor er noch durch die Halle ruft, dass sich ein verdammter Atomstromer hier im Getümmel versteckt. Plötzlich bremse ich ihren Lauf an einem Stand, der Gemüse aus der Region Brandenburg anbietet. Dort gibt es Teltower Rübchen und Kürbisse. Einer davon ist goldorange. Ein Kürbis wie aus dem Bilderbuch. Wie magnetisiert laufe ich darauf zu. Ich sehe schon, wie er mich anlächelt, sanft von innen heraus illuminiert vom Schein eines Teelichtes.

Es ist ein Halloween-Kürbis. Halloween gilt in Deutschland vielen immer noch als Unterschichten-Fest, weil es ein amerikanischer Import ist und erst in den neunziger Jahren von der Kostüm-Industrie kultiviert wurde. Mich aber begleitet Halloween, solange ich lebe. Genauer gesagt ist Halloween eine meiner ersten Erinnerungen. Ich bin im Süden von Darmstadt geboren, am Fuße des Berges Frankenstein, auf dem die Burg Frankenstein steht. Dort feierten Soldaten aus der US-Kaserne in den siebziger Jahren die ersten Halloween-Feste in Deutschland. Erinnern kann ich mich deswegen so gut daran, weil ich Angst hatte. Die Amerikaner beschallten mit Lautsprechern die ganze Ebene mit Horror-Geheule. Einmal nahmen mich meine Eltern auch mit zum Kinder-Halloween auf Frankenstein. Dort sprangen Männer herum, die sich als Werwölfe verkleidet hatten, und es gab eine Krankenschwester mit weißgeschminktem Gesicht und einer riesigen

Spritze, mit der sie die Kinder jagte. Ich heulte, obwohl man uns Bonbons anbot. Ich war noch nicht reif für Halloween, Deutschland auch nicht. Was man auch daran erkannte, dass einer der Monster-Darsteller einmal ins Krankenhaus musste, weil ein Passant ihm einen Holzprügel an den Kopf geworfen hatte. Er hatte an ein echtes Monster geglaubt.

Heute ist Halloween überall. In den Kaufhäusern gibt es Grusel-Abteilungen, die aussehen wie eine Geisterbahn – oder eigentlich schlimmer. Ich habe dort wirr vor sich hin brabbelnde Totenköpfe gesehen, deren Augen blinken, scheußlich entstellte Masken von Zombies und Werwölfen. Es gibt Glibber-Augen. Sie scheinen mir viel ekliger als der grünglibberige «Slime» aus der Dose, den es in meiner Kindheit von Mattel gab. Dazu abgeschlagene Hände, Schusswunden zum Aufkleben. Das alles direkt neben der Spielwaren-Abteilung. Wenn Kinder sich so etwas angucken dürfen, ist es schwer zu verstehen, warum Filme wie «Hostel» und «Chain Saw Massacre» nicht ab sechs freigegeben werden. Nein, Halloween kann ich mir als Kinderfest noch immer nicht vorstellen.

Aber einen Kürbis mit Fratzengesicht, den kann man doch zu Ehren Halloweens auf den Balkon stellen, das muss doch gehen, es ist dazu ja auch noch ein Bio-Kürbis, im Brandenburgischen auf einem Misthaufen gewachsen. Das hat nun mit US-Kulturimperialismus nichts zu tun. «Kinder, wollen wir heute einen Kürbis schnitzen?», frage ich. «Au ja», sagt Johanna, «einen Kürbis mit einen gaaaanz bösen Gesicht.» – «Ja, mit einem Zombiegesicht», ergänzt Frida. «Woher weißt du denn, was ein Zombie ist?», gehe ich dazwischen. «Nein, nein, wir machen ihm ein freundliches Gesicht, Kinder, sonst bekommen wir ja noch Angst!» – «Pffffft, ich habe doch keine Angst vor einem KÜRBIS», lacht Frida. «Mama, der Papa hat Angst vor einem Kürbis.»

Kürbis wird auf dem Ökomarkt kiloweise verkauft. Man zahlt für ein so dickes Exemplar gerne 20 Euro. Viel Geld für ein Gemüse, dessen größter Vorteil ist, dass es nicht mehr nach der Kuhscheiße schmeckt, auf der es gewachsen ist, denke ich. «Super, Kinder, dann höhlen wir den Kürbis aus und machen daraus Kürbissuppe.» – «Nee, igitt, ich mag keine Kürbissuppe», sagt Johanna. Im Grunde müsste ich sie für diese realistische Erkenntnis loben. Aber ich kann selbstverständlich nicht zulassen, dass wir eine Frucht aushöhlen und ihr Fleisch dann einfach wegwerfen. Es muss gegessen werden, auch wenn es noch so ärmlich schmeckt, ein bisschen Horror muss an Halloween ja sein.

Den größten Schreck bekommen aber die anderen Väter. Ich schultere den Kürbis, gehe durch die Markthalle und ziehe sofort die Blicke auf mich: Einige Kinder ziehen ihre Väter am Hosenbein. Sie zeigen auf mich. «Papa, ich will Kürbis», quengelt ein Junge. Aber die Papis gucken nur hilflos. There ain't no Kürbis anymore in this Markthalle. Ich habe den letzten gekauft. Ich habe alle Superpapa-Punkte abgesammelt, während die anderen Väter Ökobier getrunken haben. Mit meinen Kindern drehe ich noch eine Ehrenrunde durch die Halle, auch um davon abzulenken, dass Anna gerade im Aldi-Markt verschwunden ist. Dann verlassen wir den Ort. Und hoffen, dass der Ökostrom-Verkäufer uns nicht heimlich folgt.

Strickliesl

Zu Hause wird es den Kindern schnell langweilig, als ich den Kürbis aufschneide und das dunkelgelbe Fleisch herausschabe. Sie setzen sich vor den Fernseher und gucken «Wickie». Ich schnitze derweil an dem Zombie-Gesicht und summe vor mich hin: «Und die Katze tanzt allein, tanzt und tanzt auf einem Bein ...»

Eine müde Enttäuschung macht sich in mir breit. Tauge ich wirklich als Superpapa? Fast das ganze Jahr habe ich versucht, ein

Supervater zu sein. Habe Supergeburtstage organisiert und Superdrachen steigen lassen und alle möglichen anderen Supersachen gemacht. Warum findet man mich nicht super? Habe ich das nicht verdient? Heißt es nicht, dass ALLE Töchter ihren Vater vergöttern? Wenn ich zur Arbeit gehe, nachdem ich morgens meinen Kindern das Frühstück bereitet und die Pausenbrote gemacht habe, verabschiedet mich Frida manchmal mit einem Kuss auf die Backe, manchmal sagt sie tschüs, ohne mich anzusehen. Wenn aber Anna sich verabschiedet, wirft sie sich auf den Boden, klammert sich an das Hosenbein, feilscht um Minuten. Ich wünsche ja nicht, dass meine Tochter einen Nervenzusammenbruch bekommt, wenn ich mich einmal entferne. Aber einen kleinen Wutausbruch könnte sie doch haben. Sie könnte wenigstens so tun, als ob es ihr etwas ausmachte.

Meine Frau fürchtet sich schon vor meinen Ideen. Das Einzige, was sie wirklich beeindrucken konnte, war die Strickliesl. Einen ganzen Abend saßen wir da und versuchten, aus dem kleinen Püppchen eine Art Stoffwurst herauszubringen. Wir häkelten noch, als die Kinder sich längst verzogen hatten. Es war etwas Trautes zwischen uns beiden, etwas, das wir beide aus unserer Kindheit kannten. Für Kinder heute kann eine Strickliesl nur eine Attraktion für eine Stunde sein. Genauso wie der Kinderwebstuhl, den ich ihr mitgebracht habe. Man kämpft hart um die Aufmerksamkeit der Kinder. Filly-Pferde und SpongeBob haben es da viel leichter.

Wäre SpongeBob Fridas Vater, würde sie wahrscheinlich sehr wohl mit den Fäusten trommeln, wenn er seinen Hut nehmen würde und auf seinen quadratischen Schwammkopf setzte und sich des Morgens auf zu seinem Schnellrestaurant machte, wo er die Burger brät. Frida würde sich an seine kurzen gelben Beine heften und heulen: «SpongeBob, SpoooongeBob, ich will nicht, dass du weggehst, immer musst du morgens zur Arbeit, das ist gemein!»

Aber was hat dieser SpongeBob jemals für Frida getan? Hat er irgendwann einmal eine halbe Stunde darauf verwendet, herauszufinden, welchen Belag sie auf ihr Brot haben möchte? Käse? (NEIN!) Kinderwurst? (NEIN, ich ess nur die Wurst, die so ein Gesicht hat!) Frischkäse? (Aber nur mit MARMELADE! ABER NICHT MIT DER GELBEN MARMELADE, ICH WILL DIE ROTE, UND DIE MUSST DU SO VERSTREICHEN, DASS MAN KEINEN RAND MEHR SIEHT, UND DEN RAND MUSST DU AUCH ABSCHNEIDEN, SONST ESS ICH DAS NICHT, DER IST NÄMLICH E-KEL-IG!!) SpongeBob könnte dem Mädchen höchstens einen Fleischklops auf den Grill legen. Aber von SpongeBob würde Frida ihn wahrscheinlich annehmen. Es ist ja alles toll für sie, was SpongeBob macht.

Ach, ich bin eifersüchtig, ich bin eifersüchtig auf einen Schwamm und auf meine Ehefrau. Es ist einfach nicht gerecht, für so viel Mühe so wenig gefeiert zu werden. Das ist vielleicht das Besondere bei uns jungen Vätern: Wir wollen nicht einfach nur Kinder großziehen – wir wollen einen Preis dafür bekommen.

Es wurde viel davon gesprochen, dass die Väter neue Werte hätten, dass sie nicht mehr nur an ihre Karriere denken und wie sie mehr Macht an sich reißen. Der neue Vater sollte weicher sein, häuslicher, daran interessiert, den Kindern ein Spiegelei zu braten oder ihnen beim Anziehen zu helfen oder bei den Schularbeiten. Der neue Vater sollte nicht so wettbewerbsorientiert sein. Das ist natürlich Humbug. Wir neuen Väter sind viel wettbewerbsorientierter als alle anderen. Nur dass unser Schauplatz nun die Familie ist. Früher ging der Familienvater an den Arbeitsplatz, um sich dort seine Anerkennung zu verdienen, oder in den Sportverein, oder er kämpfte um Punkte beim Darts-Turnier. Die Familie war der Rückzugsraum – und für viele auch das Full-Service-Hotel. Nun suchen die Männer auch dort ihre Anerkennung, nun wollen sie auch dort besser sein. Und wer Ruhe und Entspannung wünscht, der soll gefälligst vor die Tür gehen.

Aber warum wollen wir so gehuldigt werden? Vielleicht kommt es gar nicht nur darauf an, in der Familie das Erfolgserlebnis zu erfahren, das einem in der Außenwelt verwehrt bleibt. Man möchte sich auch vergewissern, dass das, was man so im Leben tut, richtig ist. Wer sagt einem das noch? Wir sind nicht mehr in großen Verbänden organisiert, die uns Gewissheit geben. Wer sich früher in einer Partei oder einem Verein engagierte, erkaufte sich damit die Sicherheit, das Richtige zu tun. Es gab allgemein verbindliche Interessen und Regeln, die einen klaren Rahmen setzten. Es gab auch einen Gegner, der ganz bestimmt auf der falschen Seite stand. Davon ist nicht mehr viel übrig.

Niemand sagt uns, was recht und unrecht ist, nicht einmal mehr der Bundespräsident. Es gibt kaum noch jemanden, mit dem wir Interessen teilen, niemanden, mit dem wir uns verbünden oder solidarisieren. Die einzige Solidargemeinschaft, die wir noch haben, ist jene, in der jeden Tag Conni-CDs gehört werden, in der man Pausenbrote schmiert und Hintern abputzt. Unsere Familie. Und diese Familie soll uns nun all das geben, was uns die CDU, der DGB, der Papst und der Kleingartenverein schuldig bleiben. Das kann ein harter Job sein, und besonders hart wird es für denjenigen, der gerade erst seinen ersten bleibenden Zahn bekommt.

Salzstangen und Cola

Wir neuen Väter haben nicht mehr nur die eine Rolle des Ernährers. Wir spielen viele Rollen. Wir wollen Vorbild und Kumpel der Kinder sein, autoritär sein, aber gleichzeitig emotional nah. Wir wollen Geliebter unserer Frau sein – und die Bewunderung der Umwelt wollen wir auch noch. Für jede unserer Rollen wollen wir kräftig Bravo hören – am besten mit Standing Ovations wie einst bei Jopie Heesters.

Wie waren die Väter vor uns? Wie war mein Vater, als ich klein war? War er emotional? In meiner Erinnerungsleistung hat er nur einmal geweint, und da war ich 18 und meine Eltern der Überzeugung, dass ich bald im Drogenmilieu enden würde. Sonst erlebte ich ihn manchmal wütend. Er konnte wütend werden, wenn ich mich weigerte, den Hof zu kehren. Er konnte wütend werden, wenn meine Eltern «ein ernstes Wörtchen mit mir redeten» und ich ihnen nicht in die Augen guckte, sondern nur auf den Boden. Er konnte wütend werden, wenn er feststellte, dass ich das Geld für die Straßenbahn nicht in eine Fahrkarte investierte, sondern lieber in Gummibärchen – und mit dem Fahrrad zur Schule fuhr. Er wurde wütend, er drohte – aber er strafte nicht. Er war ziemlich entspannt. Er hatte nicht den Drang, uns für eine ungewisse Zukunft zurechtziehen zu müssen. Er kümmerte sich lieber um die Gegenwart.

Ich habe meinen Vater nie alleine vor dem Fernseher herumhängen sehen, stattdessen nahmen er und meine Mutter sich Zeit für uns. Mein Vater ging mit uns Kindern – also mit mir, meiner großen Schwester und meinem kleinen Bruder – gerne auf Wanderungen durch den schönen Odenwald. Wir besichtigten dann Burgen, und er erzählte uns Geschichten. Da gab es nicht nur die Burg Frankenstein. Es gab da die Feste Rothenburg, von der mein Vater berichtete, man könne nachts noch das Getrappel der Pferde und das Schwerterklirren der Ritter von Rothenburg hören. Und nicht zu vergessen die Burg auf dem Tannenberg, auf der einst gefürchtete Raubritter hausten, die den umherziehenden Händlern so zusetzten, dass man schließlich mit einer Kanone, der «Frankfurter Büchse», anrückte, um sie bis auf die Grundmauern zusammenzuschießen. Die Ritter ließ man allerdings laufen. Es wäre unritterlich gewesen, sie vor Gericht zu stellen. Wir spazierten auch zum Ilbes-Berg, wo es magnetisches Gestein gibt. Mein Vater sagte immer, dass Hubschrauber große Probleme hätten, an diesem Berg vorbeizukommen, weil er so eine starke Anziehungskraft habe. Auf dem Berg gibt es tatsächlich magnetisches Gestein. Auch wenn es wohl keine Helikopter anzieht. Aber das stellte ich mir gerne vor.

Mein Vater schnitzte kleine Männchen aus Holzstücken, die wir im Wald gefunden hatten. Mein Vater suchte mit uns ein kleines Flüsschen auf und zeigte uns, wie man einen Staudamm baut, indem man erst grobe Äste ins Wasser steckt und dann immer feinere. Mein Vater veranstaltete auch einmal eine Nachtwanderung mit uns, richtig mit Laterne und Taschenlampen (leider fürchteten wir uns so sehr, dass wir bald umkehren mussten).

Es gibt auch Weisheiten, die ich glaube von meinem Vater gelernt zu haben:

- **«Sand reinigt den Magen.»** (Stimmt aber nicht ganz. Sand zu essen ist zwar meist ungefährlich, allerdings kann Sand Wurmeier von verschiedenen Parasiten, Bakterien und Pilzen enthalten.)
- **«Kaltes Wasser härtet ab.»** (Stimmt leider – die Uni Jena hat in einer Studie ermittelt, dass kalte Kneipp'sche Güsse nach dem Duschen wirklich das Immunsystem stärken. Und noch dazu muss man sie regelmäßig über einen längeren Zeitraum ertragen.)
- **«Gegen Durchfall helfen Salzstangen und Cola.»** (Stimmt, weil der dehydrierte Körper Salz und Zucker gleichzeitig aufnehmen muss. Allerdings enthält die Cola im Verhältnis zu den Salzstangen zu viel Zucker.)
- **«Du musst die Schale beim Apfel mitessen, denn da sind die Vitamine drin.»** (Stimmt – die Bundesforschungsanstalt für Ernährung hat ermittelt, dass bei den Äpfeln der Vitamingehalt der Schalen bis zu siebenmal so hoch wie der des Fruchtfleischs ist. Auch an Mineralien und Eiweißen sind die Schalen von Äpfeln und Birnen reicher. Allerdings muss man die Schalen vorher gründlich waschen, denn es können auch Bakterien und Pilze daran hängen.)
- **«Wespenstiche muss man aussaugen.»** (Stimmt nicht. Man

sollte die Einstichstelle nicht mit dem Mund aussaugen, denn so gerät das Gift über die Mundschleimhäute in den Körper des Helfenden und kann bei ihm selbst zu einer allergischen Reaktion führen. Dagegen hilft eine halbe Zwiebel und Kühlung.)

- **«Bei Nasenbluten den Kopf in den Nacken.»** (Stimmt nicht – man soll das Blut nicht in den Rachen laufen lassen, sondern sich nach vorne beugen und einen kalten Lappen in den Nacken legen.)
- **«Zu wenig Licht beim Lesen verdirbt die Augen.»** (Stimmt. Wenn wir als Kinder unter der Bettdecke mit der Taschenlampe gelesen haben, war das wirklich ungesund. Bei Kindern kann es vorkommen, dass langes Lesen bei schlechter Beleuchtung zu Kurzsichtigkeit führt. Das fortwährende angestrengte Sehen bedeutet einen Wachstumsreiz für den Augapfel. Das normalerweise runde Auge wird dadurch länglich. Damit landet der Brennpunkt der Lichtstrahlen nicht mehr auf der Netzhaut, sondern davor.)
- **«Wenn du zu nahe am Fernseher sitzt, schadet das den Augen.»** (Stimmt nicht. Als es noch Röhrenfernseher gab, waren die Bildwiederholungssequenzen so niedrig, dass es anstrengend für die Augen sein konnte, nah vor dem Fernseher zu sitzen. Aber in Wirklichkeit wollten unsere Eltern, dass wir verdammt noch mal aus dem Bild gehen.)

Meine Eltern verwendeten viel Zeit für die Kinder, aber sie hatten auch ihr eigenes Leben. Oft saß mein Vater aber einfach nur in seinem Arbeitszimmer und spielte auf seiner Gitarre. Das Gitarrespielen war der einzige Luxus, den er sich gönnte. Alle paar Jahre kaufte er sich eine neue Gitarre. Mal eine spanische Gitarre, mal eine mit Stahlsaiten, mal eine handgefertigte. Wenn er Gitarre spielte, wollte mein Vater alleine sein. Und wenn er ein Schläfchen halten wollte. Nach dem Schläfchen am Mittag wollte er nur einen Kaffee. Wenn der Kaffee gut schmeckte, hatte er gute Laune, wenn er schlecht schmeckte, war die Laune schlecht. Mein Vater hat mit mir nie das Leben besprochen oder wie man sich einen Beruf sucht oder wie man mit Frauen umgeht. Ich habe ihn auch nicht danach gefragt. Er hatte ja einen Beruf, er hatte ein Leben, und er hatte Mama. Es gab nichts zu erklären, und es gab auch nichts, vor dem man sich fürchten müsste. Es war eben alles da.

Freudlose Riesen

Das war schon damals nicht selbstverständlich. Bei den Nachbarskindern hatte sich der Vater plötzlich mit der Mutter zerstritten, und dann ist er mit der Helferin aus seiner Arztpraxis zusammengezogen. Und bei meinem besten Freund machte die Mutter einen Selbstmordversuch. Das würde bei uns nie passieren, wusste ich. Wir würden nie durch diesen Nebel der Trostlosigkeit schreiten müssen. Ich verstand erst später, was für ein Glück ich gehabt hatte. Ich kenne heute viele Menschen, die ein schwieriges Verhältnis zu ihren Vätern haben. Das liegt daran, dass die Väter sich irgendwann aus dem Staub gemacht haben. Sie haben sie mit ihren Müttern alleine gelassen oder zugelassen, dass ihre Mutter sich mit einem neuen Mann einlässt. Die erste Erfahrung, dass das Leben eben nicht so ist, wie es in den Bullerbü-Büchern beschrieben wird, verdanken sie ihrem Vater. Das ist die bittere Ironie der modernen Erziehung: Es ist eben nicht mehr so, dass der Vater als Strafgericht der Außenwelt wütet und den Kindern einprügelt, wie hart es da draußen zugeht. Er geht einfach und lässt die Haustür offen stehen, durch die der kalte Hauch der Realität hereinzieht. Und so habe ich meinen Eltern wohl den etwas naiven Glauben zu verdanken, dass man mit seinem Partner, den man einmal geheiratet hat, ein Leben lang zusammenbleibt. Da mögen die Statistiken eine noch so klare Sprache sprechen und neben mir alle Ehen zerbrechen – ich glaube einfach nicht, dass es uns passieren könnte. Ich habe es nicht anders gelernt.

Ich glaube, meine Eltern haben sich ebenso bewusst um uns gekümmert, wie ich das für meine Kinder tun möchte. Mein Vater wollte einfach keinesfalls so sein, wie sein eigener Vater war. Mein Vater wurde im Krieg in Oberschlesien geboren, als die Fliegerverbände anfingen, die Städte in Schutt und Asche zu legen. Manchmal ging seine Mutter aus und sagte den zwei älteren Geschwistern, sie sollten mit den zwei Kleinen in den Luftschutzkeller gehen, wenn die Bomber kämen. Es gab wohl eine gewisse Sorglosigkeit, was das betraf. Später floh die Familie vor den heranrückenden Russen in den Harz. Seinen Vater lernte mein Vater erst kennen, als er aus der Kriegsgefangenschaft heimkehrte. Das war Ende der vierziger Jahre. Die Begegnung mit seinem Vater war trostlos. Schon Wochen zuvor hatte seine Mutter immer wieder davon gesprochen, dass der «Vadder» heimkehre. Die Unruhe war meinem Vater nicht recht. Sie störte ihn. Die Familie war bislang gut alleine zurechtgekommen. Seine Mutter und seine Großmutter kümmerten sich um alles. Mein Vater spielte mit den anderen Kindern im Dorf in der Nähe von Mainz. Manchmal fanden sie Blindgänger im Straßengraben. Die Mutter sagt, er solle diese bloß nicht anfassen, sonst fliege er «in die Luft». Das Durch-die-Luft-Fliegen hatte sich mein Papa ganz schön vorgestellt – er fasste die Bomben trotzdem nicht an. Es war allerdings keine Welt, die meinem Vater sonderlich schrecklich vorgekommen wäre, sie war eben so.

Dann kam der Tag, an dem mein Vater auf seinen Vater treffen sollte. Ein Pferdefuhrwerk rollte vor das Haus, auf der Kutsche saß ein eingefallener Mann mit krummem Rücken und mürrischer Miene. Er war aus der Kriegsgefangenschaft in Holland heimgekehrt. Als sein Vater ankam, stemmte er sich vom Fuhrwerk herunter und sagte, die «Weiberwirtschaft» habe nun ein Ende. Für seinen kleinen Sohn, den er seit Jahren nicht mehr gesehen hatte, interessierte er sich wenig. Mein Vater fragte seine Mutter, wie lange der Mann denn bleiben würde. Er ging nie mehr. Mein Großvater hatte den Krieg schlecht überstanden. Seine Kleinbürgerträume waren gescheitert. Er war ein überzeugter Nationalsozialist gewesen. Einer, der von einer Parteikarriere träumte und von einer eigenen Farm in Deutsch-Südwest-Afrika. Nun lag seine Nazi-Welt in Trümmern, und er lag mittendrin. Das Großdeutsche Reich, in das er sich hineingeträumt hatte, war weg – und in der kleinen Republik fand er sich nicht mehr zurecht. Er war zu verbittert, um noch einmal ganz unten anfangen zu können, und während andere sich kümmerten, wieder in Lohn und Brot zu kommen, blieb mein Großvater zu Hause. Es dauerte, bis sich Arbeit für ihn fand in einem Panzerwerk. An dem Schreibtisch, den er dort besetzte, saß er sein ganzes Arbeitsleben lang, kein einziges Mal stieg er auf. Mein Großvater konnte Freude nicht leiden. Als seine Frau einmal einen Kuchen gebacken hatte, warf er ihn aus dem Fenster und schimpfte, er dulde so eine Verschwendung nicht. Er zählte zu den Menschen, die der Psychologe Wolfgang Schmidbauer als die «traumatisierte Generation» bezeichnet. In seinem Buch. «Ein Land – drei Generationen» beschreibt er die Kriegsheimkehrer als Menschen, die ihren Kindern wie «freudlose Riesen» vorgekommen sein mochten. Menschen, die weder das, was sie im Krieg erlitten, noch das, was sie im Krieg getan hatten, verarbeiten konnten. Eine Generation der seelisch Versehrten, die zu einer emotionalen Regung völlig unfähig war – und noch ungeeigneter, junge Menschen zu erziehen. Diese Menschen konnten keine moralischen Vorbilder sein, sie konnten ihrer Frustration nur durch Prügel Luft machen.

Ich selbst habe meinen Opa nie anders als einen vor sich hin schimpfenden, sich mühsam bewegenden, gebeugten Mann gesehen, der kaum die Treppe hinabgehen konnte. Das einzige Highlight seines Lebens war der jährliche Kur-Urlaub und der tägliche Gang in die Kneipe «Das Eck», wo er Korn trank und über die modernen Zeiten zeterte. Eines Tages war es ihm draußen zu glatt, da konnte er nicht in die Kneipe. Also blieb er im Bett. Er blieb im Bett bis zum Tod.

Als meine Eltern davon erfuhren, fuhren wir sofort hin. Ich sah den Leichnam noch im Bett liegen, einen gelben, leicht verzerrt daliegenden Mann. Jedes seiner vier Kinder stand am Bett, keines konnte nur eine Träne weinen. Im Wohnzimmer nebenan machte meine Oma zwei Flaschen Wein auf.

Für meinen Vater war ein Vater etwas, auf das man im Leben auch verzichten könnte. Ein Fürchtegott, ein willkürliches Strafgericht, das unberechenbar auf einen niedersaust, im Leben nirgends eine Stütze ist und einen höchstens vom Glück abhält. Wäre mein Großvater nie aus der Gefangenschaft zurückgekehrt, hätte mein Vater wohl mehr von ihm gehabt. Er hätte sich einen Vater erträumen können.

Mein Vater wollte es ganz anders machen, er wollte ein schützender, leitender, beratender Vater sein, in dessen Leben die Kinder im Mittelpunkt stehen. Zu jedem Zeitpunkt wussten meine Eltern, was sie mit ihren Kindern anfangen wollten. Sie wollten, dass die Kindheit die schönste Zeit im Leben ist. Dass sie bildet, inspiriert und auf das Erwachsensein vorbereitet. Das haben sie in jedem Fall geschafft. So eine Kindheit sollten meine Kinder auch genießen dürfen. Aber Kinder brauchen auch noch etwas anderes: einen Vater, der sich seiner eigenen Sache sicher ist. Der nicht um Anerkennung buhlt, sondern Anerkennung geben kann. Bin ich so einer?

Garnrollenpanzer

Aber da fällt mir ein: Auch mein Vater hat manchmal versucht, mir seine Kindheit schmackhaft zu machen – so hart sie auch war. Zu Weihnachten schenkte er mir einmal einen Tretroller, weil er selbst mit einem solchen als kleiner Junge die ganze Gegend erkundet hatte. Dass ich mich für das Ding kaum interessierte, enttäuschte ihn. Noch besser in Erinnerung ist mir aber der Panzerbau: «Tilli», sagte mein Vater eines Tages, «wir bauen heute einen Garnrollenpanzer.» Ich war sofort hellauf begeistert. Ein Panzer! Es war endlich Aufrüstung im Kinderzimmer angesagt! Es machte mich nur etwas misstrauisch, mit welchen Utensilien mein Vater aufwartete: eine Garnrolle ohne Garn, ein Bürogummi und ein Stöckchen. Mein Vater fixierte den Gummi in dem Loch in der Mitte der Garnrolle, führte das Stöckchen durch die Schlaufe des Gummis und begann zu kurbeln, sodass der Gummi sich wand wie ein Wurm. Er hielt das Stöckchen fest, setzte die Garnrolle auf den Boden, schon schnurrte sie, angetrieben von diesem primitiven Gummimotor, etwa einen halben Meter weit. «Ein Garnrollenpanzer», rief mein Vater erfreut und versuchte etwas Begeisterung in meinem ratlosen Gesicht zu finden. «Aber Papa», sagte ich, «das ist doch kein Panzer, das ist eine Rolle mit Nähgarn.» – «Aber die allerersten britischen Panzer, die sahen so ähnlich aus.» – «Wie Nähgarn?» – «Nein, aber das haben wir uns als Kinder eben so vorgestellt.» Mein Vater ist Nachkriegskind und zwischen Trümmern aufgewachsen. In seiner Kindheit gab es kaum Spielzeug, man musste es sich aus den Abfallprodukten des Alltags zusammenbasteln. Und weil es nicht sehr erbaulich gewesen wäre, mit Mutters leeren Garnrollen zu spielen, bezeichneten sie diese lieber als «Panzer». Ich aber hatte eine Kindheit mit Playmobil, Lego und Märklin. Ich hatte nicht nötig, mit Panzern zu spielen, die nicht einmal die Andeutung einer Bordkanone hatten. «Wollen wir noch einen Garnrollenpanzer bauen? Dann können wir ein Rennen machen.» – «Hm ...», sagte ich und machte, dass ich davonkam.

Es war mir etwas unangenehm, dass der Mann, der für mich das höchste existierende Wesen war, das ich kannte, eine rasende Garnrolle für einen Panzer hielt. Vielleicht rasen solche Garnrollen auch durch mein Leben – und meine Töchter nehmen sie unsicher lächelnd zur Kenntnis, während sie denken: Armer Papa. Vielleicht gehört das zum Vatersein einfach dazu.

Inzwischen wissen wir ein bisschen mehr darüber, was mit Ansgar und Sonja passiert ist: Er hat sie wegen der Musiklehrerin verlassen. zunächst will sich Ansgar ein Zimmer in der Nähe nehmen, dann wollen sie zusammenziehen. Im ersten Moment fühle ich tatsächlich Triumph in mir. Was ist denn das für ein Vater! Verlässt Frau und Kind für eine andere! Ich habe gewonnen! Gleich darauf fällt mir auf, wie dumm das ist. Vielleicht liegt das Schicksal von Ansgar und seiner Familie gar nicht so weit weg von unserem, wie ich gedacht habe. Ansgar hat wohl mit aller Macht versucht, als Vater perfekt zu sein – aber die erhoffte Bestätigung darin nicht gefunden. Er fand sie nur in einer anderen Frau. Wahrscheinlich ist jedes Kind damit überfordert, seinen Vater so zu feiern, wie er das gerne hätte. Und wahrscheinlich sollte ich mich davor hüten, mich in Konkurrenz zu anderen Vätern zu sehen. Meine Töchter tun das ja auch nicht.

Am Abend finde ich eine E-Mail von Ansgar in meinem Postfach. Woher hat er meine Adresse? Die Mail ist kurz gehalten, Ansgar schreibt nur, dass ich ja bestimmt schon gehört habe, was geschehen ist. Dass er sich aber sicher sei, dass wir uns noch oft auf dem Spielplatz treffen werden – und ob ich mich vielleicht ein bisschen um Karla kümmern könne. Seine Frau möge Karla nämlich nicht besonders und jetzt wohl noch weniger. Und ich sei der Einzige, den er in dieser Angelegenheit ansprechen könne. Karla? Ich dachte, seine Tochter heiße Sophie. Dann fällt es mir ein: Karla ist das Kaninchen. «Lieber Ansgar, du kannst dich ganz auf mich verlassen, viel Glück», schreibe ich zurück. Wahrscheinlich hat der arme Nager jetzt einen Superpapa am nötigsten.

Zirkus, Circus!

Direkt vor unserem Haus hängt ein Plakat. Das zeigt einen Clown, der geradezu hysterisch lacht. Es ist ein Plakat, wie es schon seit 100 Jahren einen Zirkus in der Stadt ankündigt, es ist der «Circus Kunterbunt», der ein paar Straßen weiter gastiert. In Berlin gastieren ständig mindestens drei Zirkusse. Man sollte glauben, dass das Zirkuswesen vom Aussterben bedroht ist. Aber das ist es nicht. Es gibt in Deutschland über 300 Wanderbetriebe, und ständig werden es mehr. Es sind darunter ein paar Großzirkusse, wie Roncalli und Krone – der Rest sind Kleinunternehmen, die aus einer Familie und zwei verbumfeiten Gesellen bestehen, die helfen, die Zelte aufzubauen und die Tiere zu versorgen. In der Zirkusfamilie bekommen sie Kinder, und die Kinder machen irgendwann einen eigenen Kleinzirkus auf, sie haben ja nichts anderes gelernt. Die kleinen Zirkusse sind allesamt notleidend – und sie überleben gerade so, weil es Leute wie mich gibt. Leute, die IMMER in einen Zirkus gehen, wenn sie ein Plakat sehen. «Ui, heute gehen wir in den Zirkus!», sage ich. «Was ist denn das für ein Zirkus?», fragt Johanna. – «Oh, da gibt es bestimmt Clowns und Artisten und ganz viele Tiere.» – «Gibt es da auch Süßigkeiten?» – «Äh, bestimmt gibt es da auch Süßigkeiten.» – «Dann will ich hin.»

Ich hätte mir etwas mehr Begeisterung gewünscht. Wenn meine Eltern mit uns in den Zirkus gegangen sind, war das eine ganz große Nummer. Es gab etwa den Zirkus Barum und den Circus Sarrasani. Die Artisten hatten stets glitzernde Pailletten-Kostüme an, was sie blitzen ließ wie Diskokugeln. Die Artistinnen hatten lange schwarze Haare. Sie flogen von Trapez zu Trapez oder ließen sich von Katapulten auf menschliche Pyramiden schleudern. In der Pause besuchten wir die Elefanten, die nur mit einer Kette gesichert auf dem Außengelände standen. Danach sahen wir eine furchterregende Raubtiernummer mit Löwen, die brüllten und drohten und dann doch durch einen brennenden

Reifen sprangen. Immer war eine Clownsnummer dabei mit einem weißen Clown, der sehr schön Akkordeon spielen konnte, und einem dummen August, der so ungeschickt war, dass er seinem Freund dauernd etwas an den Kopf knallte. Bretter, Eimer, Blumentöpfe – ich konnte nie verstehen, wie die beiden befreundet sein konnten. Mein Vater ließ eine Zuckerwatte springen, was nicht selbstverständlich war. Es gab auch eine sturzlangweilige Pferdenummer, die aber wohl sein musste, damit die Zirkusdirektorin auch etwas vorführen konnte. Beim Finale kamen alle Artisten noch einmal in die Manege, und die Zirkuskapelle spielte auf. Wenn wir aus dem Zelt kamen, dann war es meistens schon ziemlich spät, und wir mussten gleich ins Bett. Dort lag ich dann und träumte von den glitzernden Artistinnen. Ich glaube, die ersten Frauen, in die ich mich verliebte, waren vom Zirkus Busch. Eines Abends, bevor mein Vater das Licht löschte, fragte ich ihn, ob er die Frauen im Zirkus auch so wunderschön fände. Er sagte, die seien ihm alle zu stark geschminkt. Die sähe man sich lieber aus der Ferne an.

Ich bin später auch noch in den Zirkus gegangen. Aber es war nicht mehr das Gleiche. Die Tierschützer haben dem Zauber arg zugesetzt. Es werden nun kaum noch Giraffen und Elefanten und schwarze Panther durch das Land gekarrt. Das ist für die Tiere auch viel besser. Es kam der Zirkus Roncalli auf, der sozusagen der erste politisch korrekte Zirkus war, weil in ihm nur Artisten auftraten. Und dann kam der Cirque du Soleil aus Kanada. Der bestand dann nicht einmal mehr aus halsbrecherischer Artistik, sondern aus komponierten Menschenbildern, wo hier einmal ein Gymnastikband geschwungen wird und da einmal zwei Rhönräder miteinander tanzen. Alle Nummern werden mit einer kitschigen Geschichte aneinandergekleistert. Man muss kein einziges Mal um das Leben eines Menschen bangen, niemand taugt als Sexsymbol für Kleine-Jungen-Phantasien. Und natürlich – es riecht nicht nach Tigerkacke. Aber ohne Tigerkacke kein Zirkus, finde ich.

Wie würde Johanna wohl den Zirkus finden? Zuerst mal gar nicht. Normalerweise erkennt man einen Zirkus ja schon von Weitem, dachte ich. Die Lichter! Die Musik! Aber wir müssen einmal um den Bahnhof herumgehen, um das Zelt zu entdecken. Es ist so klein, dass man meint, es in einem Outdoor-Laden kaufen zu können. An der Zirkuskasse sitzt eine Dame mit dem Gesicht einer Geisterbahn-Figur. «Ein Erwachsener, ein Kind? 22 Euro.» Ich versuche, mir nicht anmerken zu lassen, dass ich 22 Euro ganz schön teuer finde für ein Zirkusprogramm, das wahrscheinlich mit der Präsentation eines Streichelzoos vergleichbar ist. Doch sobald man vor die Zirkuskasse getreten ist, ist man Geisel. Denn die Kinder sollen ja Spaß haben. Sie sollen sich zwischen lauter Sensationen wähnen. Man muss sich also die nächsten Stunden demütigen und ausbeuten lassen – und dennoch gerade so tun, als sei dies das Allerbeste, was ein Kind sich erträumen kann. Als wir das Zirkuszelt betreten, verschwinden endgültig alle hehren Vorstellungen über die fahrende Gauklerei. In der Manege liegt eine Mischung aus Sägemehl und Lamakot. Darum ist kaum mehr als ein Stuhlkreis gestellt. Die Zirkusmusik kommt von CD, die CD bleibt aber ständig hängen. Das Zirkuspersonal sieht aus wie zur Fahndung ausgeschrieben. Johanna fragt nach den Süßigkeiten, die ich ihr versprochen habe. Popcorn gibt es keines, ich kaufe einen Lolli und eine Tüte Gummibärchen. Wenn man im Zirkus ist, lässt man sich ja nicht lumpen, oder?

Die Kinder im Zelt sehen illusionslos aus, die Zirkusleute sehen illusionslos aus – die Einzigen, die komplett aus dem Häuschen sind, sind die Eltern. Die Musik bricht ab, als hätte jemand die Nadel vom Plattenteller gezogen, und eine korpulente Dame erscheint auf dem Sägemehl. «Willkommen bei unserer Show von Artisten, Tieren und Attraktionen – und nun Manege frei für eine Sensation aus unserem Marstall: Madame Charlotte und ihre Minipferde-Dressur.» Ich denke noch: Wow – schon lange nicht mehr das Wort «Marstall» gehört, da gehört das Sägemehl auch schon einer älteren Dame, die dort eine Reihe von Ponys herumjagt. Ich applaudiere frenetisch. Johanna guckt sich die Ponys an, sie applaudiert nicht. «Du musst klatschen!», sage ich ihr. – «Warum muss ich denn klatschen?» – «Weil das hier ein Zirkus ist!» – «Warum muss ich denn im Zirkus klatschen?» – «Guck mal, die strengen sich doch so an, die haben einen Applaus verdient!» – «Aber die strengen sich doch gar nicht an.» – «Doch, das sieht man nur gerade nicht.»

Auch die anderen Eltern geben sich alle Mühe, laut zu applaudieren und Bravo zu rufen, wenn einmal ein Pony losläuft, stehen bleibt oder sogar die Richtung wechselt. Wir sind alle in der gleichen verzweifelten Lage und halten zusammen, denke ich, das macht Hoffnung.

Ein weiterer Artist tritt auf, «Monsieur Raffael», in einer Nummer, die wiederum aus zwei Ponys, diesmal zusammen mit einem Esel, besteht. Der Mann zieht ein Bein hinterher, vermutlich eine Kinderlähmungsverkrüppelung. Der Esel hat keine Lust, deswegen bekommt er kräftig mit der Peitsche auf den Hintern. «He, hör auf, die Tiere zu hauen!», ruft ein Kind. Die Stimmung droht zu kippen, da zieht sich der Dresseur glücklicherweise zurück und macht die Manege frei für den «Clown Pepino». Endlich ein Clown. «He, das ist doch die Frau von vorhin!», ruft Johanna. «Ja, aber jetzt ist sie Pepino ...» Pepino macht eine Nummer, in der sie kräftig furzt und dafür reihum die Väter im Publikum verantwortlich macht. Mich übersieht sie. Die armen Teufel, denke ich, zahlen 30 Euro dafür, dass sie sich vor ihren Kindern des «Puperns» bezichtigen lassen müssen. Ich lache solidarisch. Pepino will jetzt Musik haben, sein «Kassettenrekorder» ist aber kaputt. Schon lange nicht mehr das Wort Kassettenrekorder gehört, denke ich. Plötzlich steht Pepino vor mir. Ob ich einen Kassettenrekorder bei mir habe, ich verneine verdattert. Dann könne ich doch bestimmt aufstehen und ein Lied singen. Ich stehe auf. Warum stehe ich nur auf? Ich singe «Hänschen Klein», ein anderes Lied fällt mir nicht ein. Alle lachen sehr solidarisch – endlich lacht Johanna mit.

Zum Glück wird «wegen wichtiger Umbauten der Manege» eine Pause gemacht. Glücklicherweise gibt es eine Tierschau mit sensationellen Tieren. Sie kostet zwei Euro. Der Marstall besteht aus einigen Ponys, Ziegen und ein paar Lamas. Johanna wundert sich, dass das Lama nicht spuckt. Als wir in die Manege zurückkehren, ist dort gar nichts verändert oder umgebaut. Ich kaufe Johanna ein Päckchen Brause, man lässt sich ja nicht lumpen. Nach der Pause tritt der humpelnde Mann noch einmal als «Buffalo Bill» auf und schafft es, ein Lasso wie einen Hula-Hoop-Ring um sich kreisen zu lassen.

Dann tritt noch einmal das Lama auf, hauptsächlich, um sich in der Manege zu erleichtern – und dann ist auch schon Schluss. Das «große Finale» kommt: Der Humpelnde und seine Kollegin treten vor und winken. «Wo ist denn das Finale?», fragt Johanna. «Guck doch, die beiden sind Madame Charlotte, Buffalo Bill, Monsieur Raffaele. Pepino und noch bestimmt ein paar mehr», sage ich. Auf dem Heimweg frage ich sie, wie ihr der Zirkus gefallen habe. «Ein Lolli, ein Päckchen Brause und ganz viel Gummibärchen, das war doch ein toller Tag.» Sie hat recht. Nächstes Mal lade ich sie in den Supermarkt ein.

11. Kapitel:
November – Brenn, Laterne, brenn!

➥ Warum es nicht reicht, einen Mantel zu zerteilen, um Sankt Martin zu werden, und warum Blätter, die fallen, deswegen noch nicht bunt sind.

Sankt Martin

In der Kita von Frida wird ein Flohmarkt veranstaltet. Ich habe dort eine Spardose erstanden. «Kennst du noch den Weltspartag?», frage ich Anna. Am Weltspartag konnte man mit seiner Spardose in die Bank gehen. Und dann wurde das Geld gezählt und auf das Sparbuch geschrieben. Sparbücher waren damals noch aus Papier, und man konnte darin blättern. Das Geld werde immer mehr und mehr, erzählte man uns. Damals waren Sparbücher mit vier Prozent verzinst. Schade, dass ich meines irgendwann verloren habe, waren 30 Mark drauf, sie hätten mich wohl zum Millionär gemacht. Dabei ging ich nur zum Weltspartag, weil es dann in der Sparkasse Kugelschreiber gab. Das Sparbuch kam dann aus der Mode, aber das war nicht das Aus für den Weltspartag. Leider hatte man ihn in Europa auf den 31. Oktober gelegt. Und da sind heute alle Kinder unterwegs, um Süßkram an den Türen zu sammeln. Das ist lohnender als Spareinlagen. Aber der nächste große Termin steht ja schon vor der Tür:

Der Sankt-Martins-Tag naht. Das ist ein großes Datum in einer evangelisch-katholischen Ehe, wie wir sie führen, denn Sankt Martin ist nach dem Nikolaus der einzige Heilige, der auch von Protestanten verehrt wird. Offiziell werden von der evangelischen Kirche überhaupt keine Heiligen anerkannt. Nicht einmal Martin Luther ist heilig, obgleich er den ganzen Laden erfunden hat. Ob Margot Käßmann heiliggesprochen werden kann, ist noch ungewiss. Ganz ganz gewiss hingegen ist, dass allüberall Sankt Martin gefeiert wird.

Wenn in Fridas Kita Sankt Martin kommt, dann gibt es Programm wie sonst nur an Weihnachten. Es wird ein Sankt-Martins-Schauspiel gegeben, es gibt einen Laternenzug und dann auch noch ein Sankt-Martins-Feuer. Das ist quasi das Pendant zum Fackelzug, der ja etwas außer Mode gekommen ist. Der Sankt-Martins-Zug ist wohl jedem Kind unvergesslich. Man durfte endlich einmal mit offenem Feuer herumlaufen, und niemand fand das gefährlich. Manchmal war sogar Sankt Martin selbst anwesend und ritt auf einem Pferd. Und außerdem war es spätabends. Spätabends ist die Welt für Kinder ohnehin interessanter.

Meine Kinder verehren Sankt Martin. Schon eine Woche vor dem Zug singen sie «Sankt Martin, Sankt Martin ...». Ich habe mal nachgeschaut, wer Sankt Martin überhaupt war. Es kann ja wohl kaum sein, denke ich, dass einem wegen der bloßen Tatsache, dass man einen Mantel in zwei Teile schnitt, noch tausend Jahre später ein Laternenumzug gewidmet wird. Bitte schön: Ich habe gehört, der Bettler, der Sankt Martin entgegengekommen sei, sei unbekleidet gewesen. Nackt! Ich bin mir sicher, wenn mir auf offener Straße ein nackter Mensch entgegengekommen wäre, zumal im Winter und nicht im Sommer, wo in Berlin ja ohnehin alle nackt sind, ich hätte ihm auch einen Mantelteil gespendet. Ich habe das sogar schon einmal getan! Eines Nachts, da wohnte ich noch alleine, hörte ich jemanden spätnachts durch das Treppenhaus irren. Es war eine betrunkene Frau, und sie war völlig nackt. Sie hatte offenbar die Toilettentür mit der Wohnungstür verwechselt. Und nun war sie zu orientierungslos, um in ihre Behausung zurückzufinden. Ich reichte ihr eine Wolldecke heraus, damit sie sich etwas bedecken konnte, bis sie wieder wusste, wer und wo sie war. So barmherzig kann ich sein! Aber dafür macht niemand eine Laterne an. In der Nacht nach der Mantelteilung soll der Bettler in der Gestalt Jesu Sankt Martin im Traum erschienen sein und ihn für seine Tat gepriesen haben. Die nackte Frau ist mir hingegen nie mehr begegnet, nicht einmal im Traum. Und ich denke, sie war auch nicht Jesus.

Allerdings konnte ich nachlesen, dass Martin es nicht beim Mantelteilen belassen hat. Er war einer der ersten Wehrdienstverweigerer, weil er als Soldat in einer Schlacht gegen die Germanen nicht kämpfen wollte, mit dem Verweis, er sei nur ein Krieger Gottes. Allerdings genügte das nicht, um aus dem Militärdienst entlassen zu werden, er musste weiter Dienst schieben, bis er 40 war. Danach gründete er das erste Kloster Mitteleuropas, missionierte seine Mutter und baute eine Reihe von Pfarreien auf. Er wurde unglaublich verehrt, und tatsächlich hatte Martin sogar Jesus Christus etwas voraus: Denn während dieser zur Gründung des Christentums qualvoll am Kreuz sterben musste, schied Martin von Tours friedlich dahin im Alter von 81 Jahren. Er ist einer der wenigen Heiligen, die es schafften für ihre Heiligsprechung keinen Märtyrertod sterben zu müssen. Er war einfach ziemlich nett, niemand wollte ihn umbringen.

Für das Martins-Spiel ist die Kita immer auf der Suche nach Vätern. Selbstverständlich möchte ich mich da zur Verfügung stellen. Meine Töchter sollen den eigenen Vater als heiligen Martin auf der Bühne sehen, wie er mit großer Geste einen Mantel zerteilt und nachher von Jesus gelobt wird.

Gleich nachdem ich Frida in der Kitagruppe abgegeben und mit ihr die Diskussion zu Ende geführt habe, warum ihr Vesperbrot Körner auf der Rinde hat und warum ich nicht glaube, dass sie davon Bauchschmerzen bekommt, und ferner nicht glaube, dass «alle anderen Kinder, alle» für die Kita Süßigkeiten von ihren Eltern bekommen haben – als diese Dialoge also sämtlich geführt sind, frage ich bei der Kita-Leiterin nach der Sankt-Martins-Rolle beim bevorstehenden Schauspiel. «Zunächst einmal», hebt sie an (ich kenne dieses «Zunächst einmal», wenn ein Satz so anfängt, endet er nie gut), «zunächst einmal finde ich es sehr gut, wenn sich Eltern von sich aus engagieren. Aber können Sie denn reiten?» – «Reiten, warum reiten?» – «Weil der heilige Sankt Martin bei uns zu Pferde kommt und so den Laternenzug anführt.» – «Äh, nein, reiten kann ich leider nicht.» – «Aber das ist doch überhaupt kein Problem, dann können Sie doch eine andere

Rolle in unserem Schauspiel übernehmen, die Rolle des Bettlers ist zum Beispiel noch frei.» Des Bettlers? Ich merke, wie die Geschichte in eine Richtung driftet, die mir überhaupt nicht gefällt. Sollen mich meine Kinder unbekleidet auf der Bühne sehen, wie ich mir von Martin Almosen geben lasse? «Äh – ich fürchte, dass der Bettler zu viel Sprechtext hat, und ich habe leider keine Zeit, so oft zu den Proben zu kommen.» – «Tja», sagt die Kita-Leiterin, das stimme, der Bettler sei wirklich eine wichtige Rolle, wahrscheinlich sogar die wichtigste – von einem guten Bettler hänge das ganze Schauspiel ab. «Aber wir hätten auch noch die Rolle des betrunkenen Soldaten zu bieten. Das sind die Männer, die den armen Bettler aus der Stadt werfen.» Ein betrunkener Soldat, das geht nun wirklich nicht, welcher Vater will, dass seine Kinder ihn betrunken sehen? Ich sage, dass ich mir das einmal überlegen werde, und mache mich davon. Natürlich melde ich mich nie wieder.

Herbst

Ich sammle mit den Kindern Herbstblätter. «Der Herbst», sage ich, «färbt die Blätter bunt.» Aber eigentlich stimmt das nicht, er färbt die Blätter braun. Manche färbt er sogar faulig braun. Die braunen Blätter fallen herunter und werden dann zu schmutzig braunen Blättern, an denen Hundekot klebt und was sich sonst noch so in der Stadt an Schmutz sammelt. Ich bewundere die Eltern der Waldorfschule. Die sprechen ja immer von Naturspielzeug. Sie schicken ihre Kinder mit einem Knäuel Wolle und einem Stöckchen los und sagen, sie sollen selbst herausfinden, wie man damit spielt. Die Waldorf-Kinder sehe ich manchmal im Gebüsch neben dem Spielplatz in Kreuzberg, wie sie sich dort ihre Hölzchen zusammensuchen. Ich würde niemals freiwillig in ein Gebüsch in Berlin gehen – aber Waldorf-Eltern sind da furchtlos.

Ich kenne nur ein schönes Naturspielzeug, das Kastanientierchen. Als Kinder sammelten wir Kastanien vom Boden auf, und zusammen mit meinen Eltern machten wir daraus die verschiedensten Figuren. Wenn die Kastanien gerade erst vom Baum gefallen waren, konnte man Streichhölzer hineinstecken. Vier kurze Streichhölzer ergaben die Beinchen einer Maus, ein Streichholzkopf ihre Stupsnase und zwei Mandelscheiben ihre Ohren. Wenn man ganz viele Streichhölzer reinsteckte, bekam man einen stacheligen Igel. Wir holten immer auch Bucheckern aus dem Wald, aber so richtig konnte man mit denen nichts anfangen. Angeblich sind sie essbar, man hat damit im Krieg auch Kaffeeersatz gekocht. In Berlin hat sich das Kastanientierchenbauen allerdings wohl erübrigt. Unter dem Blätterdach der städtischen Kastanien wuseln immer die hungrigen Kehrmaschinen der Stadtreinigung umher, sie entfernen Laub und Kastanien, um die Verbreitung der Miniermotten einzudämmen. Wie schade. Im Internet habe ich gesehen, was andere Väter aus Kastanien so basteln. Sie formen daraus große Spinnen und Skorpione, die auf langen Zahnstocherbeinen daherstaksen – und sogar Dinosaurier. Aber dazu braucht man wohl nicht nur Kastanien, sondern auch ein Ingenieursdiplom – und Kinder, die einen nicht dabei stören, während man Kastanien-Mutanten baut.

Derweil klauben meine Kinder das Laub vom Boden zusammen. Wir haben Eichen-, Ahorn- und Linden- und Birkenblätter – und einiges Zeug von irgendwelchen exotischen Gehölzen, die aber wenigstens ein kräftiges Rot haben. «Was machen wir jetzt damit, Papa? Bringen wir das in die Biotonne?» – «Nein, wir pressen das und machen bunte Laternen daraus.» – «Hä?» Als wir wieder zu Hause sind, zeige ich den Kindern, wie das gemeint ist. Wir suchen die schönsten Blätter heraus und legen sie zwischen Schichten aus Zeitungspapier. Ich frage mich, wie man so einfach davon sprechen kann, dass die Zeitungen aussterben. Was dann? Sollen wir ein iPad dafür hernehmen, Blätter und Blumen zu pressen? Dann hole ich die Bände von Meyers Lexikon von meinem Opa aus dem Regal, Band 1 bis 13, von A bis Mitterwurzer, und stapele sie darauf. Das soll Wikipedia mal nachmachen, denke ich. «Dürfen wir den Rest jetzt in die Biotonne bringen?», fragt Johanna. Klar, sie dürfen.

Stutenkerle

Inzwischen habe ich schon etwas Neues vorbereitet: Wir backen Stutenkerle. Stutenkerle sind Männchen aus Hefeteig mit Knopfaugen aus Rosinen, die in ihren Armen aus Hefeteig eine kleine Tonpfeife halten. Stutenkerle sehen aus, als kämen sie direkt aus einem Kinderbuch der zwanziger Jahre, sie sind sozusagen die Glanzbildchen des Gebäcks. Meine Eltern haben mir mal so einen Stutenkerl gekauft, da war ich vier. Die schöne Pfeife, die in den Hefeteig eingebacken war, war mein ganzes Glück. Mein Stutenkerl überlebte sogar Weihnachten, bis er irgendwann zerbröselte. Ich glaube, ich hätte niemals angefangen zu rauchen, hätte ich nicht so schöne Kindheitserinnerungen an solche Tonpfeifen.

Natürlich möchte ich, dass meine eigenen Kinder auch mal tolle Erinnerungen haben, also mache ich mich auf die Suche nach Stutenkerlen. Die gibt es aber nicht mehr, es gibt ja auch keine Bäckereien mehr, nur Backshops.

Ich möchte die schönen Erinnerungen meiner Kinder nicht vom degenerierten Angebot des Bäckerhandwerks abhängig machen. Also frage ich meine Töchter: «Wollen wir am Wochenende Stutenkerle backen?» Natürlich wollen sie. Stutenkerle brauchen Tonpfeifen, ich habe welche bei eBay besorgt. Alles gibt es immer irgendwo auf eBay.

Frida findet, dass die Tonpfeifen auch ohne «Stutenkerle» schön seien. Aber ich sage, dass Stutenkerle gebacken werden, basta. Ich setze einen Hefeteig an und krame Rosinen für die Augen hervor. Frida findet, dass man die Rosinen auch so essen könne, und beginnt sie aufzufuttern. Ich sage: Nein, wir wollen jetzt Stutenkerle backen. Und Stutenkerle brauchen eine Pfeife und Rosinenaugen. Ich zeige meinen Kindern, wie man aus Teig ein Männchen formt, es dekoriert und dann in den Backofen schiebt. Die Kinder gehen mit ihren Puppen spielen, ich beziehe Position vor der Ofenröhre. Nach einer halben Stunde sind die Stutenkerle fertig. «Kinder, wollen wir jetzt die Stutenkerle aus dem Ofen holen?» Die Kinder wollen weiter mit den Puppen spielen, ich aber sage ihnen, dass die armen Stutenkerle sonst im Ofen verbrennen würden wie die Hexe bei Hänsel und Gretel. Das wollen sie dann doch sehen. Die Stutenkerle, die ich aus der qualmenden Heizröhre ziehe, sehen ganz passabel aus. Nicht so formschön wie das Gebäck meiner Kindheit – aber dafür sind sie ja selbstgemacht. Einer hat eine kleine Verbrennung am linken Bein, aber lächelt dennoch. Ich lächele auch. Johanna sagt: «Die wollen wir jetzt essen.» – «Wollen wir die Stutenkerle nicht erst einmal angucken?» – «Die haben wir doch gerade angeguckt.» – «Aber die sind doch so schön!» – «Ich habe aber HUNGER!», schaltet sich Frida ein. Wenn Frida anfängt, wütend zu werden, ist es nicht ratsam, mit ihr zu diskutieren. Ich händige meinen Kindern die Stutenkerle aus, sie sind noch warm. Es ergeht den beiden wie Feldmäusen, die in die Fänge von Katzen geraten. Johanna beißt ihrem den Arm ab, Frida pult die Augen aus. Johanna sagt, der «Stukenkerl» schmecke nicht so gut wie die Rosinenbrötchen vom Bäcker. Frida motzt, die Rosinen seien ganz verbrannt. Johanna entreißt den schwerverletzten Gebäckmännern die Pfeifen und beansprucht beide für sich. Jetzt motzt Frida nicht mehr, sie brüllt. «Johanna, gib deiner Schwester die Pfeife, ihr gehört doch auch eine!», mahne ich. Frida hat das Gefühl, dass damit der Diplomatie Genüge getan ist, und stürzt sich auf ihre Schwester. «Frida, hör auf, deine Schwester zu hauen», mahne ich. Frida kratzt Johanna im Gesicht, Johanna heult, es blutet ein bisschen. Wütend wirft sie die Tonpfeifen weg, eine zerspringt. Jetzt heulen beide. Bei all dem Geschrei hat niemand gemerkt, dass Anna nach Hause gekommen ist. Sie steht in Mantel und Stiefeln in der Küche. Staunendes Entsetzen im Gesicht. «Was ist denn hier los?» – «Wir backen Stutenkerle», sage ich.

Rabimmelrabammelrabumm

In den folgenden Tagen riecht das Laub etwas faulig, aber es trocknet. Als wir die Lexikon-Bände zurück in das Regal räumen, wo sie unbenutzt bis zum nächsten Herbst stehen werden, und die Zeitungen wegnehmen, kommen wunderschön geplättete Laubblätter zum Vorschein, sie fühlen sich fast an wie feines Leder. Die Kinder wollen wissen, was man damit jetzt machen soll, ich zeige es ihnen. Ich klebe die Blätter mit Klebestift auf Butterbrotpapier, forme daraus einen Zylinder und stelle eine Kerze hinein. Nun werden die Strukturen der Blätter sanft durchschienen, es leuchtet braun-gelblich. «Guckt doch mal, wie schön», sage ich. «Ja», sagt Frida. «Und dürfen wir die jetzt in die Biotonne bringen?» Ach. Herbst.

Das Laternenfalten ist eine der aussterbenden Kulturtechniken. Man kann eine Laterne aus Pappe bauen und darin Fenster lassen, die man mit Transparentfolie hinterklebt. Die Folie kann bemalt oder beklebt werden, etwa mit Sternen, die sich aus Transparentfolie schneiden lassen. Beliebt ist auch die Zahnbürsten-Technik: Wir legen etwas als Schablone auf das Pergament und spritzen dann mit einer alten Zahnbürste Farbe drauf. Kindergarten-Airbrush, sozusagen. Ich kenne auch die Käseschachtel-Technik. Man nimmt dazu zwei Hälfen einer runden Packung, wie sie für Schmelzkäse-Ecken genommen wurden. Das sind dann der Boden und der Deckel der Laterne. Dazwischen klebt man Streifen aus buntem Transparentpapier. Natürlich ist auch die Ballon-Methode populär. Einen Luftballon beklebt man mit Fetzen aus buntem Papier, das in Tapetenkleister getaucht ist. Dann lässt man es trocknen, piekst dem Ballon kaputt und fertig. All diese Laternen sind so verschieden – und doch haben sie etwas gemeinsam. Sie gehen sämtlich in Flammen auf.

Als ich mit den Kindern beim Martinszug ankomme, ist die Menge schon in Bewegung. Ich sehe alle Formen von Laternen. Laternen aus gefalteter Goldfolie und welche aus Krepp. Manchmal sind es aufwendige Formen und solche wie unsere, mit bunten bemalten Fenstern aus durchscheinendem Papier. Und dann sind dann noch die Lampions aus der Deko-Abteilung des Supermarktes. Das sind die der Harz-IV-Kinder, deren Eltern nicht die Zeit aufgebracht haben, gemeinsam mit ihnen Pappe und Papier zu verkleben und Transparentfolie an den Fingern haften zu haben und Sternchen auszuschneiden. Ich frage mich, wie es kommt, dass es heute als Zeichen der Unterschicht gilt, etwas zu kaufen – und als Symbol des Wohlstandes, etwas selber zu machen. Und was mir noch auffällt: In den meisten Laternen brennen keine Kerzen mehr, sondern kleine Glühbirnen, die an einer Art Angel hängen. Es ist die sichere Version des Laternenlichtleins. Nichts kann anbrennen, nichts kann ausgehen, nur die Batterie geht irgendwann mal zur Neige.

Was soll das?, denke ich. Ein Niedrigspannungs-Laternenumzug mit Mini-LEDs? Was ist denn daran noch romantisch? Wer will das denn? War es nicht gerade das Tolle, dass man ein offenes Feuer tragen durfte, fast so etwas wie eine Fackel?

Ich möchte Johanna und Frida an der Hand nehmen, aber sie zieren sich. Frida hat eine Freundin entdeckt. Und Johanna ... verdammt, was macht denn Herr Hartmann hier im Laternen-Umzug? Was hat der Kinderbetreuer von ihrer Schule hier zu suchen? Ich grüße etwas verkniffen, Herr Hartmann grüßt herzlich zurück. «Herr Prüfer! Wie schön, Sie hier zu treffen.» – «Tach, Herr Hartmann, auch Sie tragen Laternen?», gebe ich zuckergiftig zurück. Er erklärt, dass er mit einigen Kindern aus der Gemeinde da sei, wo er sich wochenends engagiert. Der Mann bekommt wohl nie genug von Kindern. Eigentlich ein netter Kerl, denke ich. Könnte jetzt im Fitnessstudio Gewichte stemmen und hält hier Laternen. Wir gehen eine Weile nebeneinander, und ich bin sehr zufrieden, dass Johanna nun doch an meiner Hand läuft. Vielleicht ist sie schon lange genug in der Schule, um sich nicht auch noch in ihrer Freizeit mit Schulpersonal zu umgeben. Vielleicht weiß sie es einfach auch zu schätzen, dass sie hier mit ihrem Papa ist. Ich frage Herrn Hartmann, ob er auch Kinder haben möchte. «Kinder?», fragt er. «Nee, eigene Kinder wären mir echt zu anstrengend.»

Der Laternenumzug ist riesengroß. Alle Kinder-Institutionen des Stadtteils vereinen sich zu diesem Aufmarsch. Es ist wie eine Massendemonstration, die ja in Berlin allenthalben unterwegs sind. Für Mindestlohn, gegen Nazis, für Sankt Martin. Plötzlich skandiert eine Stimme aus dem Megafon: «Sankt Maaaaartin, Sankt Maaaaaaaaaaartin, Sankt Martin ritt durch Schnee und Wind, sein Ross, das trug ihn fort geschwind ...» Es folgen acht Strophen, die sich ein wenig quäksend anhören. Wann kommt «Laterne, Laterne»? Noch nicht, erst müssen wir noch «Ich gehe mit meiner Laterne und meine Laterne mit mir, dort oben leuchten die Sterne, und unten leu-euchten wir» singen. Aber wer singt hier eigentlich? Ich singe («Rabimmelrabammelrabumm – bummbumm!»), das Megaphon singt, Herr Hartmann singt. Die Kinder singen nicht. Sie starren stumm in ihre Lichter. Wo ist eigentlich Frida? Ich eile durch den Zug, um meine Tochter zu finden, dann höre ich sie: «Iiiiiiiiiieehhh.» Ein spitzer Schrei, dann sehe ich sie auch. Heulend mit einer Fackel in der Hand, die einmal ihre Laterne war. Ich stürze herbei und trampele das Feuer aus. «Mein Licht geht aus, wir gehen nach Haus», singt das Megaphon dazu. Für Frida habe ich es nicht besser gemacht, indem ich ihre Laterne zertreten habe. Sie ist untröstlich.

Zum Glück muss ich das heulende Kind nicht lange unter den Augen teils zürnender, teils mitleidiger Eltern tragen. Denn der Zug ist wieder am Ursprungsort angekommen, an der Bühne, wo nun das Sankt-Martins-Spiel losgeht.

Der Bettler humpelt über die Bühne. Ich erkenne ihn, es ist ein Vater aus der Kita. Dann haben zwei Väter den Auftritt, die die betrunkenen Soldaten mimen, die den Bettler aus der Stadt werfen, damit er vor den Stadttoren dem gutherzigen Martin begegnen kann. Die Väter, die diesen Part spielen, kenne ich nicht, aber ihre Kinder erkennen sie. Sie heulen schrill auf, als sie sehen, was ihre Papas für Rüpel sind. Vermutlich werden sie diese Bilder nie wieder aus dem Kopf bekommen. Vermutlich werden sie das eines Tages ihrem Therapeuten erzählen. Gute Wahl, die Rolle abgelehnt zu haben, denke ich mir. Endlich hat Sankt Martin seinen Auftritt. Den kenne ich nun wieder. Es ist ein Anwalt aus der Nachbarschaft. Er ist doppelt so groß wie ich. Man kann die Mütterherzen förmlich pochen hören, während er spricht: «Hallo, Kinder, ich bin Martin, ich werde heute eine gute Tat tun!» Zufällig weiß ich, dass er gerade seine Scheidung am Laufen hat. Mal sehen, ob ihm da das Teilen auch leichtfällt.

Das Teilen ist auch nachher noch Thema. Alle Eltern sollten etwas mitbringen. Denn am Sankt-Martins-Feuer, das nun brennt, soll man es den anderen anbieten. Die meisten haben Schachteln mit selbstgebackenen Keksen dabei. Meist sind sie auch noch mit Vollkorn gemacht. Wer will denn das haben? Um etwas teilen zu können, sollte man überhaupt etwas zu bieten haben. Ich hingegen habe zwei Tüten Haribo-Colafläschchen mitgebracht. Johanna bekommt eine und ist sofort das beliebteste Kind. Frida teilt ihre Gummibärchen mit sich selbst. Als wir dann nach Hause gehen, sind wir alle sehr zufrieden. «Aber sag mal, Papa – ein halber Mantel, den kann man doch gar nicht anziehen», oder: «Was macht man denn mit einem halben Mantel? Ein halber Mantel – wer braucht denn überhaupt so etwas? Warum hat der Martin denn den kaputt gemacht?» – «Ach», sage ich, «manche Menschen sind eben so, mein Kind.»

Vaterkoller

Ich bin gerade noch dabei, im Keller nach den Bestandteilen unseres Adventskranzes zu suchen, als mein Handy klingelt. Es ist Frank, der fragt, ob er gleich mal vorbeikommen könne. Vor acht Wochen ist Hans geboren worden. Wenig später sitzt er mir gegenüber am Tisch. «Ich kann nicht mehr», sagt er. Er und Helena hätten seit der Geburt nicht mehr geschlafen und es mache ihn komplett wahnsinnig, wenn er Stunden um Stunden mit Hans im Wohnzimmer auf und ab laufe, um das Kind zum Schlafen zu bringen: «Wann lächelt so ein Kind denn endlich mal?» – «Na ja», sag ich, «das kann ein halbes Jahr dauern. Und insgesamt weinen sie viel öfter, als dass sie lachen.» Frank nickt: «Hast du ein Bier?» Ich hole ihm eines. Wir trinken und schweigen.

Das mit dem Bier verstehe ich gut. Wenn die Kinder in den Betten sind, öffne ich mir fast jedes Mal eine Flasche Bier. Auch heute habe ich schon eine getrunken. Ich habe schon die ganze Zeit, während ich vorgelesen habe, an diese Flasche Bier gedacht. Das Buch, das ich für meine Töchter lesen musste, war allerdings auch nicht dazu geeignet, mich von diesen Gedanken abzulenken. Es handelte von einem Mädchen namens Sabrina, das seine erste Reitstunde hat. Die Handlung kann ich etwa so zusammenfassen: Sabrina hat Angst vor ihrer ersten Reitstunde, weil die Pferde so groß sind. Aber dann rafft sie doch allen Mut zusammen und schwingt sich auf den Pferderücken. Hui, ist das ein Spaß. Und Fridolin, das Pferd, ist ganz, ganz lieb. Dann sieht sie Lars, einen Jungen, und ist sehr erstaunt, dass Jungen auch reiten dürfen. Aber

Lars entpuppt sich als sehr guter Reiter, und Sabrina ist sehr angetan von ihm. Dann dreht Lars sich nach ihr um und fällt prompt vom Pferd herunter. Er tut sich aber gar nicht weh und lacht. Sabrina hat einen neuen Freund gefunden – und die erste Reitstunde war ein voller Erfolg.

Solche Geschichten mögen die Kinder. Sie mögen auch die Geschichten von Conni: Conni und der Osterhase, Conni kommt in die Schule, Conni lernt die Uhr, Conni schläft im Kindergarten, Conni am Strand, Conni lernt backen, Conni macht Musik, Connis erster Flug, Conni geht in den Zoo, Conni bekommt eine Katze, Conni hat Geburtstag. Das ganze Kinderleben scheint in Conni-Büchern aufgezeichnet zu sein. Man muss mit den Kindern gar nichts mehr unternehmen, Conni hat schon alles für sie erlebt. Conni hat sogar schon Liebesbriefe bekommen. Leider passiert in Connis Leben absolut nichts Unvorhergesehenes. Conni kann sich ein Bein brechen, dann kommt sie ins Krankenhaus und hat auch im Krankenhaus viel Spaß. Connis Eltern haben immer gute Laune, sie lächeln immer. Sie sind mir über, Connis Vater hat immer Zeit, immer Verständnis, er könnte mich locker an die Wand erziehen. Connis Eltern trinken bestimmt keinen Alkohol. Vielleicht weil sie die einzigen Eltern im Land sind, die ihren Kindern keine Conni-Bücher vorlesen müssen. Meine Eltern haben mit mir die Geschichten von Michael Ende und Otfried Preußler gelesen, ich habe den Räuber Hotzenplotz kennengelernt, das Sams, Momo und Ronja Räubertochter. Meine Eltern haben mit mir die Bilderbücher von Tomi Ungerer angeschaut. Der «Boa Crictor» zugeschaut, wie sie die Einbrecher fing, und den «Drei Räubern», wie sie ein Waisenkind aufzogen. Und unzählige «Was-ist-Was»-Bücher aus dem Tessloff-Verlag: «Was-ist-was: Die Erde», «Was-ist-was: Die Sterne», «Was-ist-was: Lkw, Bagger und Traktoren». Nichts, zu dem es nicht einen Was-ist-Was-Band gegeben hätte, mehr als 130 Bände sind erschienen. Das ganze Leben ist darin aufgezeichnet, außer den Sachen, die Conni so macht.

Ich habe meinen Kindern natürlich auch schon die «Drei Räuber» vorgelesen. Aber beim zweiten Mal verwies Johanna darauf, dass man die Handlung jetzt schon kenne. «Bei deinen Conni-Büchern», sagte ich, «kenne ich die Handlung schon, bevor ich sie gelesen habe».

Ich kann mich nicht erinnern, schon einmal ein Conni-Buch gekauft zu haben. Aber das interessiert Conni nicht, sie kommt trotzdem. Sie wird zu Kindergeburtstagen geschenkt, sie kommt als Mitbringsel. Die Gäste gehen, Conni bleibt. Und ich muss sie vorlesen, immer und immer wieder.

So etwas fördert das Problem des Elternalkoholismus. Man glaubt, dass man weniger trinken würde, wenn man Kinder bekommt. Ich glaube das nicht. Wenn man keine Kinder hat, hat man zwar weniger Anlässe, Alkohol zu trinken, aber umso mehr Gründe. Wer keine Kinder hat, muss nicht mit Menschen umgehen, die bei jeder Gelegenheit ausrasten, wenn sie nicht sofort ihren Willen bekommen. Er muss nicht mit Menschen umgehen, die weinen, weil sie glauben, einen Klecks Ketchup zu wenig bekommen zu haben. Er muss nicht Diskussionen führen, warum es auch diesen Abend schon wieder eine gute Idee ist, sich die Zähne zu putzen, obwohl man sich schon gestern die Zähne geputzt hat. Er muss sich nicht rechtfertigen, dass er nicht Mama ist.

Den Alkohol brauchen Eltern, um abzuschalten, es ist die einfache Betäubung, die sie vergessen lässt, dass sie die vergangenen Stunden mit allerlei Diskussionen, aber ohne jeden intellektuellen Anreiz verbracht haben. Ein Bekannter hat mir gesagt, er kenne einen Kinderarzt, der ihm gestanden hat, dass er, sobald Frau und Kinder aus dem Haus sind, sich eine Ketamin-Injektion setzt. Ketamin ist ein Narkotikum, das einen in eine Nahtod-Erfahrung versetzen kann. Wer sich Ketamin intravenös spritzt, ist stundenlang außer Gefecht gesetzt. Der Kinderarzt mache das, um einfach mal zu «entspannen», sagt mein Bekannter. Er nutzt die gleichen Argumente wie ich. Ich habe einfach Glück, dass ich keinen Zugang zu harten Drogen habe.

Ich erinnere mich, dass meine Eltern jeden Abend eine Flasche Bier tranken. Als ich größer wurde, musste ich sie ihnen aus dem Keller bringen. Wahrscheinlich fanden sie das eine Sache der Gerechtigkeit, dass ich den Stoff, den sie brauchten, um sich von mir abzulenken, ihnen wenigstens selbst holen sollte. Heute, sagen meine Eltern, trinken sie fast keinen Alkohol mehr. Ich bin ja auch ausgezogen, schon eine ganze Weile.

Als ich am nächsten Tag meine Tochter von der Kita abhole, werde ich von der Erzieherin zur Seite genommen. Sie zeigt mir ein Bild, das meine Tochter gemalt hat. Auf der Zeichnung ist unser Kind lachend mit einer Pfeife im Mund zu sehen. Ob ich für das Bild eine Erklärung habe? Das ist eine Tonpfeife!, sage ich sehr erheitert. Das scheint sie nur noch ratloser zu machen. Wahrscheinlich hat die Dame noch nie einen echten Stutenkerl gesehen.

12. Kapitel:
Dezember – Wir warten aufs Christkind

➡ Warum der Weihnachtsmann auch zu frechen Kindern kommt und Lichterbäume ihre Farben wechseln.

Advent, Advent

Weihnachten naht. Ich muss nun einen Adventskranz binden, aber das ist gar nicht so einfach. Die Adventskranzindustrie hat das Adventskranzbinden praktisch abgeschafft. Man kann leicht einen Kranz mit Tannengrün und Stechpalme im Blumengeschäft kaufen, den bloßen Strohkranz in seinem Kern gibt es aber nirgends. Ich habe keine Ahnung, warum, in den Blumengeschäften findet man schon das Anliegen, einen solchen Kranz erwerben zu wollen, irgendwie drollig: dass jemand sich die Hände zerstechen möchte, wo man das doch genauso gut in Rumänien machen lassen kann.

In Grunde haben sie auch sehr recht damit. Einen Adventskranz muss man nicht selbst binden. Ich fälle ja auch nicht meinen Weihnachtsbaum selbst. Allerdings KANN ich ihn selbst binden, ich habe mir das bei meinem Vater abgeschaut. Ich kann mich gut erinnern, wie er das im Wald gesammelte Tannengrün auseinanderzupfte. Er legte die Büschel um den Strohkern und wickelte mit gleichmäßigen Bewegungen den grünen Blumendraht um den Kranz. Dann band er große rote Schleifen um den Kranz, steckte Kerzen darauf und hängte ihn an die Decke. Das war der Beginn der Adventszeit. Meine Eltern würden eine Kerze anzünden und Tee mit Plätzchen servieren. Von nun an sollte es nur noch Highlights geben bis zum Feuerwerk am Schluss.

Seit ich denken kann, gehören für mich Weihnachten und Schnee zusammen. Natürlich habe ich weiße Weihnachten nie beobachten dürfen, aber das Werbefernsehen hat mir einen deutlichen Eindruck davon gegeben. Am besten erinnere ich mich an die Milka-Werbung. Draußen schneit es in dicken Flocken, drinnen sind die Eltern dabei, große rote Geschenke unter den Baum zu packen. Da kommt ihr kleiner Junge und bringt ihnen einen mit «Milka Lila Kugeln» geschmückten kleinen Baum. Seine

Eltern sind so gerührt, dass Mutters Dauerwelle fast verrutscht. In der Milka-Werbung war lila eingepackte Schokolade überhaupt das Schönste, was man einem Menschen schenken konnte. Und am Schluss schaute sogar die Milka-Kuh zum Fenster herein.

Hätten meine Eltern uns zum Fest lila Schokolade beschert, wäre der Ärger so groß gewesen, dass jede Kuh vor dem Geheule davongelaufen wäre. Schokolade war allerdings zu allen anderen Tagen wichtig. Im Grunde ernährten wir uns im Dezember nur von Schokolade. Ich weiß nicht mehr, wann ich als Kind herausgefunden hatte, dass es sich überhaupt nicht auf die Menge der Süßigkeiten auswirkte, ob man nun das Jahr zuvor brav gewesen war oder nicht. Meine Schwester war immer wesentlich folgsamer als ich – und trotzdem fanden sich am 6. Dezember ganz genauso viele Schokonikoläuse in ihren Schuhen. Ich kombinierte: Entweder hatte der Nikolaus eine üble Datenbank – oder es lohnt sich einfach nicht, ein guter Mensch zu sein.

Im Advent wurden bei uns Sterne aus Transparentpapier gebastelt, Kerzen gezogen, vom Baum gefallene Misteln gesucht, Plätzchen gebacken – aber vor allem wurde Schokolade akkumuliert. Zum Beispiel durch die Anhäufung von Adventskalendern. Ich bastelte im November mehrere Kalender, die jeweils aus 24 Streichholzschachteln bestanden. In jeder Streichholzschachtel sollte eine Süßigkeit versteckt werden. Ende November übergab ich diese Kalendergalerie meinen Eltern zum Füllen. Ich wunderte mich, warum diese darüber nicht sehr glücklich waren. Heute verstehe ich es.

Heute gibt kein zwiespältigeres Gefühl für mich als der Anblick von Dominosteinen im Supermarktregal. Diese Mischung aus Marzipan, Fruchtgelee und Lebkuchen macht mich süchtig. Was bedeutet, dass ich zehn Monate des Jahres auf Entzug bin. Sobald ich Dominosteine, diese billige Mischung aus Marzipan, Lebkuchen und Fruchtgelee, entdecke, gerate ich in Euphorie. Andererseits erinnert mich die rechteckige Packung mit der dünnen Plastikfolie daran: Es geht wieder los. Es weihnachtet. Nun steht ein Feierlichkeitsmarathon bevor, eine Jahresendzeitschlacht aus selbstgebackenen Plätzchen, Lebkuchenhäusern, Geschenken und vielen, vielen Hohlkörperfiguren aus Schokolade. Ich werde Weihnachtsbäume schleppen, Geschenkband verknoten, von Geschäft zu Geschäft hasten, um Bienenwachskerzen aus 100 Prozent Bienenwachs zu bekommen. Es wird überhaupt nicht leicht. Und dann, am 31.12., ist das Jahr vorbei. Alles wird eingemottet, und der Spaß geht von neuem los. Immer wieder.

Der Dezember ist für Eltern der Monat der absoluten Vergleichbarkeit. Alles findet gleichzeitig in jeder Familie statt, ob man nun Nikolaus feiert oder den Adventskranz anzündet oder zum Barbara-Tag Kirschzweige schneidet. Wohin man auch geht, kann man beobachten, wie es andere tun. Ob sie genauso viel Aufwand betreiben – oder ob bei ihnen Weihnachten eben nicht das Fest das Kinderliebe ist. Es gibt keine Möglichkeit, das zu verbergen. Wo kein Schmuck ist, da wird offenbar kein Aufwand betrieben. Da setzt sich niemand gemeinsam mit den Kindern nach Feierabend nieder und bastelt und backt. Schlimmer ist nur, wenn die Wohnung mit Krempel aus der Deko-Abteilung herausgeputzt ist. Solche Eltern haben gar nichts verstanden. Die meinen wohl, Feierlichkeit ließe sich kaufen. Aber das lässt sie sich nicht, man muss sie sich erarbeiten. Es wäre ja auch zu einfach, sich nur dem Standard-Konsum hinzugeben, einen Weihnachtsbaum aus dem Baumarkt zu besorgen und mit einer Lichterkette aus LEDs zu bestücken. Es zählt, ob es Beschaulichkeit gibt oder nicht. Ob eine Krippe unter dem Baum steht und ob die mit Holz- oder Kunstharz-Figuren bestückt ist und ob gesungen wird. Und ganz wichtig: ob man überhaupt noch weiß, dass es ein Fest der Liebe ist und nicht des Konsums. Ich kann mir überhaupt nicht vorstellen, dass irgendwo mehr finanzieller Aufwand betrieben würde – nur, um klipp und klar zu machen, dass es um etwas geht, was nichts mit Geld zu tun hat. All das lässt sich exakt messen zur Advents- und Weihnachtszeit, es ist der Jahresabschlussbericht der Elternschaft.

Schokoladen-Kalender

Manchmal überlege ich, wie andere Weltreligionen das machen. In buddhistischen Ländern feiert man lieber das Neujahrsfest – und zwar mit einer riesigen Wasserschlacht. Das könnte ich mir auch gut vorstellen. Und die Muslime haben Ramadan. Tagsüber fasten und nachts völlen. Und dann wird alles abgeschlossen mit dem Fest des Fastenbrechens, wo es unglaublich viel Süßigkeiten gibt und nur ein paar kleine Geschenke für die Kinder. Schon das lässt mich Lust darauf bekommen, zu konvertieren. Kein Wunder, dass sich die Islamiten als überlegene Religion fühlen, sie sparen einfach eine Menge Geld, und sie werden nicht von komischen Männern mit roten Bademänteln und angeklebten Bärten beherrscht. Klar, sie haben andere Leute mit Bärten, die ihnen Befehle geben und Regeln vorschreiben, aber denen begegnen sie wenigstens nicht am Kaufhauseingang, und sie sagen nicht: «Ho, Ho, Ho!»

Aber ich bin nicht hier, um mein Bekenntnis abzulegen, ich bin hier, um es auszuleben. Ich bin dazu bereit, mehr als bereit. Es wird eine Schlacht aus Silberpapier und Salzteig geben, das Tannengrün wird rauschen, ich werde alle Räuchermännchen unter Volldampf setzen. Es wird ein Flammenmeer von Kerzen. Süßer werden die Glocken nie geklungen haben. Darauf macht euch gefasst. Und versucht nicht, mich aufzuhalten. Es wäre, als würde man sich dem Rentierschlitten von Santa Claus in den Weg stellen.

Johanna und Frida wollen jetzt zwei Adventskalender, einen mit Schokolade und einen mit kleinen Geschenken. Sie haben das bei Conni gelesen, natürlich. Ich sagte, ein Schokoladen-Adventskalender kommt mir nicht ins Haus. Anna bekräftigt mich darin, ich bekräftige Anna. Die Kinder protestieren, wir halten dagegen. Frida wirft sich auf den Boden, trommelt mit den Fäusten. Wir bleiben hart wie Granit.

Im Grunde habe ich nichts gegen Schoko-Adventskalender. Ich habe als Kind sogar auch einen gehabt. Es war bei mir so wie bei Conni. Ein Adventskalender mit kleinen Päckchen und einen mit Schokolade. Der beste Schokoladen-Adventskalender, den ich je hatte, war einer von der Muppet Show. Wenn man an kleinen Laschen zog, winkte Kermit einem zu. Es gab auch komische Schoko-Kalender, die in den meisten Fällen den Weihnachtsmann darstellten. Das Problem, das Adventskalender schon damals hatten, hat sich bis heute nicht gebessert: Die Schokolade schmeckte fürchterlich, so schlecht, dass wir sie als Kinder kaum gegessen haben. Außerdem bekam man sie kaum aus der Plastikumschalung heraus. Und die Türchen gingen ganz schlecht auf, sie rissen regelmäßig ein oder verknickten. Es war eine denkbar schlechte Art, sich auf Weihnachten zu freuen.

Aber das ist nicht der Grund, warum ich mich dagegen zur Wehr setzte, dass meine Kinder sich morgens durch eine Adventskalender-Galerie fressen. Ich habe einfach Angst, dass mich Weihnachten hinwegspült. Wenn ich jetzt zwei Kalender zulasse – warum dann nicht auch drei oder vier? Das Adventskalendertum ist ein Riesengeschäft geworden. Und der Schokokalender ist nur die kleinste Eskalationsstufe. Es gibt nun auch Kalender von Ferrero, die jeden Tag ein Überraschungsei bieten. Jeden Tag Spannung, Spiel, Schokolade! Auch Playmobil hat verschiedene Adventskalender im Programm. Man kann sich innerhalb von 24 Tagen eine eigene Spielzeuglandschaft zusammenbauen. Sogar Lego bietet Adventskalender an. Es gibt einen Star-Wars-Adventskalender, in dem der Jedi-Gnom Yoda als Weihnachtsmann kommt. Mein Kind soll nicht denken, der Weihnachtsmann wäre grün und komme aus dem All.

Also nehmen unsere Kinder schweren Herzens hin, dass es dieses Jahr wieder nur einen Kalender gibt. Einer mit kleinen Säckchen zum Aufbinden. Am ersten Dezember sind politisch korrekte Öko-Wachsmalstifte darin. Frida versucht sie zu essen.

Wunschzettel

Johanna sagt, dass sie sich eine Kamera und ein ferngesteuertes Auto wünscht. «Was will unsere Tochter denn mit einem ferngesteuerten Auto?», will Anna wissen. «Ich denke, sie wird damit fahren wollen», antworte ich. Weihnachten wäre viel einfacher, wenn die Kinder sich nicht einmischen würden, finde ich. Dann könnte man all das schenken, was man selbst für vernünftig hält. Es gäbe neue Möbel für das Puppenhaus und vielleicht einen aus Holz geleimten Bauernhof für die Plastikpferde von Schleich, gerne auch ein handgenähtes Stofftier aus einer Kreuzberger Nähstube. Johanna will aber einen ferngesteuerten Porsche. Und dieser Porsche ist vielleicht nur die Vorhut für alle möglichen anderen Geschenke, die ich nicht gut finde. Irgendwann will das Kind eine Barbie. Und wenn es eine Barbie hat, dann möchte es bestimmt auch den ganzen Kram haben, mit dem sich eine Barbie so umgibt: Ken, Pferde, Barbiemobil. Und kaum hat man Barbies Haushalt eingerichtet, will das Kind damit nicht mehr spielen und verlangt nach unverschämt teuren Markenklamotten. Und wenn die Dame diese einmal hat, dann möchte sie wieder einen Porsche, aber keinen zum Fernsteuern. Ich ahne, dieses ferngesteuerte Auto ist der Beginn des Kontrollverlustes. Von hier aus wird der Einfluss, den man als Elternteil hat, immer kleiner und kleiner und kleiner, bis er dann ganz hinfort ist. Man ist zunächst noch Statist im Leben des Nachwuchses, danach gerät man zur Marionette, und irgendwann wird man in die Kiste gelegt, das ist das Schicksal aller Eltern.

«Mein Kind bekommt von mir bestimmt kein ferngesteuertes Auto», sagt Anna. Ich frage mich auch, wie Johanna nur auf die Idee kommen kann, ein Auto haben zu wollen. Wenn wir irgendetwas aus dem Leben unserer Kinder ferngehalten haben, dann Autos. Unsere Familie ist ja eine komplett verkehrsberuhigte Zone.

Und nun ist ein Auto das Erste, nach dem sich meine sechsjährige Tochter sehnt. «Ich bin nicht der Meinung, dass man seinem Kind einfach so die Wünsche vorschreiben darf», entgegne ich Anna. «Wenn das Kind kein Auto bekommt, obwohl es sich eines wünscht, dann wird es das Gefühl haben, dass auf seine Bedürfnisse keine Rücksicht genommen wird.» Ich beschließe, erst einmal bei meinem Kind nachzuforschen, wie es zu solchen Wünschen kommen kann. Ich suche das Gespräch mit meiner Tochter. «Ich will einen Porsche, weil es das schnellste aller Autos ist», erklärt sie. «Ja, aber ist es denn das Wichtigste, dass ein Auto schnell ist?» – «Natürlich ist das wichtig, Papa, sonst gewinnt man damit ja nicht, wenn man ein Rennen fährt.» – «Aber warum fährt man denn ein Rennen mit dem Auto?» Jetzt beginnt meine Tochter an meinem Verstand zu zweifeln: «Damit man gewinnt, Papa!» Ich gebe auf: «Und von wem weißt du das denn?» – «Von Benjamin.» – «Wer ist denn Benjamin?» – «Na, in den ich verliebt bin!» – «Ver... was?» – «Na, den will ich immer küssen, in den sind alle verliebt.» War es nicht vor kurzem noch ein gewisser Oskar, in den sie verliebt war? Habe ich denn ganz und gar den Überblick verloren? Ich versuche, es gelassen anzugehen. «Aber würde Benjamin es nicht auch gut finden, wenn du ein Fahrrad hättest und kein Auto?» – «PAPA, es gibt doch gar keine ferngesteuerten Fahrräder!» Jetzt beginne ich selbst an meinem Verstand zu zweifeln. Sei's drum, dann soll mein Kind eben einen Porsche haben. Offenbar bin nicht mehr ich es, den sie küssen will. Aber immerhin kann ich etwas, was dieser Benjamin nicht kann: Ich kann ihr einen Porsche schenken. Noch am selben Tag bestelle ich ihn bei Amazon. Und da Frida mir gesagt hat, sie wünsche sich jetzt auch einen Porsche, bestelle ich gleich zwei, damit es keinen Zank gibt. Bestimmt hätte ich mit Anna darüber reden sollen. So aber geht es schneller. Und wenn ein Vater tun muss, was ein Vater tun muss, dann muss er das tun. So einfach ist das. Wenn es Streit gibt, dann schieb ich alles auf den Weihnachtsmann.

Knusperknäuschen

In Berlin kann man in diesen Tagen überall Lebkuchenhäuschen kaufen, das muss ein Schlager sein. Ich hätte immer gerne ein Hexenhäuschen gehabt. Meine Eltern haben mir nie eines basteln wollen. Wahrscheinlich wussten sie, auf was man sich einließ, wenn man es wagte. Meine Kinder haben nie so ein Häuschen haben wollen, ich habe es ihnen aufgedrängt. ICH wollte ein Lebkuchenhäuschen haben – nach 30 Jahren.

Ich lerne im Internet, dass es verschiedene Arten gibt, solch ein Häuschen zu fertigen. Die einfachste: Man bastelt ein Haus aus Pappe und beklebt es mit Keksen. Auch möglich: einen fertigen Lebkuchen-Bausatz im Supermarkt bestellen. Oder man fertigt es selbst im heimischen Backofen. Das ist der Weg, der fast immer in die Verzweiflung führt. Aber der einzig gangbare natürlich.

Um eine annehmbare Hexenhütte zu bauen, braucht man zwei volle Bleche Lebkuchen und ein Diplom in Baustatik. Man muss den Teig, der vor allem aus Kakao und Honig besteht, in einer gleichmäßigen Dicke backen, ansonsten gibt es schnell Beulen in den Wänden, und die Hauswände passen nicht mehr zusammen. Man muss mit äußerster Sorgfalt arbeiten, damit das Dach sich nicht durchbiegt, und überhaupt würde kein Hexenhaus stehen ohne die exzessive Verwendung von Eischnee-Puderzucker-Mix. Es ist der Stahlbeton des Lebkuchenhausbaus. Das größte Lebkuchenhaus, habe ich gelesen, wurde in Österreich errichtet in Krems bei Mariazell. Dafür wurden 2500 Lebkuchenplatten hergestellt aus 600 Kilo Honig, 1800 Kilo Mehl und 3500 Eiern. Allerdings wurden die Lebkuchen auf ein Holzgestell geklebt. Wäre ich Guinness-Juror gewesen, dann hätte ich den Rekord nicht anerkannt. Auf Holzgestelle lässt sich schließlich alles kleben. Hätte ich ein Holzgestell, könnte ich hier in meiner Küche auch einen Rekord aufstellen. Ich habe aber kein Holzgestell, deswegen ist mein Haus auch keine drei Meter groß. Es ist gerade so groß, dass ich es bequem stützen kann, indem ich meine dicken Bände der Propyläen Weltgeschichte drumherum schichte. «Guckt doch mal, Kinder, unser Lebkuchenhaus.» – «Bleiben die Bücher da?», fragt Frida. – «Nein, die kommen weg.» – «Dann mach ich die weg.» – «Nein, nicht!», sage ich, aber Frida hat das Häuschen schon freigeräumt – und es klappt auseinander, als hätte ich es aus Spielkarten gebaut. Nun sieht es aus, als wäre es in einer Erdbebenregion errichtet worden. «Das hat aber nicht sehr gut gehalten», meint Johanna. Ich mache mich seufzend daran, das Bauwerk wieder aus den Ruinen auferstehen zu lassen, mit noch mehr Eischnee-Kleister. Und ich zeige es den Kindern erst wieder, als ich mir sicher sein kann, dass es völlig ausgehärtet ist. «So, nun wollen wir es bekleben!» Das macht den Töchtern natürlich großen Spaß. Wir kleben Bonbons, Gummibärchen, Zuckerstangen, Lollies, Gummischlangen, Brausetaler mit Zuckerguss an das Haus. Es sieht sehr schön aus, als wir fertig sind. «Können wir es nun aufessen?», fragt Frida. «Nein, das ist doch zum Angucken», sage ich. «Das soll man nicht aufessen, sonst ist es doch nicht mehr schön!» Meine Kinder motzen, aber ich setze mich durch. In den Folgetagen gibt es immer stärkeren Gebäudeschaden an der Fassade. Einzelne Bonbons werden aus den Mauern gerissen, Gummibärchen-Schindeln abgedeckt. Ich bin nie dabei, wenn es geschieht, es gibt nie einen Täter. Nach wenigen Tagen ist das Haus so ruiniert, dass es rückgebaut werden muss. Es ist mir eine Lektion. Ich kann nun verstehen, warum die Hexe im Märchen

Hänsel und Gretel unschädlich machen wollte. Die arme alte Frau hatte einfach Angst um ihr Dach über dem Kopf. Zu Recht, muss ich sagen, zu Recht.

Schachbrett-Plätzchen

Warum wollen Kinder noch Süßigkeiten essen, wo sie doch schon so viel Plätzchen bekommen? Vielleicht zählen sie nicht wirklich als Süßspeise: Aus meiner eigenen Kindheit weiß ich, dass man bei den Plätzchen unterscheiden musste: Es gab solche, die man im Kaufhaus bekommen konnte – die gab es bei uns nicht. Ich hätte durchaus nichts gegen Bahlsen und Butterkringel gehabt. Aber irgendein Gesetz schien zu verhindern, dass sie über unsere Türschwelle kamen, genauso wenig wie die Softcakes mit der Schokoladenhülle und Aprikosenfüllung.

Es war meinen Eltern sehr wichtig, selbst zu backen. Deswegen hatten wir Kokosmakronen, Butterplätzchen und selbstgemachte Lebkuchen. Ich hätte es am liebsten gehabt, meine Mutter hätte Schwarz-Weiß-Plätzchen gebacken, wie es die Mamas anderer Kinder taten. Diese Kekse hatten so hübsche Schachbrett- oder Kringelmuster. Aber meiner Mutter waren sie zu anspruchslos. Zu ihren Lebkuchen muss man kritisch anmerken, dass sie nicht so gut schmecken wie die Nürnberger Lebkuchen aus dem Supermarkt. Besonders nicht so gut wie jene mit der Zuckerguss-Hülle. Das lag vor allem daran, dass meine Mutter sie mit dunkler Schokolade überzog. Ich habe mein Leben lang nicht verstanden, warum die dunkle Schokolade überhaupt erfunden wurde. Sie schmeckt bitter wie Penicillin. Auf den Tafeln stand schon damals «Herrenschokolade», was implizierte, dass die Schokolade nicht für den Verzehr durch Kinder bestimmt war. Aber wenn man ein «Herr» sei, dann würde sich automatisch das Geschmacksgeheimnis dieser Schokolade lüften, man würde diese dann lieben (aus denselben unerfindlichen Gründen, dachte ich, wegen der man auch irgendwann Oliven schätzen würde). Ich wurde größer, ich wurde sogar erwachsen, aber entweder ist aus mir kein «Herr» geworden, oder diese Schokolade ist falsch ausgezeichnet. Sie schmeckt noch immer widerlich. Zwar ist in der Zwischenzeit aus der bitteren Schokolade ein Lifestyle-Produkt geworden, das auf Pärchenabenden in feinen Täfelchen in Holzkistchen herumgereicht wird, so wie man das eigentlich mit Ferrero Küsschen machen sollte. Das alles aber ändert nichts an ihrem Grundproblem, dem Geschmack. Die Fähigkeit, «bitter» zu erschmecken, hat der Mensch in der Evolution entwickelt, damit er giftiges Zeug rechtzeitig herauswürgen kann, bevor es ihn umbringt. Warum streicht man das auf Plätzchen? Meine Mutter sagte, dann seien sie eben «nicht so süß». Aber sollen sie nicht eben ganz genau das sein: süß?

Ich glaube, die Bitterschokolade ist ein protestantisches Problem. Wer in Italien «Dolci» probiert, bekommt genau das: Süßkram. Aber in unseren Gefilden hat man ein Problem mit ungebremstem Genuss. Wer sich dem hingibt, kommt nicht in den Himmel, wer sich nicht immer ein bisschen Strafe auf der Zunge zergehen lässt, hat nicht ganz verstanden, dass Gott ihn aus dem Paradies vertrieben hat.

Die Kindheit, war ich allerdings überzeugt, soll ja ganz genau so ein Paradies sein. Ich ahnte schon als Junge, dass man irgendwann daraus vertrieben werden würde. Aber musste das schon so früh geschehen – und noch dazu in der Weihnachtszeit?

Ich konnte ja nicht ahnen, dass Eltern in diesen Wochen unter schrecklichen Zwängen leben. Einerseits wissen sie, dass sie ihr Kind sehr einfach glücklich machen können, indem sie es nur mit Süßwaren füttern, die möglichst fetthaltig sein sollten. Andererseits treibt sie das schlechte Gewissen um, dass ein verwöhntes Kind nicht hinreichend auf das Leben vorbereitet sein könnte. Jenes schließlich ist bekanntermaßen kein Zuckerschlecken. Dies ist die einzige mögliche Erklärung für die Erfindung des Lindt-Nikolauses aus schwarzer Schokolade.

Bittere Schokolade war aber nicht die einzige Methode, ein Plätzchen freudlos erscheinen zu lassen. Man konnte es auch mit Zitronat und Orangeat verseuchen oder ihm Anis beziehungsweise Kardamom zufügen. Den sichersten Weg, den Genuss zu regulieren, beherrschte aber meine Großmutter: Sie versetzte die Plätzchen mit Salz. Dass es einer Prise Salz bedarf, um wohlschmeckende Plätzchen zu backen, kann ich mir noch vorstellen, davon hat man ja mal gehört. Aber meine Oma ersetzte einfach den Zucker durch das Salz und machte daraus eine Art Tretmine für den Mundraum. Ein Biss – und das Leben machte weniger Spaß. Ganz besonders trostlos war das Spritzgebäck. Das sah aus wie die Hinterlassenschaft einer Katze. Kombiniert mit der «guten Prise» Salz darin, musste man einfach weinen, wenn man es aß. Eine ganze Dose davon hat nie ein Mensch gegessen, denn das hätte wohl zu dem unmittelbaren Wunsch geführt, dem Erdendasein ein Ende zu bereiten. Und ein bisschen war es ja auch so gemeint. Immerhin war meine Oma Tochter eines Missionars in Tansania. Je mehr Leid man auf Erden erfahren habe, so war meine Oma überzeugt, so herrlicher würde man es im Himmelreich haben. In diesem Sinne haben die Plätzchen-Nachmittage, wo immer wieder auch pflichtschuldig Omas Depressionsplätzchen gereicht wurden, mein Ansehen im Himmelreich ziemlich befördert. Ich denke sogar, dass sie so scheußlich geschmeckt haben, dass mein Gottgefälligkeits-Konto derart aufgeladen ist, dass ich gewissermaßen von den Zinsen leben könnte. Ich könnte mich den Rest meines Lebens wie ein komplettes Arschloch aufführen, und trotzdem wäre mir im Himmel wohl der Posten eines kleineren Cherubs sicher.

Spritzgebäck

Ich bin überzeugt, dass Plätzchen einmal eine tolle Sache waren. Als es in den Haushalten wenig Butter und wenig Zucker gab, war es wohl geradezu ein Ausdruck höchsten Ausschweifens, wenn man einfach Zucker, Butter und weißes Mehl zu etwas zusammenmischte, was vor allem nur süß und fett sein sollte.

Heute will niemand mehr süß und fett sein, und Zucker und Butter gibt es im Überfluss. Aber warum muss das Gebäck deswegen schlechter schmecken? «Wir werden doch jetzt keine Butterplätzchen machen, die nur aus ungesundem Zeug bestehen», sagt Anna. «In so einem Butterplätzchen ist doch nur Fett und Zucker drin», wehrt sie süß lächelnd mein Ansinnen, mit den Kindern Plätzchen zu backen, ab. Sie möchte lieber Plätzchen aus «leckeren, guten Zutaten» backen, etwa Nusskipferl oder Haferkekse. Nusskipferl, sagt sie, seien auch nicht so «eklig süß».

Wir einigen uns dann doch folgendermaßen: Ich backe ein Blech «süßen Scheiß» (wie meine Frau Butterplätzchen bezeichnet), sie backt die Plätzchen aus ihrem Rezeptbuch, und nachher werfen wir es alles zusammen.

Es kommt dann tatsächlich der Adventsnachmittag, an dem ich stolz den Kranz entzünde, den ich selber gebunden habe. Er war nicht ganz billig, weil ich dem Blumenhändler den Strohkern fast zum gleichen Preis abkaufen musste wie einen vollen Kranz. Außerdem haben wir keinen Wald zum Tannengrünsammeln, und ich musste es ebenfalls beim Blumenhändler erstehen, fast zum Preis eines vollen Baums.

Beim Plätzchenessen verschmähen Johanna und Frida meine Butterplätzchen, sie meinen, die wären ein bisschen zu süß, die verspeisen lieber Haferkekse. Anna verkneift sich den Triumph. Offenbar wollen beide Kinder unbedingt in den Himmel kommen, denke ich. Soll mir recht sein, dann bin ich später dort nicht so alleine.

Christkind vs. Weihnachtsmann

Das Frustrierende an Weihnachten ist, dass man allerlei Aufregung damit hat, Geschenke zu besorgen, den feierlichen Rahmen zu schaffen, zu kochen, die Kerzen anzuzünden – und den ganzen Dank der Kinder bekommt nachher das Christkind ab. Es ist kaum zu glauben, dass so etwas einmal erfunden wurde – und dass Eltern Wert darauf legen, zu betonen, dass das Christkind all die schönen Gaben gebracht habe. Das ist in etwa so, als würde ich an meinem Arbeitsplatz Überstunden machen – und dem Chef, der kommt, um mich zu loben, erzählen, das hätten die Heinzelmännchen gemacht. Ich würde allerlei Geschichten erzählen, wie die Heinzelmännchen des Nachts in mein Büro kämen, um meine Post zu sortieren und meine E-Mails zu beantworten. Ich würde ihm Stein und Bein darauf schwören, dass alle die Ideen, die ich in den Konferenzen eingebracht hätte, mir in Wirklichkeit von den Heinzelmännchen geflüstert worden wären. Und wenn mein Chef mir das nicht abnähme und stattdessen mir eine Gehaltserhöhung gäbe, würde ich meinen Kollegen beim Cappuccino klagen: «Ach, wie schade, mein Chef glaubt nicht mehr an die Heinzelmännchen.» – «Och, wie schade», würden meine Kollegen sagen, «jetzt ist die Arbeitswelt irgendwie entzaubert.»

Meine Tochter Frida allerdings glaubt nicht an das Christkind. Sie glaubt an den Weihnachtsmann. Ich habe keine Ahnung, wie es dazu kommen konnte. Der Weihnachtsmann und das Christkind sind in Deutschland Antipoden. Sie sind wie Microsoft und Apple. Ich will, dass meine Kinder an das Christkind glauben. Obwohl ich nicht wirklich sagen kann, wie das Christkind denn aussieht. Seltsamerweise gibt es kaum Bilder oder Darstellungen vom Christkind. Es hat keine echte Gestalt. Es ist wie der Prophet Mohammed. Das Christkind ist eine engelsähnliche Figur, irgendwie gleichbedeutend wie Jesus, aber eben nicht Jesus selbst. Sonst könnte man auch erklären, Jesus Christus bringe die Geschenke.

Das habe ich aber noch nie gehört, außerdem ist es doch sein Geburtstag, wie soll er an seinem eigenen Geburtstag Geschenke für andere bringen? Das macht doch keinen Sinn. Man muss sich das Christkind also als materialistisches Anhängsel der Dreifaltigkeit vorstellen. Ein Kind, das nur zu Weihnachten existiert, dann auf die Erde niederkommt und Geschenke bringt. Man kann nicht einmal sagen, ob es männlich oder weiblich ist. Eher weiblich, möchte ich vermuten.

Ich habe gelesen, das Christkind sei eine Erfindung von Martin Luther, dem es offenbar nicht genug war, den Protestantismus zu gründen. Das hat ihn nicht ausgefüllt. Luther war es nämlich ein Dorn im Auge, dass zum 6. Dezember, dem Tag des heiligen Sankt Nikolaus, Geschenke verteilt wurden. Die Heiligenverehrung war Luthers Sache nicht so sehr – und deswegen trachtete er danach, das Geschenke-Verteilen auf den weit höheren Feiertag zu verlegen, nämlich die Geburt Christi. Dann, an Weihnachten, komme der «heilige Christ», soll Luther gesagt haben. Wahrscheinlich hat er sich selbst nicht ganz so genau überlegt, wie das Christkind eigentlich aussehen soll. Vielleicht hatte er sich auch vorgestellt, dass das eben geborene Baby aus der Krippe steigt und die Kinder beschert. Damals mussten Kinder ja schon sehr früh arbeiten. Vielleicht wollte er aber nur irgendetwas sagen, weil der Nikolaustag ihn so genervt hat.

Das muss man sich mal vorstellen: Nur um die Geschenkeflut umzuleiten, wurde eine neue mythologische Figur geschaffen. Das ist so, als würde die Verkleidungsindustrie heute behaupten, zu Halloween komme der heilige Kürbis zu uns (ist das nicht sogar eine Figur aus den Peanuts?).

Jedenfalls hat es nicht geklappt. Luther ist längst von uns gegangen. Der heilige Sankt Nikolaus aber ist geblieben. Nun müssen an beiden Tagen Gaben her. Was soll ich sagen? «Danke, Martin, das hast du ganz großartig hinbekommen!»

Aber Frida glaubt ja nicht ans Christkind, Frida glaubt an den

Weihnachtsmann. Dabei habe ich den Weihnachtmann ihr gegenüber nie erwähnt. Sie glaubt einfach so daran.

Ich fürchte, meine Tochter ist ein Opfer von Coca-Cola. Der Konzern hat nämlich angeblich den Weihnachtsmann erfunden, in den dreißiger Jahren. Der Limonadenkonzern hatte ein Problem. Die Cola verkaufte sich im Sommer prima, im Winter blieb sie in den Regalen. Man war also auf der Suche nach einer Figur, die das Colatrinken im Schnee anpreisen konnte. Dabei griff man einen Charakter auf, der von niederländischen Einwanderern gewissermaßen importiert worden war: Sinterclaas. Dieser wiederum war die niederländische Adaption des Nikolaus. Aus Sinterclaas wurde Santa Claus. Und Santa Claus hatte einen roten Mantel an, der allerdings auf Höhe des Hinterns endete – und mit weißem Pelzbesatz verziert war. Santa Claus hat einen Rauschebart, eine Knollnase und einen Kugelbauch. Er wohnt am Nordpol und reist mit einem Rentierschlitten. Es wäre wohl zu weit gegriffen zu behaupten, dass Coca-Cola diese Figur allein geschaffen hätte, aber zumindest wurde sie durch die Marke massenhaft verbreitet – auch in Fridas Kopf. Warum nur will Frida lieber an einen solchen Vollbart glauben als an ein nettes, fliegendes Kind mit güldenen Haaren? Warum erscheint ihr dieser Weihnachtsmann realer? Habe ich nicht genügend Autorität? Sollte ich mir einen Bart und einen Kugelbauch wachsen lassen?

Das Problem löst sich einige Tage später, als Frida mir mitteilt, dass sie nun an das Christkind UND an den Weihnachtsmann glaube. Und deswegen doppelt so viele Geschenke bekomme. Irgendwie habe ich das Gefühl, meine Lage hat sich nicht verbessert.

Am Morgen vor Weihnachten sage ich zu Anna: «Wir haben zu wenig Geschenke für die Kinder. Ein ferngesteuertes Auto und ein Buch für jeden, das wird eine Enttäuschung für die Kinder sein.» – «Aber weniger ist manchmal mehr», sagt Anna. «Aber oft ist wenig einfach nur wenig. Und dann haben wir weinende Kinder unter dem Tannenbaum.» Weinende Kinder will meine Frau nun auch nicht. Mit ihrem Einverständnis stürze ich mich also noch einmal in den Weihnachtstrubel. «Aber bitte keinen rosa Kram mehr!», ruft mir Anna noch hinterher. Wenig später schiebe mich durch Menschenmengen am Alexanderplatz, es ist dicht gedrängt, als werde Berlin gerade evakuiert. Was für ein Glück, dass die meisten Menschen hier den ganzen Tag vor der Glotze hängen – würden die alle an die frische Luft gehen, wäre hier ja gar kein Durchkommen mehr. Ich lande in der Spielwarenabteilung des Kaufhofs. Und stehe plötzlich vor der Lösung des Problems: das Piratenschiff von Playmobil. Das ist groß und nicht rosa. Und mit Playmobil spielen alle Kinder gerne. Dazu kaufe ich noch die kleine Playmobil-Inselfestung mit den rotberockten Playmobil-Marinesoldaten. Damit kann man dann prima Seeräuberüberfälle nachspielen. Mit zwei sehr großen Tüten mache ich mich auf den Heimweg. Jetzt bin ich mir ganz sicher: Heiligabend wird toll, beim Klabautermann!

Stille Nacht

Das Weihnachtsfest ist dazu geschaffen, dass die Familie sich selbst feiert. Es ist sozusagen der Nationalfeiertag der Etagenwohnung. Deswegen ist es in den funktionierenden Familien, wo man umeinander bemüht ist, so schön und in fragmentierten Familien so schrecklich. Weil man etwas hochleben lassen muss, was es nicht gibt. Vielleicht wird einem erst dadurch bewusst, dass man keine Familie ist, wenn man versucht, sie zu feiern.

Unsere Familie funktioniert, also feiern wir gerne Weihnachten – und zwar sehr ausgiebig. Nur wie? Es ist schon schwierig, sich auf die Farbe der Kugeln zu einigen. Bei meinen Eltern waren die Kugeln damals rot. Ich kann mich noch erinnern, wie ehrfurchtsvoll ich auf diese Kugeln blickte. Riesengroße rote Kugeln, in denen sich das Kerzenlicht spiegelte. «Wie? Du willst ROTE Kugeln?», sagt Anna. So ein Baum mit roten Kugeln, das sieht doch aus wie im Kaufhaus. So sehen Bäume aus, die in Werbespots für Milka zu sehen sind!» – «Wie meinst du das?», sage ich mit einer tonlosen Stimme, so kalt, als sei sie schockgefrostet. «Du findest also, wir haben ein kitschiges Weihnachten gefeiert?»

Wenn meine Stimme diesen Ton bekommt, ist das die Vorstufe für einen erbitterten Streit. Bei Weihnachten verstehe ich keinen Spaß. Es war bei uns ein festes Ritual – fast eine Oper. Sie begann schon Tage vorher, wenn meine Eltern das Wohnzimmer mit einem Vorhang verhängten und es fortan Weihnachtszimmer nannten. In das Weihnachtszimmer durfte man unter keinen Umständen hinein. Wenn man in das Weihnachtszimmer ginge, sagte meine Mutter, mache es «puff» und die Überraschung sei dahin. Als Kind hatte ich die Vermutung, die Geschenke würden explodieren. Das wollte ich auf keinen Fall riskieren. Ich habe das Weihnachtszimmer nie betreten. Mein ganzes Leben lang nicht.

Heiligabend begann damit, dass wir vormittags vor dem Fernseher saßen und «Wir warten aufs Christkind» guckten. Am schönsten war der Film «Drei Haselnüsse für Aschenbrödel». Das ist eine Koproduktion der Tschechoslowakei und der DDR. Immer wenn ich Menschen über den Sozialismus schimpfen höre, halte ich dagegen: Ohne die DDR hätte es nie «Drei Haselnüsse für Aschenbrödel» gegeben. Dann kam der Kirchgang. Wir sind evangelisch, was bedeutet, dass die Kirche ein schmuckloses Ding ist. Im Protestantismus gibt man sich ja nicht dem Prunk hin und überzieht alles mit Gold – man möchte sich vielmehr auf das Wichtige konzentrieren. Die Kirche war immer nur mit einem leuchtenden Stern geschmückt, wie man ihn heute in jeder Deko-Abteilung im Baumarkt bekommen kann. Außerdem gab es eine Pyramide. Sie zeigte die Heilige Familie, und die Hirten rotierten um sie, angetrieben von einem Rad, das sich in der warmen, über dicken Kerzen aufsteigenden Luft drehte. Die Heilige Familie war aus grobem Holz geschnitzt, und die Gesichtszüge waren so bitter, als hätte Maria sich ein Mädchen gewünscht. Die Hirten schauten so verfinstert, als wären die eine Bande von Meth-Junkies, die um die Häuser zieht. Die Predigt des Pfarrers aber drehte sich immer wieder um dieselben Punkte. Ich glaube, es war auch immer dieselbe Predigt. Sie handelte davon, dass die Menschen zusammengekommen waren, um Weihnachten zu feiern, dass es aber nicht um Geschenke gehe bei diesem Fest, sondern um die Geburt Jesu Christi. Er erinnerte daran, dass es viel Leid auf der Welt gebe in Äthiopien, in Indien und in verschiedenen Gebieten der Erde, in denen es im Jahr vielleicht ein Erdbeben oder so ähnlich gegeben habe. Die solle man nicht vergessen, und vor allem sähe er hier viele Gesichter, die er sonst nie in der Kirche sehe. Da solle man sich doch fragen, ob man sich damit begnügen wolle als Christ. Und außerdem, sagte der Pfarrer, lohne es sich, die schöne Pyramide anzugucken mit der Heiligen Familie. Es wurde «O du Fröhliche» gesungen. Nachdem man derart moralisch ausgebürstet war, gingen wir nach Hause und aßen Plätzchen und tranken Kinderpunsch. Dann wurden wir Kinder in unsere Zimmer geschickt und hörten die Kassette «Putzis Waldweihnacht». Es handelte von einem Eichhörnchen, das im Wald Bären und Wildschweine beschert. Schließlich sangen unsere Eltern «Ihr Kinderlein kommet», und wir gingen in das Wohnzimmer, das vom Kerzenschein nur so funkelte. Dann: Geschenke, Geschenke, Geschenke.

«Geschenke, Geschenke, Geschenke» ist das, was Anna an Weihnachten gerade nicht mag. Es soll eher feierlich zugehen. Es soll gut gegessen werden. Bei Anna war der Baum mit durchsichtigen Glaskugeln geschmückt. Das finde ich zu puritanisch. Da glitzert doch nichts! Wir führen Verhandlungen am grünen Tisch. Wir einigen uns darauf, dass wir abwechselnd ein Weihnachten mit durchsichtigen Glaskugeln und eines mit roten Kugeln feiern. Bei meinen Eltern gab es nur Würstchen mit Kartoffelsalat an Heiligabend, bei Anna gab es ein Festessen. Also machen wir ein Festessen. Wir gehen in die Kirche – klar – und außerdem in ein Krippenspiel. Man muss sich einigen. Auf alles im Leben muss man sich einigen. Ich frage mich, wie unsere Töchter einmal mit ihren Männern Weihnachten verhandeln werden. Wahrscheinlich werden sie darauf bestehen, dass jeweils ein Weihnachten mit roten Kugeln und eines mit durchsichtigen Kugeln gefeiert wird, und ihr Lebenspartner wird darauf beharren, dass mit bunten Kugeln und einer Lichterkette gefeiert wird. Patchwork-Weihnachten nennt man das.

An Heiligabend packen die Mädchen dann ihre ferngesteuerten Autos aus. Dass ich vergessen habe, Batterien zu kaufen, ist nicht so schlimm, denn die Dinger werden ohnehin nicht in Betrieb genommen. Die Kinder holen ihre Puppen unter den Weihnachtsbaum und lassen sie zusammen mit dem roten Auto und dem Porsche Weihnachten feiern. Von der Gans, die wir auf dem Tisch haben, wollen die Kinder nichts abhaben, sie wollen spielen. Ich frage mich, ob das damals bei uns auch so war. Danach sitzen Anna und ich Arm in Arm auf dem Sofa und trinken Champagner.

Die Mädchen spielen mit dem Piratenschiff und der Soldatenfestung, die ich ihnen selbstverständlich fachmännisch aufgebaut habe. «Jetzt könnt ihr mal so einen richtigen Überfall auf See nachspielen!», feuere ich die Kinder an. Johanna und Frida sind sofort begeistert. Meine ältere Tochter nimmt einen der Playmobil-Soldaten zur Hand. «Hallo, liebe Piraten, kommt doch mal rüber zum Spielen, wir haben auch einen ganz schönen Schatz hier für euch!» Ach, ich entschließe, die Kinder lieber mal alleine spielen zu lassen. Von der modernen Piraterie verstehe ich nichts.

Mir fällt ein, dass ich noch etwas zu erledigen habe. Ich hole das Pfund Biobauern-Karotten aus dem Kühlschrank, gehe die Treppe hinunter zum Kaninchenstall und lege ihn hinein: «Frohe Weihnachten, Karla.»

Epilog – Petri Heil fürs nächste Jahr

Es schneit, es schneit tatsächlich in Berlin. Wenn in Berlin Flocken vom Himmel kommen, ist schnelles Handeln angesagt. Denn einen Tag lang legt sich ein weißer Zauber über die Stadt, schon am nächsten Tag ist daraus ein Albtraum aus Schneematsch, Split und Dreck geworden. Ich steige in den Keller, um den Schlitten hervorzuholen, wir haben so einen schönen Schlitten mit prächtigen Kufen, ich reibe sie mit Kerzenwachs ein.

Schlittenfahren ist eigentlich nicht so mein Ding. Wenn ich daran denke, kommt mir eine Szene aus dem «Zauberberg» in den Sinn. Der Protagonist, der seinen Schwager in einem Sanatorium für Tuberkulosekranke in den Alpen besucht, träumt, dass ein anderer Gast mit dem Sarg seines Schwagers zu Tale rodelt.

Natürlich ziehe ich mit den Kindern trotzdem in den Park. Denn dort lassen sich die aufgeschütteten Hügel als Rutschpisten nutzen – für immerhin mehrsekündige Partien. Schlittenfahren soll gut für die Bindung zwischen Eltern und Kind sein. Man hat gemeinsam Spaß und zeigt, dass man nicht nur eine mahnende, nervende Autorität ist, sondern auch ein Abenteurer in einem steckt. Ich bin als Kind auch Schlitten gefahren mit meinem Vater. Auch wir hatten ein Modell mit Kufen. Die anderen Väter hatten aber Plastikbobs, mit denen sie die Pisten wie rote Blitze heruntergeschossen. Die anderen Kinder hatten schnellere Väter, fand ich damals.

Plastikbobs sind heute fast ausgestorben, sie sollen sehr schlecht für den Rücken gewesen sein. Aber die rodelnden Väter, die sind noch da. Als wir damit im Park auftauchten, ist auf den Hügeln allerhand los. Die Väter aber fahren nicht mit Plastikbobs und nicht mit Schlitten. Sie rodeln mit allem Möglichen. Manche rutschen mit ihren Kindern auf Plastiktüten. Andere nutzen Backbleche, die allercoolsten Väter stehen auf ausrangierten Skateboard-Decks und surfen darauf mit ihren Jungs durch den Schnee. Einer hat sogar ein Verkehrsschild unter dem Hintern, das er vermutlich kurz zuvor irgendwo abgerissen hat. Meine Töchter stehen und staunen. Ich sage, dass wir nun rodeln sollten, und setze mich mit ihnen auf den Schlitten. Wir gleiten im Zeitlupentempo den Hügel hinunter. Danach wollen meine Kinder lieber alleine rodeln. Ich schaue ihnen dabei zu und achte darauf, dass sie nicht von anderen Vätern überfahren werden.

Mich friert, in meinen Gedanken werde ich steifer und steifer, bis ich ganz hart gefroren bin wie ein Brett. Dann wird bestimmt ein anderer Vater auf mich draufsteigen und auf meinem Rücken durch den Schnee surfen. Gib es auf, cool sein zu wollen, denke ich mir, dir ist kalt genug. Vielleicht ist es Zeit für mich, die Sachen, die ich als Kind früher gemacht habe, loszulassen. Und neue Sachen zu machen, eigene. «Kommt, wir gehen nach Hause, Kinder, sonst können wir keinen Schneemann mehr bauen, bevor es dunkel wird.»

Zu Hause kommt mir die Figur vom Bleigießen des vergangenen Jahres in die Finger. Jetzt erkenne ich die langgezogene Form: Es ist kein Speer und keine Peitsche – es ist eine Angel. Ein ganzes Jahr habe ich gebraucht, um das zu lernen: Tue, was Väter schon seit Menschengedenken getan haben, geh angeln!

Im nächsten Jahr werde ich in der Havel meine Maden baden. Und bestimmt werden meine Kinder mich nicht begleiten wollen. Aber ich werde ihnen davon erzählen können, was für große Hechte ich fast am Haken gehabt hätte. Und vielleicht werden sie sich einmal daran erinnern, dass ihr Vater sonntags immer nach Fisch roch, wenn er mittags vom Angeln nach Hause kam. Ja, vielleicht werden sie sich auch nur daran erinnern, dass ihr Vater sonntags immer nach Maden roch. Aber das ist immerhin auch etwas.

Fürs nächste Jahr werde ich mir ganz fest vornehmen, ein mittelmäßiger Vater zu sein.

Das für dieses Buch verwendete FSC®-zertifizierte Papier
Lux Cream liefert Stora Enso, Finnland.